E. A. Poe

GESAMMELTE SCHRIFTEN

1

Edgar Allan Poe

GESAMMELTE SCHRIFTEN

übersetzt von
Hedda Moeller-Bruck
und Hedwig Lachmann

Weltbild Verlag

© Weltbild Verlag GmbH, Augsburg 1990
Gesamtherstellung: Presse-Druck Augsburg
Printed in Germany
ISBN 3-89350-004-9

Inhaltsverzeichnis
des ersten Bandes

Inhaltsverzeichnis
der sechs Bände

Poes Leben und Schaffen

Poes Leben

von John H. Ingram

Es mag gestattet sein, die Aufmerksamkeit des Lesers ganz besonders auf die nachstehende Lebensbeschreibung Poes zu weisen und zwar weniger um des Neuen willen, das sie enthält, als um des Vielen halber, das fortgefallen ist. Die erste große, für Amerika bis jetzt einzige, von Rufus Griswold geschriebene Beschreibung von Poes Leben ist fast in der ganzen Welt bekannt geworden, und die in derselben aufgestellten falschen Behauptungen sind von jedem folgenden ausländischen Biographen wiederholt worden, so daß der Versuch, sie nach so langer Zeit widerlegen zu wollen, vielen eine hoffnunglose Arbeit scheinen wird. In Amerika ist die Unglaubwürdigkeit der Biographie Griswolds jedoch neuerdings oft und überzeugend dargetan worden, und die vorliegende Lebensbeschreibung wird, wie wir zuversichtlich glauben, das ihrige dazu beitragen, die Vorstellung, die die Allgemeinheit von Poes Charakter hat, gründlich zu ändern. Wir haben das Zeugnis fast all der Personen, mit denen er während seiner Lebenszeit näher bekannt gewesen, herangezogen und dadurch unwiderlegliche Beweise für die Unwahrheit der Beschuldigungen Griswolds erbracht, die den Dichter bis jetzt in seiner menschlichen und künstlerischen Ehre so tief geschädigt haben. Es könnte sonderbar erscheinen, daß in dem Vaterlande des Dichters noch keine verläßliche Biographie erschienen ist, wenn es nicht bekannt wäre, daß der Versuch zu einer solchen mehrmals gemacht worden ist. Mr. James Wood Davidson, der tüchtige Schriftsteller und bekannte Autor von „Living Writers of the South", hat mehrere Jahre lang Material für dieses Werk gesammelt, das leider bei der Belagerung von Charlestone mit seiner ganzen Bibliothek zugrunde ging. Mr. Thomas C. Clarke, ein persönlicher Bekannter Poes, war jahrelang mit der gleichen Arbeit beschäftigt, vollendete sie aber nicht und hat nun über sein gesammeltes Material anderweitig verfügt. Mrs. Whitman, Poes beharrlichste Verteidigerin, deren Namen mit dem seinen stets verbunden sein wird, hat in ihrem schönen kleinen Werke „Edgar Poe and his Critics" mit Wärme und Geschick das für seinen literarischen Ruf getan, was hier für seinen menschlichen versucht wird. Ihr, Mrs. Lewis (Stella), Mr. Davidson, Mr. Eugene Schuyler von der Gesandtschaft der Vereinigten Staaten in Petersburg, der Fakultät der Universität von Virginia, den Vorstehern der West Point Military Academy und allen, die uns so bereitwillig beigestanden, der Welt ein lebenswahres Bild des ersten und größten dichterischen Genies Amerikas zu vermitteln, möge hier unser herzlichster Dank ausgesprochen sein.

dgar Allan Poe stammt aus einer alten normannischen Familie, die sich unter der Regierung Henrys II. in Irland niederließ. Die Familie der Le Poers oder De la Poers wurde von Sir Roger le Poer gegründet, von dem Geraldus Cambrensis sagt: „Man kann ohne Übertreibung behaupten, daß es keinen Mann gab, der kühnere Taten vollbrachte, als Roger le Poer. Das Geschlecht, das von diesem ritterlichen Abenteurer abstammte, schrieb sich durch Heldenmut und romantische Taten, durch Verwegenheit und unerschrockene Tapferkeit in die Geschichte Irlands ein." Das tapfere Wesen des Sir Arnold le Poer, Seneschal des Kilkenny Castle – „der ein Ritter und in den Schriften wohlerfahren war" und Lady Alice Kytler aus den Klauen der Geistlichkeit rettete, die sie der Hexerei angeklagt und um Leben und Freiheit bringen wollte – ist von Geraldus und anderen Chronikschreibern eingehend aufgezeichnet worden. Der unheilvolle Bürgerkrieg des Jahres 1327, sagt Mrs. Whitman[1]), in den alle großen Barone des Landes verwickelt waren, wurde durch einen persönlichen Zwist zwischen Arnold le Poer und Maurice of Desmond hervorgerufen, weil ersterer Desmond dadurch beleidigt hatte, daß er ihn einen Reimer genannt; wenig ahnend, daß der berühmteste Sproß seiner eigenen ritterlichen Rasse die Familie durch sein

---

[1] In ihrem Werke „Edgar Poe und seine Kritiker".

11

Reimen höher zu Ehren bringen sollte, als irgendein anderes Mitglied durch sein tüchtiges Schwert.

Die Le Poers beteiligten sich auch an den Irischen Unruhen von 1641, und als Cromwell in das Land einfiel, entgingen sie seiner Verfolgung nicht; ihre Familien wurden zerstreut, ihre Güter konfisziert und ihre Ländereien dem Staatsvermögen einverleibt. Von den drei Hauptzweigen der Familie zur Zeit von Cromwells Einfall, Kilmaedon, Don Isle und Curraghmore, entging nur die letzte der Rache des Lord Protektor und zwar, dem Berichte Burkes nach, nur durch die Kühnheit und den Mut Alicens, der Tochter des Lord von Curraghmore. Die romantische Geschichte der Belagerung des meerumgebenen Schlosses von Don Isle durch Cromwell, die uns Burke in seiner „Romance of the Aristocracy" erzählt, ist außerordentlich interessant. Die einsame Feste wurde von einem weiblichen Sproß des Nicholas le Poer, des Barons von Don Isle, tapfer verteidigt, die Heldin wird in den Traditionen der Familie immer einfach „The Counteß" genannt. Nach der Legende, wie sie uns Burke erzählt, wurde die Festung, nachdem Cromwell, unfähig, die seeumrauschten Wälle zu nehmen, seine Truppen zurückgezogen hatte, zum Schluß durch Verrat erobert. Don Isle wurde mit Schießpulver in die Luft gesprengt, und die schöne Gräfin, die sich nicht ergeben wollte, kam in den Trümmern um.

Mrs. Whitman bemerkt: Die Familie der Le Poers kam wie die der Geraldines und anderer Anglo-Normannischer Ansiedlier von Italien nach Nord-Frankreich und von dort durch England und Wales nach Irland, wo sie, infolge ihres abgelegenen Wohnortes

und anderer Ursachen, sich ihre Familieneigentümlichkeiten viel länger erhielt, als ihre englischen Verwandten. Ihr Name erlitt mittlerweile in der Ausspra-
che wie in der Orthographie eine Menge Veränderungen. Einige Zweige der Familie trugen und tragen
noch heute in Irland den alten italienischen Namen
De la Poë. Die schöne Besitzung Powerscourt ent-
lehnte ihren Namen von den Le Poers und die verstorbene Lady Blessington behauptete, durch ihren Vater
Edmund Power aus derselben alten Familie zu stam-
men. Einigen Zweigen dieser Familie Power ist es übrigens gestattet worden, ihren älteren Familiennamen
Le Poer wieder anzunehmen.

Ein Abkömmling dieses berühmten und glänzenden Geschlechtes war John Poe, der durch seine Heirat mit Jane, der Schwester des bekannten Seehelden,
des Admirals James M'Bride, mit einer der erlauchte-
sten Familien Groß-Britanniens verwandt wurde. David Poe, sein Sohn, der Großvater Edgar Poes, war erst
zwei Jahre alt, als seine Eltern nach Amerika übersie-
delten und sich in Maryland niederließen; aus Erzählungen, die er von seinem Vater hörte, geht hervor,
daß die verschiedenen Glieder der Familie den Namen verschieden buchstabierten. Poe erzählt, der
Chevalier le Poer, ein Freund des Marquis de Gram-
mont, habe zu der Familie seines Vaters gehört – einer
Familie, deren Dasein, wie bezeichnend zu bemerken
ist, sich von der Alltäglichkeit des Lebens anderer
durch mancherlei Geheimnisse, Elend und Romantik
unterschied. Es gab einen Joseph Poe, zweifellos war
er ein Sprößling dieser berühmten Rasse, der im Jahre
1725 in Dublin wegen Straßenraubes hingerichtet

wurde; es lagerte jedoch über dieser Angelegenheit ein seltsames, unergründliches Geheimnis, auf das in allerlei Volksgesängen der Zeit angespielt wird. In einem elegischen Liede[2]) wird behauptet, daß Poe starb, um einen Freund zu retten, was nicht unglaublich klingt, wenn man sich an die donquichottehafte Treue anderer Mitglieder der Familie erinnert. Das Geschlecht war dazu geschaffen, sich durch ritterliche, wagemutige Taten die höchsten Ehren zu erwerben, doch nicht weise genug, dieselben auch zu bewahren. Der oben genannte David Poe tat sich, obwohl er in Irland geboren war, etwas darauf zugute, ein Amerikaner zu sein, nahm tätigen Anteil an den Revolutionskriegen und erlangte zuletzt den Rang eines Quartermaster-General.

General Poe heiratete eine gewisse Miß Cairnes aus Pennsylvanien, die durch ihre Schönheit berühmt war. Sie hatten fünf Kinder und bestimmten ihren ältesten Sohn David zum Studium der Rechte. Während seines Studiums in Baltimore wurde er von den Reizen einer jungen englischen Schauspielerin, die Elizabeth Arnold hieß, gefesselt. Er entführte sie und zerstörte sich, kaum ein wenig älter als achtzehn Jahre, seine Lebensaussichten durch diese unvorsichtige Heirat. Von seinen Eltern verleugnet, widmete er sich dem Berufe seiner Gattin und ging zur Bühne, scheint aber nicht viel Geschicklichkeit gezeigt zu haben. Nachdem dem jugendlichen Paare ein Kind geboren war, erweichten sich die Eltern und nahmen den verirrten Sohn wieder in den Kreis ihrer Familie auf; und

---

2) Es schließt mit den Worten:
    Dem Freunde starb er treu ergeben
    Und opferte für ihn sein Leben.

ebenso seine jugendliche Gattin, die als ein liebliches, zartes, außerordentlich begabtes Geschöpf geschildert wird. Sie konnten das Glück dieser Verzeihung jedoch nicht lange mehr genießen, im Jahre 1811 starben beide junge Ehegatten innerhalb weniger Wochen zu Richmond in Virginia an der Schwindsucht und ließen ihre drei Kinder Henry, *Edgar* und Rosalie unversorgt zurück.

Edgar Allan Poe wurde am 19. Januar 1809 in Boston geboren. Den Namen Allan erhielt er nach einem reichen und vertrauten Freunde der Familie, und nach dem Tode seiner beiden Eltern nahm sein Pate, der, obwohl lange verheiratet, keine Kinder hatte, den kleinen, eben sechs Jahre alten Knaben an Kindes statt an. In dieser frühen Jugend schon fiel das Kind durch seine Frühreife sowie durch seine Schönheit auf. Mr. Allan scheint außerordentlich stolz auf seinen jungen Schützling gewesen zu sein und ihn in mancher Hinsicht wie seinen Sohn behandelt zu haben. Leider machte er eine Art Prunkstück und Wunderkind aus dem Knaben. Man erzählt uns, daß der junge Edgar ein außergewöhnlich zähes Gedächtnis und ein so musikalisches Ohr besaß, daß er den allabendlich im Hause des Mr. Allan versammelten Besuchern Teile der schönsten Werke englischer Poesie mit der größten Wirkung vortragen konnte.

Die Richtigkeit der Betonung und das offenbare Verständnis für die rezitierten Dichtungen machten einen lebhaften Eindruck auf die Zuhörer, und die Natürlichkeit und das angenehme Wesen des kleinen, hübschen Rezitators gewannen ihm aller Herzen. Diese Leistungen schmeichelten der Eitelkeit des

Stiefvaters und Paten natürlich sehr; doch mußte die beständige Erregung der schon sowieso krankhaft empfindlichen Organisation des Knaben von schlimmen Folgen sein. In späteren Jahren beklagte der Dichter selbst bitter die verderbliche Wirkung dieser falschen Erziehung. „Ich bin", erzählt er selbst nur zu wahrheitgetreu, „der Sprößling eines Geschlechtes, das zu jeder Zeit durch seine phantastische, leicht erregbare Gemütsart auffiel; und schon in meiner frühesten Kindheit zeigte sich, daß ich diese Familieneigentümlichkeiten in hohem Grade geerbt hatte. Je älter ich wurde, desto stärker entwickelten sie sich, erfüllten meine Freunde mit Beunruhigung und fügten mir selbst tiefen Schaden zu . . . meine Stimme war im Hause Gesetz und in einem Alter, in dem wenige Kinder dem Gängelbande entlaufen sind, hatte ich nur meinen eigenen Willen über mir und war in allem Herr meiner Handlungen."

Im Jahre 1816 mußten die Allans aus geschäftlichen Gründen nach England reisen und nahmen ihren Adoptivsohn mit sich. Nach einer Tour durch England und Schottland übergaben sie ihn der Manor-House School in der Church Street in Stoke-Newington. Die Schule gehörte einem Rev. Dr. Bransby, der in „William Wilson", einer der persönlichsten Geschichten Poes, so launig beschrieben ist. Zur Zeit von Poes Aufenthalt in der Schule umfaßte dieselbe ein sehr großes Gebiet, und der Dichter hat oft erklärt, den Ort und die Lebensweise, die er dort führte, in „William Wilson" nach der Natur geschildert zu haben. Jedenfalls aber ist ein Teil der in dieser Erzählung angeführten Reminiszenzen auf seine durch die Phantasie stark übertriebenen Erinnerungen zurückzuführen. In mancher Hinsicht paßt die Beschreibung des großen, geräumigen Elisabethäischen Hauses auf den schönen Herrensitz, der der Schule gegenüberliegt, in anderer ist der Ort sogar mit einer fast präraffaelisch strengen Genauigkeit beschrieben; auch die Schilderung Stoke - Newingtons, wie es zu Poes Zeiten war, ist ungewöhnlich genau. Trotzdem er freundlos und verwaist war, verlebte der künftige Poet den glücklichsten Teil seines Lebens in diesem nebelhaften englischen Städtchen mit den zahlreichen riesigen, knorrigen Bäumen und den so außerordentlich alten Häusern. „Gewiß," sagt Poe, „es war ein traumhafter und den Geist beruhigender Ort, die ehrwürdige, alte Stadt", und es ist nicht verwunderlich, daß das sensible Kind einen starken Eindruck empfing und behielt von der „erfrischenden Kühle der tiefen, schattigen Alleen, von dem Duft der tausend Gebüsche", und von unbestimmbarem Entzücken erfüllt wurde, so oft es „die tiefen, dunklen Töne der Kirchenuhr hörte, die allstündlich aus der Stille der Nebelluft herabtönten, in die der gezackte gotische Turm wie schlafend gebettet lag".

Hier, in diesem träumerischen Orte verbrachte Edgar Poe vier oder fünf Jahre seines Daseins und trotzdem das Schulleben sehr einförmig war, blickte er doch auf die in dem ehrwürdigen Institut verbrachten Tage mit angenehmen Gefühlen zurück. „Das fruchtbare Gehirn der Kindheit", sagt er selbst, „braucht keine äußere Welt und äußeren Ereignisse, um beschäftigt und unterhalten zu werden... Das Erwachen des Morgens, das abendliche Zubettrufen, die

Freistunden, die halben Feiertage und Spaziergänge, der Spielplatz mit seinen Spielen, Kämpfen und Intriguen barg für mich eine Wildnis von Gefühlen, eine Welt, reich an Zufällen und Begebenheiten, ein ganzes Weltall verschiedenartigster, höchst leidenschaftlicher, geistaufrüttelnder Erregung. Oh, le bon temps, que ce siècle de fer."

Das Haus war und ist noch jetzt wie Poe es beschreibt: alt und unregelmäßig. „Die Spielplätze", fährt er in „William Wilson" fort, „waren sehr weitläufig, und eine hohe und feste Ziegelsteinmauer, die oben mit einer Lage Mörtel, in die man dicht Glasscherben gesät hatte, bedeckt war, umgab das Ganze. Diese gefängnisähnliche Befestigung war die Grenze unseres Gebietes und nur dreimal in der Woche überschritten wir dieselbe: jeden Sonnabend Nachmittag, wenn wir, von zwei Unterlehrern begleitet, in geschlossener Reihe kurze Spaziergänge durch die benachbarten Felder unternahmen und zweimal des Sonntags, wenn wir in den Vor- und Nachmittagsgottesdienst in die Kirche geführt wurden. . . In einem Winkel der mächtigen Mauer dräute ein noch mächtigeres Tor, es war mit eisernen Riegeln und Schlössern verwahrt und starrte in eisernen Lanzenspitzen empor. Welch tiefes Gefühl von Furcht flößte es uns ein-!. . .Das ausgedehnte Grundstück war von unregelmäßiger Form und umschloß mehrere Höfe. Drei oder vier der größten bildeten verbunden unseren Spielplatz. Er war ganz eben und mit feinem, hartem Kies bedeckt. Ich erinnere mich sehr gut, es standen weder Bäume noch Bänke noch dergleichen auf ihm. Vor dem Hause befand sich eine kleine Gartenanlage, die mit Buchsbaum und anderem Gesträuch bepflanzt war und deren heiligen Boden wir aber nur bei ganz seltenen Gelegenheiten betraten – bei unserem ersten Eintritt in die Schule und wenn wir dieselbe endgültig verließen oder wenn uns ein Verwandter oder Bekannter abholte und wir fröhlich mit ihm in die Weihnachts- oder Sommerferien reisten."

Die Glut, die Begeisterungsfähigkeit und die Herrschsucht, die William Wilson vor all seinen Kameraden auszeichnete, so daß er bald allen, die nicht bedeutend älter waren als er selbst, überlegen war, mag mit Recht Poes eigenem Charakter zugeschrieben werden. Zweifellos erlangte unser Dichter in dieser ehrwürdigen Schule die Grundkenntnisse der klassischen Literatur, die in späteren Jahren eine Zierde seiner zauberhaften Dichtung wurden.

Im Jahre 1812 kehrte der Knabe nach Hause zurück und wurde bald darauf von seinen Stiefeltern auf die Akademie nach Richmond in Virginia geschickt. Es scheint, daß Mr. Allan noch immer sehr stolz auf seinen schönen und frühreifen Paten und stets gewillt war, ihm die beste Erziehung der Welt zuteil werden zu lassen; doch scheint er nicht die geringste wirklich elterliche Liebe, die tiefe Sympathie, nach der den Knaben so verlangte, empfunden zu haben. Das ganze Leben hindurch zeichnete diesen nämlich eine krankhafte Empfänglichkeit für Zuneigung aus und trieb ihn oft dazu, in der Gesellschaft stumpfer Tiere jene Liebe zu suchen, die die Menschen ihm versagten oder die er sich oft versagt glaubte. Eine Stelle in seiner schrecklichen Erzählung „Der schwarze Kater" wird alle, die Poe genau gekannt haben, wie eine au-

tobiographische Bemerkung anmuten: „Die Liebebe-
dürftigkeit meines Herzens verriet sich so oft, daß sie
mich zum Gespött meiner Kameraden machte. Tiere
liebte ich ganz besonders, und meine Eltern gestatte-
ten mir, eine Reihe solcher Lieblinge zu halten. Diesen
widmete ich den größten Teil meiner Zeit und war nie
glücklicher, als wenn ich sie füttern und liebkosen
konnte. Diese Charaktereigentümlichkeit nahm zu, je
älter ich wurde, und war noch in meinem Mannesalter
die hauptsächlichste Quelle meiner Freuden. Allen
denen, die jemals Zuneigung zu einem treuen und ge-
lehrigen Hunde empfunden haben, brauche ich wohl
kaum die Natur und die Größe der hier erreichbaren
Befriedigung zu beschreiben. In der selbstlosen, auf-
opfernden Liebe des stumpfen Tieres liegt etwas, das
dem tief zu Herzen gehen muß, der oft Gelegenheit
hatte, wahrzunehmen, wie brüchig die Freundschaft
und wie leeres Wort die Treue der bloßen Menschen
ist."

In ihrem vorhin erwähnten kleinen Buche erzählt
Mrs. Whitman eine beglaubigte und charakteristische
Anekdote aus Poes Leben während seines Studiums
an der Akademie zu Richmond, die für die fast donquichottehafte Beständigkeit seiner Gefühle und seiner Dankbarkeit für Zuneigung zeugt und uns nur zu
klar beweist, wie wenig Liebe der verwaiste Knabe
von seinen Adoptiveltern zu empfangen gewöhnt
war. „Er begleitete", so erzählt Mrs. Whitman, „eines
Tages einen Schulkameraden nach Hause und erblickte dort zum ersten Male Mrs. Helene Stannard,
die Mutter seines Freundes. Als die Dame ins Zimmer
trat, nahm sie seine Hand und bewillkommnete ihn

mit einigen liebenswürdigen Worten, die so tief in das empfindsame Herz des Waisenknaben drangen, daß er nicht sprechen konnte und für eine Weile fast das Bewußtsein verlor. Wie im Traume ging er nach Hause und hatte nur *einen* Gedanken, nur *eine* Hoffnung – noch einmal diese süßen, liebevollen Worte zu hören, die ihm die traurige Welt so schön und sein einsames Herz von Glück so schwer gemacht hatten. Die Dame wurde später die Vertraute all seiner Knabenschmerzen, und ihr besänftigender Einfluß leitete ihn oft zum Guten durch die frühen Tage seiner stürmischen, leidenschaftlichen Jugend. Doch leider wurde sie selbst bald von einem furchtbaren und seltsamen Schicksal betroffen, und im Augenblicke, da der Jüngling ihren Einfluß am nötigsten hatte, starb sie. Als sie auf dem Kirchhofe beigesetzt worden, konnte der junge Bewunderer den Gedanken nicht ertragen, daß sie nun dort allein und verlassen in dem kalten Gewölbe liegen sollte, und noch Monate nach ihrem Hinscheiden besuchte er allnächtlich das Grab seiner verehrten Freundin – und wenn die Nächte trüb und kalt waren, wenn die Herbstregen fielen und der Wind über den Gräbern klagte, blieb er am längsten und konnte sich am schwersten trennen."

Jahre, wenn nicht sein ganzes Leben hindurch, goß die Erinnerung an diese unglückselige Frau dunkle Trauer über all seine Phantasien und füllte seinen Geist mit gramvollen Bildern. In einem Briefe, den Poe ungefähr ein Jahr vor seinem Tode dem aller Wahrscheinlichkeit nach treuesten Freunde seiner „einsamen letzten Jahre" geschrieben hat, durchbricht er einmal das Schweigen, mit dem er gewöhnlich über sein frühes Leben hinwegging und erklärt, daß die Stanzen: ‚An Helene', die seltsamerweise in seine gesammelten Werke nicht aufgenommen worden, dem Andenken an diese Dame, an die „abgöttische und rein ideale Liebe" seiner sturmdurchtosten Jugend gewidmet sind. In den frühesten Lesarten der Gedichte aus dieser Zeit kehrte der Name Helene häufig wieder und ohne Zweifel war ihr auch „Der Paean" gewidmet, ein Jugendgedicht, das er später in Rhythmus und Ausdruck noch viel verbesserte und unter dem Titel „Leonore" neu herausgab. Die Schilderung, die Poe hernach einer Freundin von den Phantasien machte, die während der trostlosen Nachtwachen auf dem Kirchhofe sein Hirn durchzogen, die namenlose Trauer und die unbeschreiblichen Wahngebilde, aus deren „Kondorflügeln unsichtbares Weh sinkt", vergleicht sie mit dem, was uns De Quincey von seinen Gefühlen bei dem Begräbnis seiner geliebten Schwester erzählt. Wir verweilen etwas länger bei dieser wenig bekannten Zeit aus Poes Leben, weil wir überzeugt sind, daß Mrs. Whitman in diesen einsamen Kirchhof-Nachtwachen und den Erinnerungen daran einen Schlüssel zu vielem gefunden hat, das uns in dem späteren Leben des Dichters seltsam und abnorm anmutet; so daß denn alle die, welche eine Erklärung für die seelischen Erscheinungen dieses seltsamen Daseins suchen, welche versuchen wollten, wie Poe selbst sagt, „seine Phantasmen auf alltägliche Wirklichkeiten zurückzuführen", diese Phase seines Lebens kennen und geradezu studieren müssen. Der Geist, der so beständig Schritt für Schritt jene furchtbaren Stadien des „Bewußtseins nach dem

22

Tode" durchging, wie er es in dem Zwiegespräche zwischen Monos und Una tut, muß sich auch in seinem eigenen Dasein heiß bemüht haben, dem Beinhaus seine irdischen Geheimnisse abzuringen.

Wir wollen jetzt zu den alltäglicheren Begebenheiten seiner Geschichte zurückkehren. Schon in dieser frühen Periode seines Lebens zeichnete sich der junge Dichter durch große Klugheit, Tätigkeit, Stolz und Eigenwillen, außerordentliche persönliche Schönheit und eine bewunderungswerte Fähigkeit aus, Geschichten aus dem Stegreif zu erzählen. Auch hatte er sich schon eine tüchtige klassische Bildung angeeignet und war in der Mathematik, Botanik und anderen Zweigen der Naturwissenschaften wohl beschlagen. Es ist nur zu gerecht, daß wir hier den Bericht Griswolds über diese Epoche im Leben Edgar Poes etwas näher beleuchten, da die Lügenhaftigkeit dieses Poe-Biographen vielleicht noch immer nicht genügend bekannt ist. „Im Jahre 1822", sagt Griswold, „kehrte Poe in die Vereinigten Staaten zurück, verbrachte ‚einige wenige Monate' an einer Akademie in Richmond und bezog dann die Universität in Charlottesville, wo er ein sehr ausschweifendes Leben führte. Die Sitten an der Hochschule waren damals überhaupt außerordentlich lockere, aber Poe war als der wildeste und zügelloseste Student von allen bekannt. . . Er hätte mit den höchsten Ehren graduiert werden können, wenn er nicht seines Spieles, seiner Unmäßigkeit und anderer Laster wegen von der Universität relegiert worden wäre." Die bloße Tatsache, daß Poe nach Griswolds Daten zu jener Zeit etwa elf oder zwölf Jahre alt gewesen sein müßte, genügt allein, um Zweifel an der Richtigkeit dieser Anschuldigungen zu rechtfertigen; zum Glück für den Ruf des Beschuldigten haben wir aber unbestreitbare Beweise für die gänzliche Unwahrheit dieser Behauptungen. Dr. Sokrates Maupin, Präsident der Universität von Virginia, brachte am 22. Mai 1860 auf verschiedene Anfragen über den Verlauf der Studienzeit Edgar Poes in Charlottesville eine Erklärung des Mr. Wertenbaker, Sekretärs der Fakultät, bei und zwar mit der Bemerkung, daß die Erklärungen des Mr. Wertenbaker vollen Glauben verdienten. „Ich füge noch hinzu," fährt er fort, „daß in den Büchern der Fakultät nichts verzeichnet ist, das zu Ungunsten des Mr. Poe spricht. Er scheint mit Erfolg studiert zu haben, denn er hat bei den Schlußprüfungen im Jahre 1826 Auszeichnungen im Latein und Französisch erhalten." Auf den Brief des Dr. Maupin folgen dann die Erklärungen des Mr. Wertenbaker, die ein sehr interessantes und abschließendes Dokument bilden:

„Edgar A. Poe war Student an der Universität von Virginia während der zweiten Session, die am 1. Februar 1826 begann und am 15. Dezember desselben Jahres endete. Er wurde am 14. Februar immatrikuliert. Geboren am 19. Januar 1809 war er etwas unter siebzehn Jahre alt, als er in die Anstalt eintrat. Er gehörte zu der Abteilung für alte und neue Sprachen, und da ich selbst Mitglied derselben war, kann ich bezeugen, daß er die Vorlesungen ziemlich regelmäßig besuchte und mit Erfolg studierte, da er bei den Schlußprüfungen Auszeichnungen erhielt, die höchste Ehre, die ein Student erlangen konnte, da damals noch keine Grade verliehen wurden. Einmal forderte

Professor Blatterman seine italienische Klasse auf, einen bestimmten Teil aus Tasso in englische Verse zu übersetzen. Mr. Poe war der einzige, der die Aufgabe zustande brachte und wurde wegen dieser Fertigkeit von dem Professor sehr gelobt.

Obgleich ich Mr. Poe schon am Anfang der Session kennen gelernt hatte, kam ich erst am Ende derselben näher mit ihm zusammen. Nachdem wir einen Abend in einem Privathause zusammen verbracht hatten, lud er mich ein, noch ein wenig mit ihm auf sein Zimmer zu gehen. Es war ein kalter Dezemberabend und das Feuer fast ausgegangen. Mit Hilfe einiger Kerzenstümpfchen und der Trümmer eines Tisches fachte er es von neuem an, und bei dem anheimelnden Schein verbrachte ich eine sehr angenehme Stunde mit ihm. Bei dieser Gelegenheit erwähnte er mit Bedauern, daß er viel Geld verschwendet und eine Menge Schulden habe. Ich habe in einer skizzenhaften Biographie des Mr. Poe die Behauptung gelesen, er sei von der Universität verwiesen worden, später jedoch wieder eingetreten und mit den höchsten Ehren graduiert worden. Dies ist ein vollständiger Irrtum. Er verbrachte nur eine Session an der Universität *und kam mit den Gesetzen der Fakultät nie in Konflikt*. Auch war er zu dieser Zeit nicht dem Trunke ergeben, doch hatte er eine unbesiegbare Leidenschaft zum Kartenspiel. Mr. Poe war mehrere Jahre älter, als sein Biograph angibt. Es ist aber doch anzunehmen, daß sein Alter richtig in die Bücher der Universität eingetragen ist."

Dies zur Beleuchtung der von Griswold erfundenen oder jedenfalls verbreiteten Geschichte von Edgar Poes Relegation von der Universität. Auch Griswold erwähnt, daß Poe schon damals seiner Kühnheit, Kraft und körperlichen Gewandtheit halber bekannt und berühmt war und erzählt – mit seiner üblichen Übertreibung – eine Heldentat des jungen Burschen. Poe selbst stellt die Sache folgendermaßen dar: An einem heißen Junitage schwamm er sechs englische Meilen weit von Ludlams Wharf nach Warwick gegen starken Strom; als man die Möglichkeit dieser Leistung öffentlich in Zweifel zog, wurde sie ihm von mehreren Gefährten, unter anderen von seinem Kolleggenossen Robert Stannard, in einem Schriftstück bestätigt, in dem überdies noch ausgeführt wird, daß Mr. Poe nicht im mindesten ermüdet zu sein schien, sondern unmittelbar nach der Leistung, die aus Anlaß einer Wette unternommen worden, zu Fuß nach Richmond zurückkehrte. Der Dichter hatte kein geringes Zutrauen zu seinen Schwimmkünsten und versicherte oft, er traue sich zu, an einem günstigen Tage den Kanal von Dover nach Calais zu durchschwimmen.

Im Jahre 1827 beschloß Poe mit einem seiner Kameraden Ebenezer Burling – ohne Zweifel durch die hero-ischen Anstrengungen der Griechen, sich von dem Joche ihrer türkischen Bedrücker zu befreien, und vom Beispiele Lord Byrons angeregt, das alle ritterlichen Jüng- lingsgemüter beider Kontinente entflammte – nach Griechenland zu reisen und den Insurgenten seine Hilfe anzubieten. Im letzten Augenblicke schien Mr. Burling der Mut zu sinken, vielleicht auch wagte er nicht, sich der elterlichen Autorität zu entziehen, jedenfalls blieb er zu Hause, während der angehende Dichter, ohne Zweifel in eigensinniger

Empörung gegen die Wünsche seiner Stiefeltern, allein nach Europa abreiste. Er blieb länger als ein Jahr von Amerika fort, doch haben wir keine Kenntnis von den Abenteuern dieser Reise. Er selbst hat stets über dieselben geschwiegen und die verschiedenen erfundenen und schon zu seinen Lebzeiten veröffentlichten Geschichten seiner Erlebnisse in diesem Zeitraume unwidersprochen gelassen. Wahrscheinlich ist, daß er England erreicht hat, ob er aber jemals mit anderen als den Augen seines Geistes

> Die Schönheit sah, die Griechenland *war*,
> Und die Größe, die Rom *gewesen*,

ist durchaus nicht mit Sicherheit anzunehmen. In seinen Schriften finden sich wohl kurze Bemerkungen über landschaftliche Szenen aus Griechenland und Italien, doch ist es unmöglich, aus denselben mit Gewißheit auf eigene Anschauung zu schließen. Ganz zurückzuweisen ist auch die Behauptung, er sei in St. Petersburg gewesen und dort in Schwierigkeiten verwickelt worden, aus denen er nur durch Vermittlung des Gesandten habe befreit werden können; töricht sind auch die Ausführungen eines anonymen Autors, die in dem „Southern Literary Messenger" erschienen und in denen erzählt wird, Poe habe in London die Bekanntschaft von Leigh Hunt und Theodore Hook gemacht und dort „elend wie diese Menschen gelebt, die für die großen Zeitungen und Zeitschriften schrieben, die ihre weltweite Berühmtheit der Arbeit solcher Männer verdanken". Die Unkenntnis der englischen

Schriftsteller und des englischen Literaturlebens, die aus diesen Worten spricht, bedarf keiner weiteren Erläuterung.

Im Jahre 1829 kehrte Edgar Poe in die Heimat zurück, wenn man das Haus der Allans so nennen darf. Er kam Anfang März wieder in Richmond an, zu spät, um seiner Pflegemutter ein letztes Lebewohl sagen zu können, denn sie war am 27. Februar gestorben und einen Tag vor des Dichters Heimkunft begraben worden. Mrs. Allan war ohne Zweifel das versöhnliche Element in diesem Haushalt gewesen, in dem, wie uns erzählt wird, ihre Vermittlung oft nötig war, und der arme Bursche, der stets nur Gutes von der Dame zu berichten wußte, mußte ihren Verlust bald bitter empfinden. Es scheint, als wäre Mr. Allan durchaus nicht erfreut über die Rückkehr des verlorenen Sohnes gewesen, immerhin bot er, als Poe die Absicht ausdrückte, sich der militärischen Laufbahn zu widmen, seinen Einfluß auf und erlangte für ihn eine Kadettenstelle in der Militär-Akademie in West Point. Nach den Regeln des Instituts wurden keine Bewerber unter einundzwanzig Jahren berücksichtigt, und der junge Autor, denn das war er inzwischen geworden, hatte nun gerade das geforderte Alter erreicht. Es war nämlich ein kleiner Band Gedichte, der erste bekannte Versuch des Dichters, unter dem Titel ‚Al Aaraaf, Tamerlane und kleinere Gedichte‘ erschienen. Lowell und andere Kritiker sprechen von einer früheren Ausgabe dieses Buches, die im Jahre 1827 veröffentlicht wurde, und der das köstliche kleine Gedicht „An Helene" entnommen ist. Dieser 1827 erschienene Band hatte die schmeichelhafte Aufmerksamkeit des Autor-Veteranen John Neal erregt, doch ist er spurlos verschwunden, und die Ausgabe von 1829, die nur für private Kreise gedruckt worden, ist somit das erste Dokument von Poes literarischem Wirken.

Aus den Berichten der Militär-Akademie geht hervor, daß Poe am 1. Juli 1830 als Kadett in das Institut aufgenommen wurde. Er versuchte mit seiner gewöhnlichen Energie, sich dem neuen Leben anzupassen, mußte jedoch bald entdecken, wie wenig er in die strenge Disziplin und die monotone Zucht einer derartigen Anstalt paßte.

Sein unregelmäßiger Lebenslauf und die Tatsache, daß er schon so lange Zeit alleiniger Herr seiner Handlungen gewesen war, machten es ihm ganz unmöglich, sich der strengen Disziplin und den Anforderungen dieses Instituts zu fügen. Ein Mitkadett erzählt uns, er habe sich in diesem Institute als durchaus unzureichend gezeigt. „Er konnte oder wollte z. B. dem Unterricht in der Mathematik nicht folgen. Sein Geist war immer weit von der Tatsachenroutine des Drills entfernt, die ihm allerdings als ein praktischer Witz auf irgendein visionäres Unternehmen vorkommen mußte. Er schien uns allen zu einem frühen Tode vorbestimmt zu sein." Also die Anstalt paßte durchaus nicht für einen Menschen von Poes Temperament und Lebensanschauung. Sein Dasein daselbst war nur eine Wiederholung der alten Geschichte vom Pegasus am Pfluge; und das Ende war denn auch, wie vorauszusehen, daß er am 7. Januar 1831 von dem allgemeinen Kriegshofe verschiedener Pflichtvernachlässigungen und der Insubordination angeklagt wurde. Er wurde natürlich schuldig gesprochen, und, wie es in dem großspurigen Stile der Anstalt heißt, „aus dem Dienste der Vereinigten Staaten entlassen". Es wäre für den armen jungen Dichter und auch für den Ruf seiner Landsleute besser gewesen, wenn er diesen Ausspruch der Akademie als von der Nation empfangen betrachtet und an einem anderen Strande die Gastfreundschaft gesucht hätte, die ihm seine Landsleute versagten.

Im Jahre 1831, während er noch Kadett war, gab er, unbekümmert um den bereits über ihm schwebenden Urteilsspruch, eine erweiterte Sammlung seiner Jünglingsgedichte unter dem Titel „Gedichte von Edgar A. Poe" heraus. Diesen Band, den er mit dem Motto von La Rochefoucauld „Tout le monde a raison" eingeleitet und wie die vorherigen Veröffentlichungen für einen privaten Kreis bestimmt hatte, war „dem Kadettenkorps der Vereinigten Staaten" zugeeignet. Doch schien diese Widmung dem unglückseligen Autor nur das Gelächter seiner Kollegen eingetragen zu haben. Ein Mitkadett, der spätere General Cullum, erzählt von dem kleinen Bande: „Die Verse machten uns Burschen außerordentlich viel Spaß. Wir hielten den Autor für übergeschnappt und seine Gedichte für außerordentlich schnurrig." Zum Glück für die Literatur aber hatte die Ansicht von „uns Burschen" nicht viel Gewicht, und Poe fuhr fort, ohne Rücksicht auf West Point und seine Kritik, Verse zu schreiben. Dies kleine Buch ist von großem Interesse, und zwar nicht nur des außerordentlich geschickt geschriebenen, einleitenden, 17 Seiten langen Briefes wegen, der an einen gewissen mythischen „B." gerichtet ist, sondern, weil er eine Menge Verse enthält, die in späteren Ausgaben Poes unterdrückt worden sind. Auf den Prosabrief folgt eine poetische Einleitung von 66 Zeilen. Ein Teil derselben ist unter dem Titel „Romanze" in die allgemeine Sammlung der „Jugendgedichte" aufgenommen worden.Viele der ausgelassenen Teile dieses Bandes haben ein großes biographisches Interesse für alle, die die wahre Lebensgeschichte Edgar Poes kennen. Für diese sind es mehr als Verse. Im übrigen sind die Streichungen ebenso glücklich wie die neu eingefügten Gedichte. Keine Rücksicht auf Jugendreliquien hielt Edgar Poe im späteren Leben zurück, die Auswüchse seiner Jünglingsgedichte zu beschneiden. Die sichere Hand des Kritikers ließ sich nur von Rücksicht auf die künstlerische Einheit leiten.

Nachdem Poe West Point verlassen hatte, kehrte er in das Haus Mr. Allans nach Richmond zurück und scheint dort einige Zeit geblieben zu sein. Bald nach seiner Heimkehr trat er in Beziehungen zu einer Miß Royster und verlobte sich, wie man annimmt, schließlich mit ihr. Mr. Allan widersetzte sich aus unbekannten Gründen dieser Verbindung aufs heftigste. Ohne seine pekuniäre Hilfe war eine Heirat völlig ausgeschlossen, denn Poe hing vollständig von ihm ab. Es entstand infolgedessen ein heftiger Zwist zwischen dem alten Manne und seinem Adoptivsohne, und Poe, der sich niemals dem Laufe der Ereignisse fügen konnte, verließ die Heimat wieder; diesmal in der Absicht, nach Polen zu gehen, um seine Kräfte in den Kämpfen dieses Volkes gegen Rußland ausleben zu lassen. Wie weit er gekommen, ist nicht bekannt, doch nimmt man an, daß er Amerika nicht verlassen hat, weil am 6. September die Nachricht vom Falle Warschaus eintraf, der die letzten Hoffnungen der polnischen Insurgenten zunichte gemacht hatte. Mittlerweile hatte Mr. Allan, als wolle er die Entfremdung von seinem Adoptivsohne noch vergrößern, sich eine junge Frau genommen, die schöne Miß Paterson, während Miß Royster, ihres Versprechens uneingedenk, einen reichen Mann, einen Mr. Shelton, geheiratet hatte. Wieder ziellos und wahrscheinlich auch aller Existenzbedingungen beraubt, kam der ritterliche junge Dichter in seine heimatliche Provinz zurück. Ob er in das heimatliche Haus zurückkehrte, das für ihn kein Heim mehr war, ist ungewiß, wenn man sich an seinen Stolz erinnert, sogar höchst unwahrscheinlich. Auf keinen Fall verweilte er lange dort, außerdem schwanden mit der Geburt eines Sohnes, den Herrn Allans zweite Gattin diesem schenkte, Poes Erbschaftsaussichten völlig dahin. Griswold behauptet, daß der Zwist des Dichters mit seinem Adoptivvater seinen Grund in einer Handlung Poes habe, „die sich nicht einmal erwähnen lasse". Aber abgesehen von der Tatsache, daß Poe später von Personen, die mit beiden Parteien wohl befreundet waren, liebenswürdig empfangen wurde, und der erwiesenen Verlogenheit des Biographen genügt es wohl, diese nicht auf den geringsten Schein von Beweis gestützte Erzählung in das Reich der Höllenfabeln, um einen Ausdruck ihres eigenen Autors zu gebrauchen, zu verweisen.

Nachdem er so in allem Schiffbruch gelitten hatte, suchte sich der unglückliche Dichter durch literarische Beschäftigung eine Existenz zu ermöglichen, doch mußte auch er die Erfahrung machen, daß die Wasser des Helikon alles andere als goldhaltig sind. Was er in den zwei nun folgenden Jahren begonnen hat, ist ein unaufgeklärtes Geheimnis. Jedenfalls sind einige seiner schönsten Geschichten in diesem Zeitraume geschrieben worden, und obgleich sie von Zeitschriften angenommen und veröffentlicht worden sind, erhielt er wohl kaum Bezahlung für dieselben. Im Jahre 1833 tauchte er in Baltimore auf. Der Eigentümer des „Saturday Visitor" hatte einen Preis auf die beste Prosaerzählung und das beste Gedicht ausgesetzt. Der Dichter ergriff diese Gelegenheit, um dem Hungertode, dem er nicht allzu fern war, zu entgehen. Er schickte sechs seiner Geschichten und sein Gedicht „Das Colosseum" ein. Die Preisrichter, wohlbekannte Literaten, erkannten dem unbekannten Poe einstimmig beide Preise zu und veröffentlichten sogar folgende schmeichelhafte Kritik: „Unter den eingesandten Prosaschriften fanden sich viele, die große Vorzüge aufwiesen; die eigentümliche Kraft und Schönheit aber der von dem Autor der 'Erzählungen aus dem Folioklub' eingesandten Dichtungen veranlaßten uns, ihm ohne Zögern den Preis zuzuerkennen, und zwar im speziellen für die Erzählung ‚Die Flaschenpost'. Doch würden wir dem Autor kaum Gerechtigkeit widerfahren lassen, wenn wir behaupteten, daß die von uns gewählte Geschichte die beste der von ihm eingesandten sechs sei. Wir sind der Meinung, der Autor schulde es seinem eigenen Rufe und dem kunstliebenden Publikum, den ganzen Band 'Erzählungen aus dem Folioklub' zu veröffentlichen. Diese Geschichten sind durch seltsame, kraftvolle,

33

poetische Phantasie, prunkvollen Stil, fruchtbare Erfindung und reiche, eingehende Gelehrsamkeit ausgezeichnet.

John P. Kennedy,
J. H. B. Latrobe and
James H. Miller."

Griswold stellt diese Geschichte folgendermaßen dar:

„Solche Sachen werden gewöhnlich sehr oberflächlich abgetan. Ein Komitee trinkt auf die Gesundheit des Preisausschreibers vor einem großen Haufen ungelesener Manuskripte eine Menge Wein. Die Manuskripte überlassen die Leute dann den Herausgebern mit der Erlaubnis, ihre Namen zu seinem Vorteile zu gebrauchen. So wäre es auch hier gegangen, wenn nicht eins der Komiteemitglieder durch die auffallend schöne und deutliche Schrift eines Heftchens verführt worden wäre, einige Seiten zu lesen. Sein Interesse wurde erregt, und er machte die übrige Gesellschaft auf das halbe Dutzend Geschichten, die das Heftchen enthielt, aufmerksam. Sofort wurde einstimmig beschlossen, dem ersten der ‚Genies‘, das leserlich geschrieben hatte, den Preis zuzuerkennen. Kein anderes Manuskript wurde überhaupt gelesen. Man öffnete nun den Umschlag mit dem Kennwort und fand, daß der erfolgreiche Einsender auf den unbekannten Namen Poe hörte."

Der Bericht der Preisrichter, der am 12. Oktober 1833 veröffentlicht wurde, straft die entehrenden Behauptungen Griswolds, das Komitee habe nur der schönen Handschrift zuliebe Poe den Preis erteilt und kein anderes Manuskript angesehen, Lügen. Als die beiden überlebenden Preisrichter Mr. Latrobe und Se. Ehrwürden John P. Kennedy von dieser Darstellung Griswolds Kenntnis erhielten, haben sie dieselbe sofort für unwahr erklärt.

Mr. Kennedy, der wohlbekannte Autor, empfand so viel Interesse für den unbekannten, erfolggekrönten Einsender, daß er ihn in sein Haus einlud. Poes in seiner gewöhnlichen, deutlichen und schönen Handschrift geschriebene Antwort gewährt uns einen Einblick in das tiefe Elend, in dem er damals lebte. Nur wenige Menschen werden sich vorstellen können, mit welchen Gefühlen er die folgenden Zeilen geschrieben haben muß:

„Ihre Einladung zum Essen hat mich tief berührt. Ich kann der demütigendsten Gründe, meiner persönlichen Erscheinung halber, nicht kommen. Sie können sich vielleicht vorstellen, welche Qual mir dieses Geständnis bereitet, es läßt sich jedoch nicht umgehen."

Von den edelsten Gefühlen gedrängt, suchte Mr. Kennedy den unglücklichen Jüngling auf und fand ihn mit dem Hungertode ringend. Poes elender Zustand flößte dem selbstlosen Autor ebensoviel Mitleid ein, als ihn sein Genie mit Bewunderung erfüllte, und er wurde ihm von nun an ein treuer Freund. Es ist nicht unwesentlich zu erwähnen, daß Poe sich die Freundschaft und Achtung seines Wohltäters bis zu seinem letzten Augenblicke erhielt, wie aus den Worten Mr. Kennedys, mit denen er die Nachricht von dem Tode des Dichters aufnahm, hervorgeht; und die Verleumdungen, die Griswold auf das Haupt des toten Mannes häufte, können nicht besser widerlegt werden, als wenn man die Aussagen all derer wiederholt, mit denen Poe lebte und arbeitete. Mr. Kennedy erhob seinen Schützling nun zuerst äußerlich wieder in menschenwürdige Verhältnisse und behandelte ihn in vielen Dingen mehr wie einen lieben Verwandten als wie einen zufällig Bekannten. In seinem Tagebuche erzählt er: „Ich gab ihm Kleidung, freien Zutritt zu meinem Tische und stellte ihm ein Reitpferd zur Verfügung, kurz, ich rettete ihn aus dem Abgrunde der Verzweiflung." Mit Hilfe solcher Freunde wandten sich Poes Angelegenheiten natürlich bald zum Besseren.

Im Frühling des Jahres 1834 starb Mr. Allan, und wenn sein Adoptivsohn noch die geringsten Hoffnungen gehegt hatte, etwas von dem Reichtum seines Pflegevaters zu erben, sah er sich jetzt endgültig getäuscht, denn er war, wie Griswold sich ausdrückt, „nicht mit einem roten Heller bedacht" worden. Powell behauptet sogar, die Witwe des Verstorbenen habe ihm seine eigenen Bücher vorenthalten – wir können uns diesem Glauben allerdings nicht anschließen. Im August desselben Jahres nun begann ein Mr. White, ein energischer Mann von großer Bildung, trotz des entschiedenen Abratens all seiner Freunde, mit der Herausgabe des „Southern Literary Messenger" in Richmond. Diese Zeitschrift bedeutete zu damaliger Zeit und an diesem Orte ein großes Wagnis und hätte ohne einen besonderen Glückszufall seinen Unternehmer leicht zugrunde richten können. Unter den Autoren, deren Mitarbeiterschaft er sich sichern wollte, befand sich auch Mr. Kennedy; und dieser forderte, da er selbst zu sehr beschäftigt war, Poe auf, dem Herausgeber etwas einzusenden. Unser Dichter tat es, und Mr. White, den die Beiträge außerordentlich entzückten, redete in den anerkennendsten Ausdrücken von ihnen und veröffentlichte im März 1835 „Berenice". Von nun ab wurde Poe ein regelmäßiger Mitarbeiter des „Messenger". Mr. Kennedy kannte Poe nun ein und ein halbes Jahr, ohne etwas im Wesen des Dichters gefunden zu haben, das die gute Meinung, die er von ihm hegte, zu ändern imstande gewesen wäre. Griswold zitiert folgenden Brief, den Mr. Kennedy in dieser Zeit an Mr. White geschrieben hat. Da er offenbar authentisch ist, geben wir ihn wieder:

Baltimore, den 13. April 1835.
Lieber Herr White. – Poe hat recht daran getan, sich auf mich zu beziehen. Er ist ein sehr geschickter Schriftsteller von gelehrter, klassischer Bildung. Es fehlt ihm noch ein wenig Erfahrung und Direktion, doch zweifle ich nicht, daß er Ihnen sehr nützlich sein wird, der arme Kerl. Er ist nämlich sehr arm. Ich riet ihm an, für jede Nummer Ihres Magazins etwas zu schreiben und sagte ihm, es läge vielleicht auch in Ihrem Vorteil, wenn Sie ihm eine fortlaufende Beschäftigung gewährten. Er hat einen Band sehr bizarrer Geschichten bei . . . in Philadelphia liegen, der seit einem Jahre versprochen hat, sie zu veröffentlichen. Der junge Mann ist mit einer außerordentlich kraftvollen, ein wenig zum Schauerlichen neigenden Phantasie begabt. Augenblicklich arbeitet er an einer Tragödie; ich habe ihm aber geraten, etwas zu schreiben, das ihm Geld einbringt, und ich zweifle nicht,

daß Sie bei gemeinsamer Arbeit gegenseitig auf Ihre Rechnung kommen werden.

Mr. White kam ohne Zweifel „auf seine Rechnung", denn jeden Monat lenkte er die Aufmerksamkeit seiner Leser auf die Schönheiten der in Fortsetzungen erscheinenden Erzählungen unseres Autors.

In der Juni-Nummer dieser Zeitschrift erschien Poes Erzählung „Hans Pfaall" und drei Wochen später in der „New York Sun" Mr. Locks berühmte Geschichte „Moon Hoax". Griswold spielt nun auf die Ähnlichkeit beider Dichtungen an, und zwar in der Weise, daß jeder Leser annehmen muß, Poe sei hier der Abschreiber und nicht, wie es sich wirklich verhielt, der Abgeschriebene, gewesen. Poes Ruhm nahm übrigens so schnell zu, daß Mr. White es für wünschenswert hielt, sich seine Feder für seine Zeitschrift allein zu sichern. Auf eine Anfrage hin fand er seinen Mitarbeiter nur zu geneigt, ihn gegen ein Jahresgehalt von 100 Guineen (520 Dollar) bei allen seinen redaktionellen Arbeiten zu unterstützen. Auf diese Anstellung begab sich Poe sofort von Baltimore nach Richmond, wo das Magazin erschien.

Der folgende Brief, in dem Poe seinem Freunde Kennedy seine Anstellung an dem „Messenger" mitteilte, gibt uns eine Vorstellung von der furchtbaren Melancholie, unter welcher der Dichter so häufig litt – und die nicht nur auf Elend und Entbehrungen, sondern zum Teil auch zweifellos auf Vererbung zurückzuführen ist.

Richmond, den 11. September 1835.
Lieber Herr Kennedy!

Ich erhielt eben einen Brief von Dr. Miller, in welchem er mir mitteilt, daß Sie wieder in der Stadt sind. Ich beeile mich deshalb Ihnen zu schreiben, was ich Ihnen niemals mit gesprochenen Worten hätte ausdrücken können – meine tiefe Dankbarkeit für Ihren häufigen Beistand und Ihre Güte. Ihrem Einfluß habe ich es zu danken, daß Mr. White mich mit einem Jahresgehalte von 520 Dollar als Mitredakteur bei seinem Magazin angestellt hat. Diese Stellung bietet mir viel Angenehmes, doch ach, es kommt mir oft vor, daß nichts auf der Welt mir Freude oder die geringste Befriedigung gewähren kann. Entschuldigen Sie, lieber Herr Kennedy, wenn Sie in diesem Briefe keinen Zusammenhang entdecken können. Ich bin augenblicklich wirklich zu beklagen; ich leide unter einer Niedergeschlagenheit, wie ich sie fürchterlicher nie zuvor empfunden habe. Ich habe vergeblich gegen diese Melancholie anzukämpfen versucht. Sie werden mir glauben, wenn ich Ihnen sage, ich fühle mich, trotz der großen Verbesserung, die in meinen Lebensumständen eingetreten ist, elend zum Tode. Ich sage, Sie werden mir glauben, und zwar aus dem einfachen Grunde, weil ein Mann, der bloß Eindruck machen will, anders schreiben würde. Mein Herz liegt offen vor Ihnen, wenn es des Lesens wert ist, lesen Sie darin. Ich bin elend und weiß nicht warum. Trösten Sie mich – Sie können es. Aber tun Sie es schnell, sonst möchte es zu spät sein. Schreiben Sie mir sofort; zeigen Sie mir, daß das Leben wert – ja, daß es unbedingt nötig zu leben ist, und Sie werden sich als meinen wahren Freund erweisen. Überreden Sie mich, das zu tun, was recht ist. Das meine ich. Und halten Sie das, was ich Ihnen jetzt schreibe, nicht für einen Scherz. Oh, bedauern Sie mich; denn ich fühle selbst, wie unzusammenhängend meine Worte sind; doch ich hoffe, ich werde mich wohl wieder erholen. Sie werden sich selbst sagen, daß diese Niedergeschlagenheit mich zugrunde richten wird, wenn sie noch lange anhält. Schreiben Sie mir also bald; drängen Sie mich dazu zu tun, was Sie für recht halten. Ihre Worte werden schwerer ins Gewicht fallen als die Worte irgend welch anderer Menschen; denn Sie waren mein Freund, als ich niemanden hatte. Verlassen Sie mich jetzt nicht, um Ihres eigenen Friedens willen.

E. A. Poe.

Auf diesen Verzweiflungsschrei antwortete Mr. Kennedy mit folgenden gütigen, wenn auch gemeinplätzlichen Worten:

Ich bin sehr betrübt, Sie in solch trauriger Stimmung wissen zu müssen. Es ist sonderbar, daß Sie gerade jetzt, da alle Welt Ihres Lobes voll ist und das Glück Ihre bis jetzt traurigen Umstände lächelnd zu verbessern beginnt, von diesen blauen Teufeln heimgesucht werden. Immerhin sind diese Leiden bei einem Manne Ihres Alters und Ihrer Gemütsart nicht ganz unerklärlich – aber seien Sie versichert, mit ein wenig Willenskraft werden Sie dieses Gegners für immer Herr werden. Sie werden ohne Zweifel immer mehr Erfolg in der Literatur haben, und die Möglichkeit, ein angenehmes Leben zu führen, wird mit Ihrem Rufe wachsen, der, wie ich Ihnen mit großer Freude versichern kann, überall zunimmt.

Trotz der „blauen Teufel" leistete der neue Redakteur wahre Wunder an dem „Messenger". „Sein Talent machte die Zeitschrift zu einem glänzenden Unternehmen", erzählt uns einer seiner Freunde, und innerhalb zwölf Monate stieg ihre Auflage von siebenhundert auf fast fünftausend Exemplare. Dieser Erfolg ist unserem Dichter allein zuzuschreiben, und zwar teils der Originalität und dem Zauber seiner Schriften wegen, teils der Furchtlosigkeit seiner Kritiken, vor der es kein Ansehen der Person gab. In der Dezember-Nummer des „Messenger" begann er die Reihe literarischer Verurteilungen, jene bekannte Zerrupfung mittelmäßiger Bücherschreiber, die in den ganzen Vereinigten Staaten einen Schrecken und eine Furcht vor seiner kraftvollen Feder erregten und ihm selbst eine wilde Schar unversöhnlicher, wenn auch unbekannter Feinde schuf, die von nun an allzu froh waren, jede auch noch so unwahrscheinliche Geschichte auffangen und weitererzählen zu können, wenn sie geeignet war, den Dichter in den Augen der Welt herabzusetzen. Er hätte gewiß besser daran getan und auch seiner Zukunft mehr genützt, wenn er, statt zeitgenössischen Unbedeutendheiten durch seine scharfe Feder einen Abglanz von Unsterblichkeit zu verleihen, seine ganze Zeit dem Schaffen seiner eigenen, wunderbaren Erzählungen und noch wunderbareren Gedichte gewidmet hätte. Weshalb hat er die Aufgabe, liliputanische Zeitgenossen zu Boden zu drücken, nicht den bekannten „enttäuschten Autoren" überlassen?

Während der ganzen Dauer des Jahres 1836 widmete Poe seine Tätigkeit ausschließlich dem „Messenger", in dem er zahlreiche Erzählungen, Gedichte, Essays und Kritiken veröffentlichte, und dabei ganz besonders, offenbar auf Anregung des Mr. White, in den letzteren eine Menge Genialität verschwendete. Zu Anfang des Jahres schien ein Hoffnungsstrahl über seinem Leben aufzugehen. In Richmond lernte er unter seiner Verwandtschaft seine Cousine Virginia, die Tochter der Schwester seines Vaters, kennen und verheiratete sich mit ihr. Miß Clemm war an Jahren noch ein Kind und zeigte schon die Symptome des furchtbaren Familien-Erbübels, der Schwindsucht. Doch dessenungeachtet und trotz seines geringen Einkommens nahm der arme Dichter seine junge Verwandte zur Frau; und man muß zugeben, er hätte, abgesehen von den speziellen traurigen Umständen, in denen sich beide Verlobte befanden, nie eine bessere Gefährtin finden können. Äußerlich betrachtet, hatte diese Heirat den Vorteil für ihn, daß sie ihn unter die mütterliche Obhut seiner Tante, der Mrs. Clemm, brachte. Bis zum Januar 1837 verblieb Poe bei der Redaktion des „Messenger". Dann wandte er sich einer einträglicheren Tätigkeit zu, unterstützte die Professoren Anthon, Hawks und Henry bei der Herausgabe der „New York Quarterly Review" und half wahrscheinlich dem ersten der Herren bei seinen klassisch-philologischen Arbeiten – seine Gelehrtenbildung machte ihn auf diesem Gebiete zu einer ganz unschätzbaren Kraft. Mr. White sah Poe nur sehr ungern

scheiden, und in der Nummer des Magazins, in der er
den Lesern den Austritt seines bisherigen Mitarbeiters
ankündigt, sagt er, nachdem er die Geschicklichkeit
desselben lobend hervorgehoben hatte: „Mr. Poe wird
jedoch auch in Zukunft unsere Spalten hin und wieder mit den Ergebnissen seiner kraftvollen und weit
bekannten Feder bedenken." Wir legen auf diese Äußerung ganz besonderes Gewicht und betonen noch
einmal, daß Mr. White verschiedentlich erklärt hat,
Poe habe seine Entlassung genommen, „da er eine
ihm zusagendere Stellung gefunden", weil Griswold
ausdrücklich erklärt, er sei „wegen Trunkenheit" entlassen worden.

Von Richmond verzog Poe mit seiner Familie nach
New York und wohnte dort in der Carmine Street.
„Auch in der ‚New York Quarterly Review'", sagt Mr.
Powell, „schwang Poe ein scharfes kritisches Richt-
schwert und machte sich viele Feinde. Diese Kritiken
zeigen uns seine breite und außerordentlich vielsei-
tige Gelehrsamkeit, doch erfüllt einen beim Durchle-
sen derselben immer Trauer, daß ein solch überragen-
der Mensch seine Kraft an dergleichen Eintagsfliegen
verschwendet hat." Mr. William Gewans, ein wohlha-
bender und allgemein geachteter, ein wenig exzentri-
scher New Yorker Bibliophile, machte einmal eine interessante Beschreibung des häuslichen Lebens des
Dichters zu jener Zeit. Man sprach von der falschen
Auffassung, die das Publikum leider von Poes Charakter hat, und der kluge alte Herr meinte: „Ich
möchte Ihnen deshalb gerne einmal zeigen, was *ich*
von diesem großen, unglückseligen Genie halte.
Meine Meinung mag Ihnen zwar ziemlich wertlos er-

43

scheinen, doch hat sie ihr bestimmtes Verdienst, denn ich habe sie mir nach meinen eigenen Augen und Ohren gebildet. Acht Monate wohnten wir in einem Hause und aßen an einem Tische. Ich sah ihn sehr oft in dieser Zeit und hatte viel Gelegenheit, mich mit ihm zu unterhalten, doch ist mir kein einziges Mal aufgefallen, daß er irgendwelchen Spirituosen zu stark zugesprochen oder sich irgendeiner anderen Leidenschaft überlassen hätte; er war der höflichste, ehrenhafteste und intelligenteste Mann, den ich je auf meinen Reisen durch die verschiedensten Teile dieses Erdenballes getroffen; außerdem schien ihm besonders daran zu liegen, ein ebenso guter Gatte als Mensch zu sein, denn er hatte eine Frau von makelloser Schönheit und Lieblichkeit, ihre Augen überstrahlten die jeder Houri, und ihr Antlitz hätte dem Genie eines Canova gespottet. Im übrigen schien sie ganz in ihm und seinen Interessen aufzugehen wie eine junge Mutter in den Wünschen ihres Erstgeborenen ... Poe selbst hatte auffallend angenehme, einnehmende Züge; die Damen würden ihn unbedingt schön genannt haben."

Die Liebenswürdigkeit eines anderen Herrn ermöglicht es uns, folgenden Auszug aus einem Privatbriefe, den Mr. Thomas C. Latto, ein Freund Mr. Gowans', am 8. Juli 1870 schrieb, mitzuteilen. „William Gowans", erzählt Mr. Latto, „sagte mir, daß er Pensionär im Hause der Mrs. Clemm gewesen sei ... Mr. Poe und seine junge Frau, die, wie Mr. G. versichert, von sehr schwacher Konstitution, doch von außerordentlicher Schönheit gewesen sei, wohnten damals ebenfalls bei Mrs. Clemm. Sie lebten in sehr ärmlichen Verhältnissen. Mr. Gowans wohnte mehrere Monate bei ihnen, und oft bat ihn Mrs. Clemm um Rat und Hilfe, wenn ihre Pensionatsgeschäfte nicht recht vorwärts gehen wollten. Er trennte sich erst von ihnen, nachdem der Haushalt aufgelöst wurde. Auf diese Weise hatte Mr. Gowans die beste Gelegenheit zu sehen, welches Leben der Dichter führte. Er bezeugt, daß Poe von stets gleichmäßigem, ruhigem, zurückhaltendem und gentlemanlikem Wesen war, und daß er in der ganzen Zeit seines gemeinsamen Lebens mit ihm nie die geringste Spur von Trunksucht oder ausschweifendem Leben bei seinem berühmten Hausgenossen wahrgenommen, der damals mit der Niederschrift „Gordon Pyms" beschäftigt war. Für Poes kleine Bedürfnisse sorgten sowohl Mrs. Clemm als ihre Tochter, die so unablässig und ängstlich um ihn bemüht waren, als sei er ein kleines Kind. Mr. Gowans ist ein sehr intelligenter Mann und als Schotte einem „biederen Männerhändedruck" durchaus nicht abgeneigt, doch hielt ihn Poes aristokratische Reserve stets in einiger Entfernung."

Mr. Latto bemerkt noch: „Mr. Gowans ist einer der zuverlässigsten Männer, mit deren Heranziehen man sich nur Ehre einlegen kann."

Im Januar und Februar dieses Jahres (1837) veröffentlichte Poe die ersten Teile seiner Erzählung „Die Abenteuer Gordon Pyms" im „Messenger", und durch das Interesse, das sie wachriefen, ermutigt, beschloß er, sie zu Ende zu führen. Sie wurde jedoch erst im Juli des folgenden Jahres in Buchform veröffentlicht und, obgleich sie in Amerika nicht allzuviel Aufmerksamkeit erregte, hatte sie in England großen Erfolg. Griswold ergreift natürlich wieder die Gelegenheit, seinen Feindseligkeiten freien Lauf zu lassen und bemerkt, daß man Exemplare dieses Werkes nach England gesandt habe, das dort anfänglich als Erzählung wirklicher Tatsachen aufgefaßt und wieder abgedruckt werden sollte. Als man jedoch seinen wahren Charakter erkannt, habe man, so *glaube* er, davon abgesehen. „In diesem Werke wird der Versuch gemacht", so fährt er fort, „durch Einfachheit im Stile, Genauigkeit der nautischen Beschreibungen und durch eine, bis in die kleinsten Einzelheiten erschöpfende Erzählung jenen Anschein von Wahrheit hervorzurufen, der der hauptsächlichste Reiz der bekannten Erzählung Sir Edward Seawards und des 'Robinson Crusoe' ist, doch hat es nicht im geringsten das anregende Interesse dieser Erzählungen für uns. Es ist voller Abenteuer wie 'Münchhausen', enthält manche Scheußlichkeiten wie das Meutereikapitel und ist eine solch reichliche Aufzählung von quälenden Schrecknissen, wie sie nur je von Anna Radcliffe oder George Walker erfunden wurden." Seine weiteren absprechenden Äußerungen sind nicht der Mühe wert, wiederholt zu werden. In Wirklichkeit erlebte das Buch in England in kurzer Zeit mehrere Auflagen und erregte das größte Interesse, und sein „Anschein von Wahrheit" versuchte nicht nur den Leser zu fesseln, sondern tat es auch.

Die Unabhängigkeit, die sich Poe durch seine Feder zu verschaffen gehofft hatte, war damals in New York nicht zu erreichen; und da sich ihm die Aussicht eröffnete, in Philadelphia fortdauernde Beschäftigung zu erhalten, siedelte er im Jahre 1838 in diese Stadt über und verpflichtete sich dort, für das „Gentlemans Magazine" zu schreiben, eine Zeitschrift, die erst einige Jahre bestand. Seine Talente erzielten auch hier wieder die glänzendsten Resultate für dieses Blatt, und im Mai 1839 wurde er zum Herausgeber bestimmt, wie Griswold sagt „für zehn Dollar die Woche bei zweistündiger Arbeitszeit, die ihm also Muße genug für wichtigere literarische Tätigkeit ließ". Die freien Stunden, die ihm seine Herausgeberschaft schenkte, benutzte er denn auch zu anderen Veröffentlichungen, und da in dieser Zeit mehrere seiner Geschichten erschienen, darf man wohl annehmen, daß es ihm gelang, seinen Lebensunterhalt zu finden. Doch war er nicht nur zu beharrlicher und strenger Arbeit genötigt, sondern durch das res angusta domi häufig gezwungen, sein eigenstes Gebiet in der Literatur zu verlassen und seine Feder jeder Arbeit dienstbar zu machen, die sichere Bezahlung versprach. Griswold erzählte einmal in dem Bemühen, Poe als einen Plagiator hinzustellen, folgende peinliche Geschichte, die sich, trotzdem der Ankläger keine bestimmte Zeit erwähnt, nur auf diese Epoche beziehen kann. Griswold also behauptet, gestützt auf eine Philadelphiaer Zeitung, daß Poe ein populäres Werk über Conchyliologie, das der wohlbekannte Naturforscher Kapitän Thomas Brown geschrieben, unter seinem Namen neu herausgegeben, in der Vorrede das englische Original ganz verschwiegen und nur erwähnt habe, daß er mehreren wissenschaftlichen Autoritäten sehr verpflichtet sei. Noch zehn Jahre nach Poes Tode wurde diese niedrige Verleumdung wiederholt, wo man nur immer den Lebenslauf des Dichters erzählte, und ob-

gleich viele der amerikanischen Literaten von der Unwahrheit dieser Geschichte überzeugt gewesen sein
müssen, wagte doch niemand, ihr offen entgegenzu-
treten und den wahren Zusammenhang aufzudecken,
bis sie endlich durch die Spalten des „Home Journal"
zur Kenntnis der Person kam, die besser als jede andere geeignet war, ihre Unwahrheit darzutun. Professor Wyatt, ein Schotte von großer Gelehrsamkeit und
wissenschaftlicher Bildung, machte Poes Bekanntschaft und gewann seinen Beistand bei der Kompila-
tion mehrerer naturwissenschaftlicher Werke, unter
anderem gaben sie einen „Manuel der Conchologie"
heraus, und Poe, der über außergewöhnlich ausgedehnte und genaue wissenschaftliche Kenntnisse verfügte, trug gerade zu diesem Werke so viel bei, daß es
ganz gerechtfertigt erscheinen mußte, seinen populä-
ren Namen auf der Titelseite abzudrucken, obgleich
er nur einen Teil der Einkünfte erhielt. Kapitän
Browns „Leitfaden der Conchologie" weist natürlich
eine Ähnlichkeit mit dem Werke Poes und Wyatts auf,
weil beide Abhandlungen auf dem System Lamarcks
basieren. Die absurde Beschuldigung aber, es handele
sich hier um ein Plagiat, kann nur grobe Unwissenheit
oder wissentliche Falschheit ersonnen haben. Um
diese Zeit veröffentlichte Poe auch als Ergebnis solcher Studien eine Übersetzung von Lemonniers Na-
turgeschichte und andere ähnliche Schriften.

Im Herbst des Jahres 1839 stellte Poe zwei Bände
seiner besten Erzählungen zusammen und veröffentlichte sie unter dem Titel „Arabesken und Grotesken".
Diese Sammlung enthielt einige seiner phantasievoll-
sten Geschichten und vermehrte den Ruhm des Dich-

ters. Bei dieser Gelegenheit wurde auch der „Untergang des Hauses Usher" veröffentlicht, eine Erzählung, die das charakteristische Gedicht „Das verwunschene Schloß" enthält. Griswold erzählt, daß Poe die Idee dieses zauberischen Gedichtes Longfellow „Beleaguered City" verdanke, jedoch behauptet habe, dieser sei ihm für den Gedanken verpflichtet. Wir glauben im allgemeinen nicht an Plagiate und wissen nicht, ob der Dichter des verwunschenen Schlosses Longfellow des Diebstahls angeklagt hat. Wir können nur feststellen, daß Poes Gedicht lange Zeit und nicht, wie Griswold sagt, „ein paar Wochen" vor dem Longfellows veröffentlicht wurde. Die Ähnlichkeit war wohl nur eine ganz zufällige, jedenfalls hat Tennyson dieselbe Idee viele Jahre früher in dem Gedicht „The deserted House", das im Jahre 1830 veröffentlicht wurde, verarbeitet. Auch „Ligeia", Poes Lieblingserzählung, erschien in dieser Sammlung. In einer in unserem Besitz befindlichen Abschrift dieser seltsamen Geschichte befindet sich eine Anmerkung des Dichters, die besagt, daß ihm „Ligeia" ebenfalls im Traume eingegeben wurde. Dies „ebenfalls" bezieht sich auf ein Gedicht, das er an Mrs. Whitman sandte, und das seinen Worten nach „all die Einzelheiten eines Traumes wiedergibt, der mir, kurz nachdem ich Sie kennengelernt hatte, kam".

Gegen Ende des Jahres 1840 erwarb Mr. George R. Graham, der Eigentümer des „Casket", das „Gentlemans Magazine" und vereinigte die beiden Zeitschriften unter dem Namen „Grahams Magazine", den es, glaube ich, noch heute trägt. Der neue Eigentümer war natürlich bemüht, sich die Mitarbeiterschaft des

bisherigen ruhm- und erfolggekrönten Herausgebers
zu sichern, und sah bald ein, wie klug er daran getan,
denn es gelang dem Dichter, unterstützt von Grahams
Freigebigkeit gegen die anderen Mitarbeiter, in wenig
mehr als zwei Jahren die Abonnentenzahl des Blattes
von fünf- auf zweiundfünfzigtausend zu erhöhen.
Seine kühnen Kritiken, seine analytischen Essays,
seine seltsamen phantastischen Erzählungen, die einander in größter Schnelligkeit folgten, offenbarten
dem Publikum sein ganzes Genie. Er schuf sich jedoch durch die unerschrockene Kühnheit, mit der er
dem zerbrechlichen Ruhme kleiner Bücherschreiber,
besonders in seinen Veröffentlichungen über „Auto-
graphie", zu Leibe ging, neue Feinde. Auch zog er sich
durch seine Aufsätze über „Cryptologie" die Kritik
großer literarischer Kreise zu. Er hatte in denselben
die Theorie verfochten, daß der menschliche Scharfsinn kein Cryptogramm ersinnen könne, das menschlicher Scharfsinn nicht wieder zu lösen imstande
wäre. Von vielen Seiten wurden ihm schwierige Geheimschriften eingesandt – und er las sie alle, zum Tri-
umph für die Wahrheit seiner Theorie.

Im April 1841 veröffentlichte er in Grahams Magazine die Erzählung „Die Mordtaten in der Spitalgasse", die erste einer Reihe, die eine andere analyti-
sche Phase seines vielseitigen Geistes illustrierten.
Diese Erzählung machte ihn zuerst bei dem französi-
schen Publikum bekannt, da sie in dem „Commerce"
unter dem Titel „Der Orang-Utang" als Originalerzäh-
lung veröffentlicht wurde. Kurze Zeit darauf wurde
sie wieder übersetzt und erschien in den Spalten der
„Quotidienne". Nun erhob sich ein Geschrei, hier

liege ein Diebstahl vor, es wurde ein Prozeß ange-
strengt und im Verlauf desselben entdeckt, daß Edgar
Poe, ein Amerikaner, der Autor der Geschichte sei.
Das Interesse, das nun für den Dichter rege geworden,
veranlaßte eine Madame Meunier, mehrere der Geschichten für französische Zeitungen zu veröffentlichen. Die „Revue des Deux Mondes", die „Revue
française" und andere führende Blätter ergingen sich
bald darauf in den schmeichelndsten Ausdrücken
über die Werke des jungen Ausländers. Alles dies ver-
größerte natürlich seinen Ruhm, der seinen Höhepunkt erreichte, als Baudelaire seine wort- und sinn-
getreuen Übersetzungen veröffentlichte. Dieser Dichter wandte manches Jahr seines Lebens daran, sich
ganz mit dem Wesen seines Idols Edgar Poe zu identi-
fizieren und hat viele seiner Geschichten mit nur geringem Verlust an Kraft und Originalität nachgeschaf-
fen. Seinem Können und seiner Arbeit ist hauptsächlich zu verdanken, daß Poes Erzählungen in Frankreich zu den klassischen Werken gehören. Edgar Poe
ist, was hier erwähnt sein mag, der einzige wirklich
bekannte und gelesene amerikanische Schriftsteller
in Frankreich. Auch in Spanien wurden seine Erzählungen bald berühmt und sind jetzt Nationaleigentum
geworden und mit Ausnahme der Werke, die spani-
sche Stoffe behandeln, wie die Irwings, Prescots und
Motleys, die einzigen dort bekannten amerikanischen
Werke. Auch ins Deutsche wurden seine Gedichte
und Erzählungen häufig übersetzt, doch erst ganz
neuerdings sind sie weiteren Kreisen bekannt geworden.

Im Jahre 1842 erschien „Im Strudel des Maelstroms", eine seiner wunderbarsten Idiosynkrasien. Diese Geschichte, wie auch der „Goldkäfer" und andere, zeigt die Unhaltbarkeit der Behauptung, die zuerst Griswold ausgesprochen und die dann häufig wiederholt worden ist, daß Poes Scharfsinn, ein Geheimnis zu enträtseln, nur ein scheinbarer ist, da er ja selbst die Knoten geschlungen, die er nachher so geschickt wieder löst. Die erwähnten Geschichten zeigen aber, wie falsch gerade dieser Teil der systematischen Bemühungen Griswolds ist, den Genius Poes herabzusetzen. Hier entschleiert er die Geheimnisse der Natur und nicht künstliche Rätsel. Er *erfand* nicht die natürliche Wahrheit, daß ein zylindrischer Körper, der in einem Strudel schwimmt, seiner Einsaugekraft mehr Widerstand entgegensetzt als der irgendeiner anderen Form gleichen Inhaltes, auch *ersann* er nicht die mathematische Ratio, nach der gewisse Buchstaben des Alphabets in jedem Schriftstück beliebiger Länge vorkommen. Er *erfand* „Das Geheimnis der Marie Roget" nicht, aber er *löste* das Geheimnis und enthüllte die nackte Wahrheit dieser seltsamen, rein der Wirklichkeit entnommenen Erzählung. Er *erfand* nicht, sondern beschrieb, ja, entdeckte vielleicht als erster jene sonderbaren Idiosynkrasien der Menschenseele, die er in den Geschichten „Die Mordtaten in der Spitalgasse", „Der entwendete Brief", „Der Geist des Bösen" und in anderen bemerkenswerten Proben seiner Kenntnis der geistigen Beschaffenheit und der verborgenen Triebe unseres Wesens so wundervoll klargelegt hat.

Während er sich so als Herausgeber von „Grahams Magazine" mit Ruhm bedeckte, machte er das amerikanische Publikum mit dem Genie Elizabeth Barrett Brownings bekannt, die ihm viele ihrer kürzeren Gedichte zur Verfügung stellte, und es zum größten Teile Poe zu verdanken hat, daß ihr Ruhm in Amerika mit dem in ihrem Vaterlande gleichen Schritt hielt, wenn er ihm nicht gar ein wenig vorauseilte. Im Mai 1841 sandte er der „Saturday Evening Post" in Philadelphia – einem Blatte, das Mr. Graham gehörte, und für das Poe schrieb – eine ankündigende Notiz der eben begonnen Erzählung „Barnaby Rudge" ein, die ihm einen Brief bewundernder Anerkennung von Dickens eintrug. In dieser Notiz erklärte er mit mathematischer Genauigkeit den Knoten der bis dahin noch ungeschriebenen Geschichte. Der bei dem „Manuel der Conchologie" erwähnte Professor Wyatt sandte ebenfalls damals naturgeschichtliche Artikel ein, er verkehrte mehrere Jahre lang intim mit Poe, und wir können uns auf sein unbestechliches Zeugnis für die Ehrenhaftigkeit und Reinheit des Lebens unseres Dichters berufen.

Im November 1842 erschien „Das Geheimnis der Marie Roget", und um dieselbe Zeit legte Poe seinen Posten als Herausgeber und Mitarbeiter von „Grahams Magazine" nieder; warum oder weshalb ist nicht klargestellt worden, daß jedoch nicht Trunksucht der Grund war, wie Griswold – Poes Nachfolger als Herausgeber – andeutet, beweist ein bekannter Brief Mr. Grahams aus dem Jahre 1850. Es wäre anzunehmen, daß Poe die Absicht gehabt habe, selbst ein Magazin zu gründen, noch richtiger schreibt man aber vielleicht diesen Schritt der angeborenen Ruhelosigkeit zu, die ihn von Zeit zu Zeit stachelte und in vergeblicher Suche nach dem Eldorado seiner Hoffnungen von Ort zu Ort trieb. Die wahre Ursache seiner Trennung von Graham ist vielleicht, wie so manch andere Einzelheit, die uns verhüllt und unerklärlich bleiben wird, von dem Dichter absichtlich verdunkelt worden, denn Poe fand ein noch größeres Vergnügen als selbst Lord Byron daran, anmaßende Krämerseelen, die ihn mit Bitten um biographische Auskunft belästigten, zu mystifizieren. Kurz vor diesem Lebensabschnitt hatte er das Unglück, die Bekanntschaft des Herrn Rufus Griswold zu machen, eines Mannes, der, obwohl er mehrere Jahre jünger war wie Poe, sich doch sehr viel herumgeschlagen hatte und die Schliche und Ränke der Welt kannte und in äußeren Dingen dem unweltlichen Wesen unseres Dichters sehr überlegen war. Die Bekanntschaft mit Poe fand im Frühling des Jahres 1841 statt; der Dichter suchte ihn auf und gab zwei Empfehlungsbriefe ab. Am folgenden Tage, so erzählt Griswold, sprach ich wieder bei ihm vor, und wir führten ein langes Gespräch über Literatur und literarische Persönlichkeiten, im Anschluß an das Buch „Dichter und Dichtkunst Amerikas", das ich damals druckfertig machte. Nach der Erwähnung dieser Zusammenkunft zitiert er mehrere Briefe Poes, wir wollen uns auf keinen derselben beziehen, da ausreichender Beweis vorhanden ist, daß sie zum großen Teile, wenn nicht sämtlich, Fabrikationen sind. Die Feindseligkeit Griswolds gegen Poe – die lange, hitzige und unerbittliche Feindseligkeit – auf die John Neal und Mr. Graham anspielen, wird jedem Leser seiner Biographie so deutlich werden, daß es gar nicht des reichlich vorhandenen äußeren Beweises für sie bedürfte, und es muß weniger wunder nehmen, daß die verwegenen Fälschungen des Biographen sich draußen Glauben verschafft haben, als daß kein Amerikaner bis jetzt eine vollständige Widerlegung seiner Behauptungen geschrieben hat, wie sie eigentlich schon seit Jahren hätte vorliegen können und *müssen*. Abgesehen von der tödlichen Feindschaft, die ihren Grund in einer häuslichen Angelegenheit hatte, konnte Griswold es nie vergessen, daß Poe seine literarischen Unzulänglichkeiten ans Tageslicht gezogen hatte. An einer einzigen Stelle scheint es, als erweiche sich der sogenannte Biograph einmal gegen den toten Dichter, und zwar, als er seinen Besuch im Hause Poes in Philadelphia erzählt, doch selbst hier kann er es sich nicht versagen, eine beleidigende Andeutung mit einzustreuen. Griswold erzählt: „Er wohnte in Philadelphia, als ich mit ihm bekannt wurde. Sein Benehmen war, wenn er nicht unter den Trunksuchtsanfällen litt, ruhig und das eines Gentlemans; er war gewöhnlich einfach und mit Eleganz gekleidet, und als er mich einmal bitten ließ, ihn zu besuchen, da er durch langes, angstvolles Wachen bei seiner kranken Frau selbst leidend geworden war, fiel mir die seltsam peinliche Sauberkeit und der Ausdruck der Verfeinerung auf, der über dem ganzen Hauswesen lag. Er wohnte in einem kleinen Hause in freundlicher und ruhiger Gegend, weit vom Mittelpunkte der Stadt, und obgleich es sehr einfach und billig möbliert war, war alles doch so geschmackvoll angeordnet und harmonierte so wohl, daß es einen durchaus würdigen Aufenthalt für ein Genie bildete.“ Wie ich eben schon erwähnte, sprechen allerlei Anzeichen dafür, daß Poe, als er seinen Herausgeberposten aufgab, die Absicht hatte, selbst ein Magazin zu gründen. Es sollte den Titel führen „Der Stylus", und Mr. Thomas C. Clarke in Philadelphia sollte der Verleger sein. Es scheint dem Dichter jedoch nicht gelungen zu sein, sich die nötige Zahl Abonnenten zu verschaffen, um das Unternehmen auf einer gesunden Basis beginnen zu lassen, und er mußte von seinem Plane absehen. Mr. Clarke, der noch in Philadelphia lebt, spricht stets in den höchsten Ausdrükken von Poes Ehrenhaftigkeit, wie es jeder Mensch, außer Griswold, tut, der Geschäfte mit ihm zu machen hatte. Es ist sehr zu bedauern, daß allerlei Umstände Mr. Clarke verhinderten, seine Erinnerungen an seine Unterhandlungen mit Poe der Welt mitzuteilen.

Im Frühling 1843 gewann Poe für seine Erzählung „Der Goldkäfer", die eine glänzende Illustration seiner Theorie der Geheimschriften ist, den Hundert-Dollar-Prize, den „The Dollar Newspaper" ausgesetzt hatte. Wie gewöhnlich kann sich Griswold auch bei dieser Gelegenheit nicht enthalten, seinen Pferdefuß zu zeigen, und da er wohl weiß, daß die preisgekrönte die in Amerika bekannteste Erzählung Poes ist, erwähnt er sie als einen bemerkenswerten Beweis für seine geistvolle Konstruktion und die *anscheinende* Scharfsinnigkeit seiner Logik. In diesem Jahre schrieb Poe für Lowells „Pioneer" und andere Veröffentlichungen. Im Jahre 1844 siedelte er nach New York über, wohin sein täglich zunehmender Ruhm schon vor ihm gedrungen war, und wo er in eine ihm kongenialere literarische Atmosphäre eintrat. In den Städten, in denen er bis jetzt gelebt, hatte er stets mit provinzlichem Cliquenwesen zu rechnen gehabt, hier jedoch war er Metropolit und fand ein besseres Feld zur Ausübung seiner Talente vor. „Zum ersten Male", sagt Griswold, der den Charakter aller anderen amerikanischen Städte vollständig verkennt, „zum ersten Male wurde er in Kreisen aufgenommen, die sich sowohl für Literatur interessierten als auch selbst schöpferisch tätig waren." Man hat gewöhnlich angenommen, daß er seine erste Arbeit in New York in dem „Daily Mirror" veröffentlichte. Der Autor einer Skizze über Willis und seine Zeitgenossen, die im Jahre 1868 in dem „Northern Monthly" erschien und von Poe spricht als einem, den man schamloser ausgebeutet hat als irgendeinen anderen Schriftsteller der Welt, stellt folgendes fest: „Ich kann dies behaupten, da ich Mr. Poe persönlich kenne; er war mit mir Herausgeber meiner eigenen Zeitschrift, *ehe* er in Beziehung zu den Herren Willis und Morris trat." Dann fügt er noch hinzu: „Mr. Willis gereicht die mannhafte Verteidigung des Unglücklichen zur größten Ehre." Später nimmt er noch einmal Bezug auf die Ehrenrettung, die Willis Poe nach den erniedrigenden Anklagen seines Biographen zu teil werden läßt und sagt: „Das Zeugnis des Mr. Willis wird reichlich von anderen Schriftstellern bestätigt. Mir sind einige Tatsachen bekannt, die ein helles Licht auf die Umstände werfen, die sein Leben verdüsterten und den Tod eines der merkwürdigsten Menschen unserer ganzen Literatur, den glänzenden Genies seines Landes, wie ihn ein englischer Kritiker einst nannte, zu einem sehr unglücklichen machen. Während der Dauer der Beziehungen Poes zu dem Autor dieses Artikels wurde eine Biographie des Dichters mit seinem Porträt veröffentlicht und, bemerkt der Schriftsteller, diese Lebensbeschreibung und dies Porträt haben so wenig Ähnlichkeit mit den plumpen Karikaturen, die nach seinem Tode dem Publikum dargeboten wurden, wie das einem kürzlich erschienenen Bande Poescher Gedichte beigegebene Porträt mit seinem eigenen feinen intellektuellen Kopfe. „Weshalb", fragt dieser Schriftsteller empört, „weshalb tut man dem Toten dies Unrecht? Weshalb läßt man es zu?"

Im Herbst des Jahres suchte und fand Poe Beschäftigung als Unter-Herausgeber und Kritiker des „Mirror", einer Tageszeitung, die den Herren N. P. Willis und dem General George Morris gehörte. In einem Briefe, den Willis im Oktober 1859 aus Idlewild an seinen Dichterfreund und früheren Teilhaber Morris schrieb, redet er folgendermaßen von Poes Wirken bei seiner Zeitung: „Poe kam ganz zufällig zu uns, niemand von uns war persönlich mit ihm bekannt gewesen. Da also sein Benehmen uns gegenüber nicht durch irgendwelche persönlichen Empfindungen beeinflußt worden, kann es wohl als der gewöhnliche Ausdruck seines Wesens gelten.

Da er ein Mann war, der niemals lächelte und nie ein entgegenkommendes und einschmeichelndes Wort sagte, ist auch nicht anzunehmen, daß uns Parteilichkeit und Laune zu seinen Gunsten voreingenommen haben könnten ... Für Poe, der Haupt-Herausgeber mehrerer Monatsschriften gewesen war, bedeutete es eher ein Rückschritt, als mechanischer Arbeiter in die Redaktion einer Tageszeitung einzutreten. Er saß bei uns in einer Ecke der Redaktion an seinem Pulte und mußte jeden Augenblick gewärtig sein, zu einem der verschiedenen Geschäfte des Tages abberufen zu werden. Wir alle erinnern uns, wie willig er jede Arbeit übernahm und wie pünktlich und fleißig er jeden Wunsch mit all seinen Konsequenzen ausführte; wie beharrlich, freudig und aufmerksam war er bei der Arbeit, da es doch gewiß entschuldbar gewesen wäre, wenn er sich ihr nur mit Unruhe und Zerstreutheit hingegeben hätte. Wir *liebten den Mann*, da er uns mit ganzer Treue ergeben war. Wir empfanden sein Ausscheiden aus unserer Redaktion sehr schmerzlich; doch konnten wir ihn nicht halten, da er die Leitung eines anderen periodisch erscheinenden Blattes übernehmen wollte."

Während der sechs Monate, die Poe in der Redaktion des „Mirror" tätig war, war er, wie Willis versichert: unveränderlich pünktlich und fleißig und täglich von neun Uhr des Morgens bis zum Abend, wenn die Zeitung fertig zusammengestellt in die Presse wanderte, an seinem Pulte. In dieser Zeit schenkte er der Welt einige der bedeutendsten Früchte seines Geistes, unter anderen sein poetisches Meisterwerk „Der Rabe". Dieses einzige und originellste aller Gedichte erschien zuerst in Coltons „American Review" im Februar 1845 und war „Quarles" unterzeichnet. Es wurde sofort im „Evening Mirror" nachgedruckt und war in wenigen Wochen über die gesamten Vereinigten Staaten verbreitet, gefolgt von einer ganzen Schar von Parodien und zahllosen Nachahmungen. Mrs. Whitman erzählt uns, daß, kurz nachdem „Der Rabe" erschienen war, Poe eine heitere Gesellschaft bekannter Künstler und Literaten, die, wie allwöchentlich, in dem Heim einer bedeutenden Dichterin in Waverley Place erschienen waren, auf dem Wunsch der

Gastgeberin durch die Rezitation dieses wundervollen Gedichtes wahrhaft elektrisierte. Es war ihm nun ganz unmöglich, seine Autorschaft länger zu verheimlichen. Willis druckte das Gedicht mit dem wahren Namen seines Autors wieder ab und bemerkte dazu, es sei seiner Meinung nach das wirkungsvollste kleinere Dichtwerk; das je in diesem Lande veröffentlicht worden sei und stehe in der ganzen englischen Sprache unerreicht da an scharfsinnigem Aufbau, meisterhafter Beherrschung des Verses und folgerechtem ununterbrochenem Aufschwung der Phantasie. Es verkündete den Namen und Ruhm des Autors von einer Küste des Erdreichs zur anderen, trug ihm bewundernde Zuschriften von einigen der ersten englischen Dichter ein und machte ihn in diesem Jahre zum Löwen der Saison. – Für dieses Meisterwerk seines Genies, für dies Gedicht, das vielleicht mehr für den Ruf der amerikanischen Literatur getan hat als irgendein anderes Werk, erhielt Poe, der damals auf der Höhe seines Ruhmes stand, die Summe von zehn Dollar, das heißt ungefähr zwei Pfund.

In der Februar-Nummer des Jahres von „Grahams Magazine" erschien eine biographische und kritische Skizze über Edgar Poe von James Russell Lowell. In vieler Hinsicht halten wir diese für die beste kritische Würdigung Poes, die uns zu Gesicht gekommen ist und, wenn auch die Wertung der poetischen Frühreife Poes nicht ganz zutreffend ist, so ist doch die bewunderswerte Analyse seiner Prosaschriften tadellos richtig. Es ist jedoch etwas sonderbar, daß in der von Griswold herausgegebenen Sammlung der Werke Poes Mr. Lowell in einem fort den Abdruck dieser Kritik

„mit einigen Umschreibungen und Verkürzungen" gestatten sollte, da gerade diese Verkürzungen der niederträchtigsten Beschuldigung Griswolds, Poe habe seine Abhandlung über Conchologie aus dem Buche des Kapitäns Brown gestohlen, Boden verleihen.

Im Anfang dieses Jahres erschien das „Broadway Journal", und im März übernahm Poe mit zwei Journalisten seine Herausgabe. Er hatte von Anfang an für diese Zeitschrift geschrieben, nahm jedoch erst mit der zehnten Nummer an ihrer Redaktion Anteil. Zu seinen bemerkenswertesten Beiträgen in diesem Blatte gehört eine Kritik der Gedichte Elizabeth Barrett Brownings, der er später in den bewunderndsten Ausdrücken eine Auswahl seiner eigenen Poesien widmete, die unter dem Titel „Der Rabe und andere Gedichte" von dem Verlage Wiley & Putnam veröffentlicht wurde. In derselben Zeit gab dieselbe Firma eine Auswahl seiner Prosaschriften als „Erzählungen" heraus, und an anderer Stelle erschienen auch die Grotesken und Arabesken wieder, so daß sein Name dem Publikum wohl vor Augen blieb.

Auch in England erschien eine Sammlung seiner Erzählungen mit dem Gedicht „Der Rabe". Mrs. Browning erzählt in einem Privatbriefe, der einige Wochen nach der Veröffentlichung dieses Bandes geschrieben ist: „Diese eindringliche Sprache, diese durchdringende Kraft hat hier in England eine wahre Sensation hervorgerufen. Einige meiner Freunde sind von dem schauerlichen, andere von dem musikalischen Element des Gedichtes ganz eingenommen. Man erzählt mir von Personen, denen das ‚Nevermore' nicht mehr

aus dem Sinn geht, und ein Bekannter, der das Unglück hat, eine Pallasbüste zu besitzen, wagt es nicht
mehr, sie in der Dämmerung anzusehen." Dann erwähnt sie Poes Erzählung „Mesmeristische Enthül-
lungen", die einige englische Zeitungen als Schilderung wahrer Tatsachen abgedruckt hatten und sagt
zum Schluß: „Weiter macht eine mesmeristische Geschichte die Runde durch die Zeitungen und hat uns
alle in einen Zustand ganz wundervoller Aufregung
versetzt und erschreckte Gedanken in uns geweckt,
,ob das wahr sein kann', wie Kinder von Gespenster-
geschichten fragen. Eins aber ist gewiß wahr: der Autor verfügt über eine ganz einzige Kraft der Gestal-
tung."

In dieser Zeit war Poe mit einer großen Anzahl New
Yorker Literaten bekannt geworden. Man bewun-
derte ihn allgemein, und das Interesse an seinen
Schriften, bemerkt Mrs. Whitman einmal, wurde
noch erhöht durch die verblüffenden Anomalien seines Charakters und den seltsamen magnetischen
Zauber seiner Gegenwart. Jemand, der ihn zu dieser
Zeit kennenlernte, sagt: Alles an ihm ließ ihn als ganz
besonderen Menschen erscheinen; seine Gesichts-
züge, Haltung und sein Gang waren gleich charakteri-
stisch; das regelmäßige Antlitz mußte unbedingt
schön genannt werden; seine Gesichtsfarbe war rein
und dunkel und seine Augen anscheinend dunkel-
grau, bei näherem Zusehen aber zeigten sie die neu-
trale violette Färbung, die man so schwer beschreiben
kann. Seine Stirn war in Proportion und Ausdruck die
schönste, die wir je gesehen.

Edgar Poe trat also aus der Redaktion des „Mirror"

aus, um für das „Brodway Journal" zu arbeiten. Mitherausgeber wurde er, wie gesagt, erst im Juli des Jahres und im Oktober darauf erst sowohl Eigentümer als alleiniger Herausgeber desselben. Seine ehemaligen Bundesgenossen scheinen weder viel Geld noch viel Talent an das Unternehmen verwandt zu haben, und als sie sich zurückgezogen und dem Dichter den alleinigen Besitz der Zeitschrift überließen, schien diese Akquisition nicht gerade geeignet, seine irdischen Güter zu vermehren.

Im März hielt er eine Vorlesung über die Dichter Amerikas in der Bibliothek der New Yorker Historical Society, die viel Aufmerksamkeit erregte, nicht nur der Originalität und des Mutes seiner Ansichten wegen, sondern auch durch den Zauber seiner Gegenwart, seiner Beredsamkeit und seiner persönlichen Schönheit. Sie verschaffte ihm eine Einladung nach Boston, und er erklärte sich bereit, im Herbst dort irgendeine seiner Dichtungen vorzutragen. „Als er die Einladung annahm", sagt Griswold, „beabsichtigte er, ein neues Gedicht über einen Gegenstand zu schreiben, der seine Phantasie schon seit Jahren beschäftigte, doch allerlei Sorgen, Nöte und seine Willensschwäche ließen ihn nicht dazu kommen, und eine Woche vor dem zur Vorlesung bestimmten Abend ging er eine bekannte Damen um Hilfe an. „Sie schreiben mit solch erstaunlicher Schnelle", flehte er sie in dem Briefe an, „daß Sie mir mit Leichtigkeit früh genug ein Dichtwerk liefern können, das meinem Rufe entspricht. Ich bitte Sie um Gottes willen, helfen Sie mir in dieser Not." Die Dame schrieb ihm liebenswürdig wieder, gab ihm vernünftige Ratschläge und versprach zum Schluß, zu versuchen, ob sie seinen Wunsch erfüllen könne. Sie war aber leider total unfähig, und es gelang ihr nicht. Poe las an diesem Abend, statt, wie er sonst bei ähnlichen Gelegenheiten wohl getan, Krankheit vorzuschützen, sein Gedicht „Al Aaraaf". Es ist unmöglich zu sagen, wieviel von dieser Behauptung, ja, ob überhaupt das geringste daran wahr ist. Daß ein seinem Rufe entsprechendes Gedicht unmöglich in einer Woche oder in irgendeinem anderen Zeitraume von Mrs. Osgood, an die der Brief gerichtet war, „hergestellt" werden konnte, wußte niemand besser als Poe selbst. Die Dame starb jedoch vor der Veröffentlichung der „Memoirs", und so durfte Griswold, ihr Vertrauter, wohl wagen, die Geschichte zu erzählen. Eine Persönlichkeit, die bei der Vorlesung zugegen war, teilt uns folgendes über dieselbe mit: „Die üblichen Wintervorlesungen am Lyceum zu Boston hatten an Popularität eingebüßt, und da Poes Ruhm damals auf seinem Zenith stand, lud man ihn, um das Interesse aufzufrischen, ein, den diesjährigen Zyklus mit dem Vortrag einer seiner Dichtungen zu eröffnen. Ich sehe ihn noch vor mir, wie er auf die Rednerbühne trat. Er war in Gesichtszügen, Wesen und Haltung die schönste Verwirklichung eines Dichters, die ich je gesehen hatte, und die ungewöhnliche Blässe seines Antlitzes gab ihm ein zugleich ernsthaftes und interessierendes Aussehen. Er las eine Dichtung vor, die niemand verstand, beschenkte die Zuhörer jedoch am Schlusse mit einer Gabe, die die Enttäuschung fast wiederwett machte. Er rezitierte nämlich seinen „Raben" und machte damit solch durchdringenden Eindruck auf seine Zuhörer, daß er das Gedicht wiederholen mußte." Über die Kritik, die seinem Werke in Boston zuteil wurde, war Poe, wie oft behauptet wird, sehr erzürnt. Ganz so schlimm scheint es jedoch nicht gewesen zu sein, er nahm im Gegenteil den Anlaß wahr, um in seiner Zeitung, wie er es nannte, einen „Ulk" darüber zu machen. Mrs. Osgood, die Poe zu dieser Zeit seines Lebens kennenlernte, gibt uns ein erfreulicheres Bild seiner Persönlichkeit als die oft von Neid, Haß und Mißgunst verzerrten Tageskritiken. „Ich traf den Dichter zuerst", erzählt sie, „im Astor House. Einige Tage vorher hatte Mr. Willis mir an der table d'hôte ein seltsames, starkes, aufregendes Gedicht, „Der Rabe" betitelt, mit der Bemerkung übergeben, der Autor desselben wolle meine Meinung darüber hören. Es machte mir einen so tiefen, seltsamen Eindruck, klang mir so ununterbrochen wie eine geisterhafte unirdische Musik in den Ohren, daß ich fast etwas wie Schreck empfand, als mir gesagt wurde, der Dichter wünsche mir vorgestellt zu werden. Ich konnte ihm diese Bitte jedoch nicht abschlagen, ohne sehr undankbar zu erscheinen, denn ich hatte damals gerade von der enthusiastischen Lobrede gehört, die er in seiner Vorlesung über amerikanische Literatur auf meine Schriften gehalten. Niemals werde ich den Morgen vergessen, an dem Mr. Willis mich in das Wohnzimmer bat, um den Dichter zu empfangen. Den stolzen und schönen Kopf erhoben, die dunklen Augen voll Gefühl und Gedanken wie elektrisch glühend, eine besondere und unnachahmliche Sanftmut, und dennoch edles Selbstbewußtsein in Haltung und Wesen grüßte er mich ruhig, gelassen, fast kalt, und doch mit solch eigentümlicher Ernsthaftigkeit, daß ich mich eines tiefen Eindruckes nicht erwehren konnte. Von diesem Augenblicke an bis zu seinem Tode waren wir Freunde." An einer anderen Stelle schreibt sie wieder von Poe: „Ich habe ihn nie anders gesehen als vornehm, großherzig, außerordentlich wohl erzogen, ja, ganz köstlich und ungewöhnlich verfeinert in seinem Wesen. Auf jede sensitive und fein gebildete Frau mußte die ritterliche, anmutvolle, fast zärtliche Ehrfurcht, mit der er sich einer jeden nahte, die seine Achtung gewonnen hatte, einen besonderen und unwiderstehlichen Reiz ausüben."

Eine noch vertrautere Freundin des faszinierenden Dichters, Mrs. Whitman, führt einmal die Worte einer anderen „vornehmen und genialen" Dame an, die um diese Zeit Poes Bekanntschaft machte. Sie sagt: „Ich traf Edgar Poe zum ersten Male in dem glänzenden Kreise, der sich im Winter des Jahres 1845/46 bei Mr. Dewey, Miß Anna Lynch, Mr. Lawson und anderen zu versammeln pflegte. Er hatte stets sehr angenehme verfeinerte Formen, seine Sprache war die eines Gentlemam und Gelehrten. Welches Leben auch immer hinter ihm liegen mochte, nichts in seiner Erscheinung und seinem Gebaren wies auf irgendwelche Exzesse hin. Er liebte die Gesellschaft feiner, gebildeter Frauen und besaß eine köstliche Empfänglichkeit für innere und äußere Anmut und ein wunderbares Verständnis für jeden wechselnden Ausdruck in einem beseelten Angesicht. Wir alle erinnern uns noch des warmen Interesses für jede Zeile, die aus seiner Feder hervorging – es war jedesmal wie eine Befreiung von der Langeweile, der künstlerischen

Schwäche der anderen Schriftsteller, war immer etwas Bannendes, Frisches, Starkes. Seine Kritiken wurden mit Gier gelesen; nicht, weil er immer das Urteil überzeugte, sondern weil ihre Folgerichtigkeit und ihr Mut immer mitriß. Ob er recht oder unrecht hatte, es war ihm immer bitterer Ernst." Mrs. Whitman fügt noch hinzu: Wie de Quincey, nahm er nie etwas an – er *wußte* es immer.

Diese letztgenannte Dame erzählt in ihrem gedankentiefen Werke „Edgar Poe and his Critics" eine für Poe charakteristische Begebenheit, die sich während einer der eben erwähnten Abendgesellschaften zutrug. Eine Dame, die wegen ihrer großen Sprachenkenntnisse sehr bekannt war, wünschte der Eitelkeit eines jungen Autors, der seine Werke stets überreichlich und anspruchsvoll mit griechischen Zitaten verbrämte, trotzdem er dieser Sprache gar nicht mächtig war, eine heilsame Lehre zu geben und schlug vor, man solle ihn auffordern, der Gesellschaft eine bestimmte schwierige Stelle aus dem Griechischen zu übersetzen. Nur Poes beharrliche und ernsthafte Auflehnung gegen diese kleine Bosheit ersparte dem jungen Schriftsteller den demütigen Versuch. So unbedeutend diese Anekdote an sich auch ist, sie ist ein guter Beweis für das großherzige und gütige Wesen des Dichters, das alle, die ihn nur durch Griswolds skandalöses „Memoir" kennen, ihm so ohne Berechtigung absprechen. Aus Mrs. Whitmans Buche erfahren wir weiter, daß man auch seine schöne junge Frau zuweilen mit ihm bei diesen wöchentlichen Zusammenkünften in Waverley Place sah. Sie nahm selten an der Unterhaltung teil, die Erinnerung aber an ihr süßes, mädchenhaftes, stets beseeltes Gesicht straft die später so grausam oft wiederholte Bemerkung Lügen, sie sei als Opfer der Vernachlässigung und Gefühllosigkeit ihres Gatten gestorben, der „ihren Tod" gewünscht habe, um sie in unsterblichen Klageliedern bestatten zu können. So sagt Gilfillan einmal, Poe habe den Tod seiner Gattin herbeigeführt, um den Stoff für sein Gedicht „Der Rabe" zu erhalten; leider wurde dies Gedicht aber zwei Jahre vor dem Ereignis, das ihm nach der feinen Theorie dieses Herrn zum Ursprung dienen sollte, veröffentlicht. Freunde wie Feinde, die Poe persönlich kannten, bezeugen die unveränderliche Herzensgüte und Zuneigung des Dichters zu seiner jungen Gattin. „Allen Freunden der kleinen Familie war es wohl bekannt", sagt Mrs. Whitman, „daß die junge Gattin Poes an der Schwindsucht starb, deren Symptome sich schon während ihrer Mädchenzeit bei ihr gezeigt hatten." Und alle die Gelegenheit zu persönlicher Beobachtung hatten, stimmten darin überein, daß der Gatte während der langen Dauer der Krankheit eine einzig hingebungsvolle Zärtlichkeit und Aufopferung an den Tag gelegt habe ... Trotz der Lebhaftigkeit und Heiterkeit der jungen Frau konnte schon zu der eben erwähnten Zeit niemandem verborgen bleiben, daß ihre Kräfte außerordentlich schnell abnahmen. Um ihretwillen, um ihr den Frieden zu verschaffen, den die Aufregungen und Nöte ihres Lebens zu New York so grausam untergraben hatten, verließ Poe die Stadt und bezog das kleine Landhäuschen in Fordham, in dem er die drei noch übrigen Jahre seines Lebens zubrachte.

Die Arbeitsleistung Poes, während er das Broadway Journal besaß, muß eine ganz ungeheure gewesen sein. Woche für Woche schrieb er einen großen Teil seiner Folioseiten selbst und hatte dabei doch all die tausend kleinen zeitraubenden Arbeiten eines Herausgebers und Eigentümers zu verrichten. Der „allseitig freundliche Beistand", auf den Griswold anspielt – an einer anderen Stelle behauptet er, Poe habe nie Freunde gehabt – beschränkt sich in diesem Falle auf einige Beiträge in Versen. Nur durch die größte Anspannung seiner körperlichen und geistigen Kräfte war es ihm überhaupt möglich, die Arbeit zu bewältigen. Er druckte zwar manche seiner schon veröffentlichten Geschichten wieder ab, doch gewährte ihm dies eben keine große Erleichterung, da er jede der genauesten Durchsicht unterzog und stets eine Unmenge Veränderungen und Verbesserungen machte. Es war lange Zeit sein heißester Wunsch gewesen, selbst eine Zeitschrift zu besitzen, in der er uneingeschränkt seine Meinung äußern durfte, in keiner Weise von den kaufmännischen und ohne Zweifel klugen Bedenken der übrigen Herausgeber beeinflußt. Dieser Wunsch war nun in Erfüllung gegangen; aber Armut, Krankheit, Unkenntnis der Welt und eine kranke, eine sterbende Frau, all dies kam zusammen und überstieg seine Kräfte. Was konnte der unglückliche Dichter machen? Während der wenigen Monate, in denen er die Zeitung allein herausgab, machte er dieselbe zu einem so guten literarischen Organ, als bei den ihm zur Verfügung stehenden Mitteln nur immer möglich war. Es gelang ihm jedoch bei all seinen Anstrengungen nicht, das Blatt lebensfähig zu erhalten, und am 3. Januar 1845 sah sich der arme Poet genötigt, seiner Lieblingsidee, ein eigenes Blatt zu besitzen, zu entsagen. Es mag noch erwähnt werden, daß Poe, solange er im Besitze seiner Zeitschrift war, jede Gelegenheit wahrnahm, um seine fast Donquichotische Dankbarkeit gegen jeden, der ihm Liebes erwiesen, zum Ausdruck zu bringen, und zwar nicht nur gegen die Lebenden, deren Hilfe ihm noch weiter hätte von Vorteil sein können, sondern auch gegen alle, die schon in die „Schattenhöhle" hinabgestiegen waren. Seine großherzigen Huldigungen vor wertvollen Abgeschiedenen sind Beweise für sein edles Herz, die schwerer wiegen als all die Verdächtigungen, die Griswolds Bosheit erfinden konnte.

Neben der Herausgabe seiner eigenen Zeitung hatte Poe in dieser Zeit auch noch anderen Veröffentlichungen Beiträge geliefert, so dem „Ladys Book", das ein gewisser Godey herausgab. In der Mai-Nummer dieser Zeitschrift begann er eine Serie von Kritiken unter der Überschrift „New Yorker Literaten". Diese Essays erregten großes Aufsehen, ihr kaustischer Stil aber richtete eine fürchterliche Aufregung unter den Mittelmäßigkeiten an, wie man aus den Anmerkungen Mr. Godeys für seine Leser entnehmen kann, in denen von anonymen und anderen Briefen, die er im Anschluß an die Kritiken empfing, die Rede ist. „Man wird uns", bemerkt er einmal, „weder durch die Drohung, wir würden alle Freunde verlieren, noch durch Honigworte beeinflussen können ... Von verschiedenen Seiten ist der Versuch gemacht worden, der öffentlichen Meinung zuvorkommen zu wollen. *Ein Name ist uns bekannt.* Andere bemühen sich, Gerüchte über eine Erkrankung Herrn Poes zu verbreiten. Herr Poe ist leidend gewesen, wir haben jedoch Briefe ganz neuen Datums sowie eine Fortsetzung der ‚Literaten' von ihm, aus denen deutlich hervorgeht, daß von einer körperlichen oder geistigen Schwächung nicht die Rede sein kann. Fast alle Veröffentlichungen, mit denen wir im Meinungsaustausch stehen, haben unser neues Unternehmen gelobt und in den höchsten Ausdrücken von Herrn Poes Urteilskraft gesprochen." Wütend darüber, daß Poe seine literarische Unzulänglichkeit an den Pranger gestellt hatte, suchte ihm ein Anonymus, der nicht wie Griswold Geduld hatte, auf den Tod des Löwen zu warten, damit ihm jeder Esel ungestraft einen Fußtritt versetzen konnte, die Persönlichkeit des Dichters in einem halb privaten Blatte zu verdächtigen. Der „Evening Mirror" druckte den Artikel wieder ab, Poe strengte eine Beleidigungsklage gegen die Zeitschrift an und erhielt ein paar hundert Dollar als Entschädigung.

Doch wir wollen jetzt von diesen unerfreulichen Dingen schweigen und uns zu dem reizenden Bilde wenden, das das Heim und die kleine Haushaltung des geschmähten Dichters nach der Beschreibung der Mrs. Osgood gewährte. „In seinem einfachen, doch poesievollen Hauswesen", erzählt sie, „erschien mir das Wesen Poes in seinem schönsten Lichte. Heiter, zutraulich, witzig, hin und wieder gefügig und eigensinnig, wie ein verwöhntes Kind, hatte er für seine junge, schöne und angebetete Frau, ja, für jeden, der kam, mitten in seiner literarischen Hetzarbeit ein gütiges Wort, ein angenehmes Lächeln, eine kleine anmutige Höflichkeit. An seinem Pulte, unter dem romantischen Bilde seiner geliebten und verlorenen Leonore, saß er Stunde um Stunde, beharrlich, geduldig, und legte in seiner außerordentlich klaren, schönen Handschrift die Blitze, die seltenen und strahlenden Phantasien fest, die ihm durch das wunderbare, immer wache Hirn schossen. Ich erinnere mich noch deutlich an einen Morgen gegen Ende seines Aufenthalts in dieser Stadt, als er mir ungewöhnlich heiter und aufgeräumt vorkam. Virginia, seine schöne, zarte Frau, hatte mich dringend aufgefordert, gleich zu ihnen zu kommen, und ich, die ich ihrer lieben Einladung nie hätte widerstehen können, und Poes Gesellschaft viel lieber in seinem Hause als sonst irgendwo genoß, eilte sofort zur Amity Street. Als ich ankam, war er gerade damit beschäftigt, eine Reihe von Veröffentlichungen, die unter dem Titel ‚New Yorker Literaten' herausgekommen war, zu beendigen. ‚Sehen Sie mal hier', rief er lachend und rollte ein paar enge Rollen Papier auseinander (er schrieb immer auf solchen, wenn er für die Presse arbeitete), ‚ich will Ihnen jetzt an dem Unterschied in der Länge meiner Besprechungen den verschiedenen Grad der Beachtung zeigen, die ich Ihren Literaten zolle. Auf jeder dieser Rollen ist einer abgehandelt worden. Komm, Virginia, hilf mir!' Und er wickelte eine Rolle nach der anderen auf. Zum Schluß faßten sie eine, die schier endlos zu sein schien. Virginia lief lachend mit dem einen Ende derselben in eine Ecke des Zimmers und ihr Gatte mit dem anderen zu der gegenüberliegenden. ‚Wessen Seeleninnigkeit ist denn da so lang ausgenudelt worden?' fragte ich. ‚Hör nur', rief der Dichter, ‚sie tut gerade, als ob ihr eiteles Herz ihr nicht schon längst gesagt hätte, daß es die ihrige ist!'"

Im Sommer 1846 brachte Poe seine sterbende Gattin in das ruhige und friedliche Landhäuschen zu Fordham in Westchester County, nahe bei New York. „Hier", erzählt Mrs. Whitman in ihrem Essay „Edgar Poe and his Critics", der schönsten Denkschrift, die je dem Angedenken des Dichters geschrieben wurde, „hier lauschte er in Verlassenheit und Entbehrung manchen einsamen Monat hindurch auf die dahinschwindenen Atemzüge seiner sterbenden Gattin, bis man an einem öden, traurigen Tage des folgenden Winters ihre Überreste aus seinem niedrigen Dache davontrug." Die eingehendste und interessanteste Schilderung von Poes Leben zu Fordham gibt uns ein anderer amerikanischer Dichter in seinen „Reminiszenzen". Er erzählt uns seinen ersten Besuch bei Poe folgendermaßen: „Wir fanden ihn, seine Gattin und deren Mutter, die seine Tante war, in einer kleinen Hütte, die einen Hügel krönte. Ein oder zwei Morgen eingezäunter Wiese umgab das Häuschen –, sie war so glatt und sauber wie der bestgehaltenste grüne Teppich und mit einigen mächtigen Kirschbäumen bestanden, die dichten Schatten spendeten.

Poe hatte irgendwo eine ausgewachsene Bachstelze gefangen, in einen Käfig gesetzt und diesen Käfig an einen im Kirschbaumstamm eingetriebenen Nagel aufgehangen. Der arme Vogel war jedoch so wenig für sein Gefängnis geschaffen wie sein Herr für diese Welt. Er gebärdete sich so angstvoll und ruhelos wie sein Wärter und sprang unablässig von einem Stäbchen des Käfigs auf das andere. Ich bemitleidete ihn, doch Poe wollte ihn durchaus zähmen. Er stand mit gekreuzten Armen vor dem ängstlichen Tierchen, und sein ganzes Selbst war der Ausdruck des festen Glaubens, das Unmögliche möglich machen zu können. Vornehm und sebstsicher in seiner wundervollen durchgeistigten Schönheit, stolz und reserviert und doch vertraulich und mitteilsam, und immer Gentleman, war er ein geschmackvoller, glänzender Unterhalter, und suggerierte seine Ansichten oft, ohne sie erst in Worte fassen zu müssen . . . seine Stimme war die Melodie selbst. Er sprach immer leise, auch in der erregtesten Unterhaltung, und zwang dadurch die Hörer, auf ihn zu lauschen, wenn sie seine Meinungen, seine Philosophien oder seltsamen Phantasien vernehmen wollten. Von den letzteren sprach er übrigens nur sehr selten.

Ich wurde auch der jungen Gattin des Dichters und ihrer Mutter vorgestellt, die damals mehr als sechzig Jahre alt war. Sie war eine hochgewachsene Dame von außerordentlich vornehmem Wesen, und sah in ihrem schwarzen Kleide, das alt und viel getragen war, wirklich elegant aus . . . Poes Frau machte einen außerordentlich jugendlichen Eindruck; sie besaß große schwarze Augen und eine perlenweiße, makellose Hautfarbe. Ihre durchsichtige Blässe, ihre strahlenden Blicke, ihr rabenschwarzes Haar gaben ihr ein überirdisches Aussehen. Auf Augenblicke konnte man glauben, sie sei schon ein verklärter Geist, und wenn sie hustete, mußte man sich sagen, daß sie sehr bald und schnell dahinschwinden werde. Die Mutter schien kraftvoll und gesund und eine Art Vorsehung für ihre seltsamen Kinder zu sein.

In der Hütte und ihrer Umgebung herrschte so viel Anmut und Geschmack, daß man glauben konnte, es

sei etwas von dem Wesen der Bewohner auf sie über-
gegangen. Ich habe nie eine einfacher, ja, ärmlicher
möblierte und doch nie eine reizvollere Wohnung gesehen ... Das Wohnzimmer war mit einer gewürfel-
ten Bastmatte belegt; vier Stühle, ein heller Bücher-
ständer und ein hängendes Bücherbrett machten das
ganze Mobiliar aus; hübsch ausgestattete Bücher füllten die Bretter, und die Werke von E. Barret Browning
standen auf dem Ehrenplatz im Ständer. Mit ruhigem
Frohlocken zug Poe einen Brief aus der Tasche, den er
vor kurzem von dieser Dichterin erhalten, und las ihn
uns vor. Sie erzählte ihm, daß sein Gedicht ‚Der Rabe‘
den größten Eindruck in England hervorgerufen, ja,
Angst und Entsetzen erregt habe ... Poe war damals
im allgemeinen außerordentlich niedergeschlagen.
Seine große Armut, die Krankheit seiner Frau, seine
augenblickliche Unfähigkeit zur Arbeit, all dies
schien furchtbar auf ihm zu lasten ... Wir begaben
uns nachher alle zusammen in den Wald und wurden
für eine Zeitlang ganz heiter, bis jemand ein Wetts-
springen und -laufen vorschlug. Ich glaube, Poe tat es
selbst, denn er war zu dergleichen Körperübungen
sehr geschickt. Zwei oder drei der Herren sprangen
mit ihm um die Wette, und obwohl der eine größer
und ein tüchtiger Jäger war, tat Poe es doch allen zuvor. Doch ach! bei dem letzten Sprunge, durch den er
sich den Sieg der Wette errang, platzten seine beiden,
lang getragenen und sorgsam zusammengehaltenen
Gamaschen ... er hatte gewiß weder andere Gamaschen, noch Stiefel noch Schuhe ... aber wer hätte ge-
wagt, dem Dichter Geld anzubieten?"

Der Erzähler dieser Anekdote wurde später näher

mit Poe bekannt und besuchte ihn oft in Fordham. „Der Herbst kam ", fährt er fort, „und immer heftiger zehrte die Schwindsucht an Mrs. Poe. Ich sah sie auf ihrem Krankenlager, das Schlafzimmer war so sauber, so dürftig, so armselig ... Auf dem Bett, das nur mit Stroh gefüllt war, lagen keine Decken, nur eine schneeweiße Spreite und Laken. Es war sehr kalt, und die Arme litt unter den fürchterlichen Frösten, die das hektische Fieber der Schwindsucht begleiten. Sie lag auf dem Stroh, in den Überrock des Gatten gehüllt, und eine große schwarz und gelb gefleckte Katze ruhte auf ihrer Brust. Das prächtige Tier schien sich seiner Nützlichkeit durchaus bewußt zu sein, es war mit dem Überrock der einzige Wärmespender für die arme Leidende, wenn nicht ihr Gatte ihre Hände und ihre Mutter ihre Füße hielt. Mrs. Clemm liebte ihre Tochter leidenschaftlich, und ihr Kummer über die Krankheit ihrer Tochter, ihr Elend und ihre Armut waren herzzerbrechend zu sehen.

Sobald ich einen Eindruck in diese schmerzlichen Verhältnisse bekam, begab ich mich nach New York und erregte das Interesse und die Sympathie einer Dame, deren Hand und Herz für Elende und Arme stets offen standen ... Die Dame veranstaltete eine Sammlung, brachte der kleinen Familie in der nächsten Woche sechzig Dollar und wachte von dem Tage an überhaupt wie eine Mutter über dieselbe. Sie besuchte sie oft und sorgte für das Wohlbefinden der Lebenden und Sterbenden. Dieselbe edelmütige Dame, es war Mrs. Lewis, besser unter dem Namen ‚Stella' bekannt, nahm nach dem Tode des Dichters Mrs. Clemm in ihr Haus auf und gewährte ihr Gastfreundschaft, bis sie zu ihren Freunden nach dem Süden zurückkehren konnte." Der Autor dieser „Reminiszenzen" schließt mit den Worten: „Man hat Poe einen schlechten Menschen genannt. Er war sein eigener Feind, das ist wahr; doch er war ein Gentleman und ein Gelehrter . . . Wenn die Scribifaxe, die wie die Köter nach seinen Überresten schnappten, ihn so gesehen hätten, wie seine Freunde ihn in der bittersten Not und im Kampfe mit der Versuchung gesehen haben, so wären sie schlechter, als sie ihn machen wollen, wenn sie dann noch ihre Behauptungen von seinem Leben, das sie so gut wie gar nicht kennen, aufrecht erhalten wollten."

Als dieser herzrührende Bericht der traurigen Lebensumstände des armen, stolzen Dichters ohne sein Vorwissen in die Öffentlichkeit kam, wandte sich Willis in einem Artikel im „Home Journal" zugunsten des Dichters an das Publikum und führte aus, daß dieser Fall wieder ein Beweis für die Notwendigkeit eines Asyls für arme gebildete Kranke sei. Er sagte: Die Ansicht, daß ein solches Institut vonnöten ist, wurde durch die kürzlich erschienene Notiz im „Express", daß Mr. Edgar Allan Poe und seine Gattin gefährlich erkrankt und dem bittersten Mangel überliefert worden seien, von neuem bestärkt. Wir mußten es erleben, daß einer unserer tüchtigsten Gelehrten, eines unserer originalsten Genies, einer unserer fleißigsten literarischen Arbeiter, den körperliche Krankheit für einige Zeit arbeitsunfähig gemacht, dadurch auf die Stufe der Armen und Elenden herabsank, die die öffentliche Mildtätigkeit für sich in Anspruch zu nehmen gezwungen sind. Es gibt bei uns keinen Ruheplatz, kein würdiges Obdach, wo ein solcher Mann mit der Rücksicht, auf die er kraft seiner Bildung und inneren Kultur Anspruch machen kann, verpflegt wird, bis er seine Arbeit wieder aufnehmen und sich nach wie vor seiner Unabhängigkeit freuen darf. Augenblicklich bleibt ihm nichts übrig, als sich an persönliche Freunde zu wenden – und wie oft ist der Tod diesem Ausweg vorzuziehen – oder eben solange zu leiden, bis sie zu der Stufe herabsinken, wo Hunger, zerlumpte Kleider und Demütigungen aller Art nicht zu überhörende Anrufer der öffentlichen Mildtätigkeit sind. Ist dies gerecht? Sollte nicht in jedem höher zivilisierten Gemeinwesen ein Institut bestehen, das den Zweck hat, gebildeten Menschen zur Zeit ihrer Bedürftigkeit eine Zuflucht zu bieten, damit ihren Gefühlen nicht immer wieder durch Veröffentlichungen wie die oben erwähnte zu nahe getreten werden muß?

Diesen, von wahrhaft vornehmer Gesinnung diktierten Artikel Willis' nennt Griswold „eine schlaue Entschuldigung für Poes Schwächen" und erklärt mit einer, glücklicherweise in unserer Literaturgeschichte vereinzelt dastehenden Brutalität, der folgende Brief, der kurz vor dem Tode der Mrs. Poe geschrieben wurde, sei Effekthascherei –:

Mein lieber Willis.

Vor mir liegt der Artikel über meine und meiner Frau Krankheit, über meine Armut etc. sowie die schönen Zeilen, die Mrs. Locke und Mrs. — im Anschluß an diese Veröffentlichung geschrieben, und auch Ihre gütigen und männlichen Anmerkungen dazu im „Home Journal". Die Verantwortung für die erste Veröffentlichung selbst muß ich dem Gewissen der Person überlassen, die sie schrieb oder veranlaßte. Da die Sache jedoch nicht mehr ungeschehen zu machen ist und meine Familienangelegenheiten erbarmungslos vor die Öffentlichkeit gezerrt worden sind, bleibt mir nichts anderes übrig, als wiederum öffentlich zu konstatieren, was an der Sache wahr und was irrtümlich ist. Es ist wahr, daß meine Gattin krank ist; und Sie können mir vielleicht nachempfinden, mit welchen Gefühlen ich hier hinzufüge, daß ihre von Anfang an hoffnungslose Krankheit durch den zweimaligen Empfang anonymer Briefe sehr verschlimmert und ihrem Ende noch schneller entgegengetrieben worden ist. Einer dieser Briefe enthielt den anfangs erwähnten Artikel, der andere die von den Herren — veröffentlichten Verleumdungen, für die ich gerichtliche Sühne zu finden hoffe.

Den besten Beweis für die Tatsache, daß ich lange und gefährlich krank war und daß meinen Kollegen von der Presse dies wohlbekannt gewesen ist, gewähren wohl die zahlreichen gedruckten persönlichen und literarischen Angriffe, mit denen man mich in der fraglichen Zeit bombadiert hat. Das wird jedoch von selbst wieder anders werden, denn sobald mir das Glück wieder zu scheinen beginnt, werden die Herren, die jetzt ihr Krötengift an mir verspritzen, sich wieder wie früher mir verbindlich nahen . . . Daß ich keine Freunde habe, ist eine grobe Verleumdung, die Sie gewiß nie geglaubt haben und wegen der mir tausend edelmütige Menschen zürnen könnten, wenn ich sie hiermit nicht zurückweise. Ich brauche wohl nicht mehr zu sagen, mein lieber Willis. Es fängt an, mir besser zu gehen, und ich möchte, um meinen Feinden einigen Trost zu gewähren, hinzufügen, daß ich nicht fürchte, es werde mir bald wieder schlechter gehen. Ich habe eine ganze Menge zu tun und mir in den Kopf gesetzt, nicht zu sterben, bis alles getan ist.

Ihr aufrichtig ergebener
Edgar A. Poe

Den 30. Dez. 1846

Griswold, der, wie schon erwähnt, auch diesen Brief zerzupft, behauptet, trotzdem das Gegenteil festgestellt worden ist, daß Poe nicht für längere Zeit und durchaus nicht gefährlich krank gewesen sei; daß man ihn *nicht* in den Zeitungen angegriffen habe; daß er seine Freunde so oft um Geld angegangen habe, bis ihre Geduld erschöpft gewesen. Wie schon erwähnt, wenige Wochen nach diesem „aus Effekthascherei" geschriebenen Briefe starb die Gattin des Dichters, und in einem vor uns liegenden autographischen Briefe Poes wiederholt er förmlich die Anklage, daß seine Gattin – „meine arme Virginia" – fortwährend durch anonyme Briefe gequält, wenn auch nicht getäuscht worden sei, und auf ihrem Todesbett erklärt habe, daß die Urheber derselben ihr Ende beschleunigt hätten. Im Januar des Jahres 1847 starb dem Dichter seine geliebte Gattin, und an einem trostlosen, traurigen Tage wurden ihre Überreste in einer benachbarten Gruft mit der Einwilligung des Eigentümers beigesetzt. Der Verlust seiner Frau stürzte den Dichter in eine trauervolle Erstarrung, die ihn mehrere Wochen in einem eisigen Banne hielt. Die Natur machte jedoch nach und nach ihre Kräfte wieder geltend, und er ging allmählich seinen gewohnten Beschäftigungen wieder nach. Während des ganzen Jahres führte der Dichter nun ein stilles, zurückgezogenes Leben bei seiner Schwiegermutter, empfing hin und wieder Besuche von seinen Freunden und Bewunderern, versenkte sich in das Angedenken seiner verlorenen Leonore und überdachte das große und krönende Werk seines Lebens – „Heureka". Ein Freund des Dichters aus England besuchte Poe in seinem Landhäuschen zu Fordham im Frühherbst des Jahres 1847 und verlebte mehrere Wochen mit seinen Bewohnern. Er schilderte später der Mrs. Whitman begeistert die entzückende Sauberkeit und köstliche Einfachheit der kleinen Behausung und ihrer Umgebung. Diese bestand damals aus einem Blumengarten, dessen sorgfältig gepflegte seltene Dahlienbüsche und strahlende Herbstblumenbeete von dem feinen Geschmack und der Blumenliebe des Dichters ein glänzendes Zeugnis ablegten.

Die Aufmerksamkeit und Liebe, die Poe auf seine Vögel und Blumen verwandte, setzten den Besucher in Erstaunen, er konnte sich nicht erklären, wie diese Vorliebe mit dem düsteren Inhalte seiner Schriften zu vereinigen war. Ein anderer Freund, der die Hütte im Sommer besuchte, sagt, sie sei halb unter Obstbäumen begraben und nur wenige Schritte von einem kühlen, dichten Fichtenhain entfernt gewesen. Die Nähe der Bahn und die Bevölkerungszunahme des kleinen Dorfes, sagt Mrs. Whitman, haben jetzt an diesem Orte mancherlei Veränderungen hervorgerufen. Früher stand vor der Haustür ein alter Kirschbaum und um diesen Baum eine breite, glänzend grüne Rasenbank. Die nahen Heliotrop- und Resedenbeete und der kühle Schatten machten das Fleckchen ganz verführerisch einladend. Einer unserer Freunde war einmal um vier Uhr aufgestanden, über die prächtige Brücke über den Harlem River zu Fuß nach Fordham gegangen und fand den Dichter mit seiner Schwiegermutter auf dem Rasen unter dem Kirschbaume stehend und eifrig den Bewegungen zweier schöner Vögel folgend, die ihr Nest im Baume zu betrachten schienen. Er hielt sich auch einige seltene tropische Vögel in Käfigen und pflegte und verhätschelte sie mit beharrlicher Sorgfalt. Eine Lieblingskatze genoß seiner ganz besonderen Freundschaft, und oft saß sie, während er arbeitete, auf seiner Schulter und schien durch ihr zufriedenes Schnurren ihrer Billigung für das Werk, das unter ihrer Aufsicht entstand, Ausdruck geben zu wollen.

Während Poe in Fordham wohnte, gehörte ein Spaziergang nach High Bridge zu seiner liebsten Erholung, bemerkt Mrs. Whitman und beschreibt die hohe und malerische Allee, die über den Aquädukt führt, und durch die der Dichter in „the lonesome latter years", den einsamen späteren Jahren seines Lebens, zu allen Zeiten des Tages und der Nacht in tiefen Gedanken auf und nieder ging, oft stundenlang, ohne eine lebende Seele zu treffen. Auch ein Felsenhang in der Nachbarschaft, der mit Fichten und Zedern bestanden war und eine schöne Aussicht in das umgebende Land gewährte, war oft sein Zufluchtsort. Hier saß er lange Sommertage, lange, sternenklare Nächte hindurch, träumte seine prachtvollen wachen Träume und grübelte über die tiefen Probleme des Weltalls – über sein großartiges „Gedicht in Prosa", auf das er die letzten, reifsten Energien seines wundervollen Geistes verwandte. Gegen das Ende dieses „most immemorial" höchst unvergeßlichen Jahres, in dem er sein Kindweib verloren, schrieb er das seltsam phantastische Gedicht „Ulalume". Wie so viele seiner Gedichte ist es ein Stück Autobiographie; der Dichter selbst erzählte, daß die Einzelheiten, wenn auch nicht gerade die genauen Zeitangaben, auf Wirklichkeiten beruhen. Es erschien zuerst anonym in Coltons „American Review" im Dezember 1847 als „Ulalume eine Ballade", wurde dann im „Home Journal" abgedruckt und durch absurden Irrtum dem Herausgeber N. P. Willis zugeschrieben. Als einige Zeit darauf Mrs. Whitman eines Morgens mit Poe in der Providence Athenæum Library war, fragte sie ihn, ob er das neue Gedicht gesehen, und ob er wisse, wer es verfaßt habe. Zu ihrer Überraschung bezeichnete er sich selbst als den Autor, nahm einen gebundenen Band der „Review" von einem nahestehenden Regal und schrieb seinen Namen unter das Gedicht, wo es vor einigen Monaten von einem Korrespondenten gefunden wurde.

Im Anfang des Jahres 1848 faßte Poe noch einmal den Plan, eine Reihe von Vorlesungen zu halten, durch die er sich ein genügend großes Kapital zur Gründung einer eigenen Zeitschrift verschaffen zu können glaubte. Im Januar schrieb er darüber an seinen alten und bewährten Freund N. P. Willis:

Fordham, den 22. Januar 1848.

Mein lieber Mr. Willis.

Ich gehe mit dem Plane um, mich wieder in die literarische Welt zu stürzen, und weiß, daß ich mich dabei auf Ihre Hilfe verlassen darf.

Meine Absicht ist, eine Zeitschrift „The Stylus" zu gründen; ihre Verwirklichung könnte jedoch nur dann für mich nützlich sein, wenn das neue Organ in keiner Weise unter der Aufsicht des Herausgebers stände. Es muß also mein Eigentum sein. Dies ist aber nur möglich, wenn ich fünfhundert Abonnenten im voraus sicher habe – fast zweihundert Unterschriften habe ich schon zusammengebracht. Ich will jedoch all meine persönlichen und literarischen Freunde durchgehen und sehen, was sich machen läßt. Um mir die Mittel für den Anfang zu verschaffen, möchte ich Dienstag, den 3. Februar, eine Vorlesung in der Society Library halten – und um jeder Befehdung auszuweichen, soll mein Gegenstand kein literarischer sein. Ich habe mir eine breite Unterlage gewählt: Das Universum.

Nachdem ich Ihnen so die Tatsächlickeiten des Falles auseinandergelegt habe, darf ich das Übrige wohl Ihrem Takt und Ihrer Liebenswürdigkeit überlassen. Mit meinem Dank, meinem herzlichsten

immer Ihr Freund
Edgar A. Poe.

Kurze Zeit darauf erschien nun ein Prospekt „An das Publikum"

The Stylus.
Eine Monatsschrift für Literatur, die schönen Kün-

ste und das Drama. Herausgegeben von Edgar A. Poe, in dem sich folgende bemerkenswerten Ausführungen finden:

„Seitdem ich die Leitung des 'Southern Literary Messenger' zu Anfang des dritten Jahres seines Bestehens und später die Herausgeberschaft von 'Grahams Magazine' aufgab, habe ich immer an die Gründung einer Monatsschrift gedacht, die ein paar der Haupteigenschaften des zuerst erwähnten Blattes bei völliger Veränderung ihres allgemeinen Charakters beibehalten sollte, doch machen die Umstände es mir erst jetzt möglich, diesen Plan zu verwirklichen. Es sei mir gestattet, noch einmal auf die beiden Organe, die ich zu leiten eine Zeitlang die Ehre hatte, zurückzukommen. Da ich bei keinem von beiden als Mitbesitzer beteiligt war, und die Ziele ihrer verdienstvollen Eigentümer von den meinigen verschieden waren, mußte es mir naturgemäß unmöglich sein, ihrer äußeren Erscheinung sowohl als auch ihrem inneren Gehalte jenen Stempel einer Individualität aufzudrücken, den ich nun einmal für unerläßlich zu einem größeren Erfolge halte. In Anbetracht des beständigen Einflusses, den eine solche Veröffentlichung ausübt, glaube ich, daß ein fester Zusammenhang der einzelnen Nummern und ein ausgesprochenes Zielbewußtsein ihres Inhaltes wesentliche Erfordernisse sind, denen man jedoch nur dann genügen kann, wenn *ein* Kopf die letzte Übersicht führt. Kurz, die Erfahrung hat mich gelehrt, daß allein die Gründung eines *eigenen* Organs mir die Möglichkeit gibt, meine besonderen Intentionen zur Ausführung zu bringen.

Diese Intentionen nun sind die folgenden:

Der hauptsächliche Zweck des zu gründenden Magazins soll der sein, in seinen Spalten zu jeder Zeit über jeden in seine Sphäre fallenden Gegenstand eine aufrichtige und furchtlose Meinung zu äußern, in Lehre und Praxis für die Rechte einer absolut unabhängigen Kritik zu kämpfen und durch sein Vorgehen die Vorteile einer solchen zu zeigen, um, geleitet von den wahren Gesetzen der Kunst, und diese Gesetze bei ihrer Anwendung analysierend, sich von jeder persönlichen Rücksichtnahme frei zu halten und keine andere Furcht zu kennen als die vor der Rechtsverletzung.

Ich habe jedoch nicht die Absicht, das Organ zu einem rein kritischen zu machen. Es soll nicht einmal in der Hauptsache kritisch sein. Doch strebe ich nach etwas Höherem als der gewöhnlich in unseren Magazinen herrschenden Mannigfaltigkeit. Ich möchte allen *wahren* Talenten unseres Landes Raum zum Wirken verschaffen, ohne mich um das Prestige eines Namens oder die bevorzugte Stellung des Trägers zu kümmern. Da jedoch die Wirksamkeit eines solchen Unternehmens im Verhältnis zu der bestimmten Begrenzung seines Zweckes steht, wird sich der 'Stylus' auf die Literaten, die schönen Künste und das Drama beschränken."

Trotz der großen Anzahl seiner Bewunderer und der freundlichen Mithilfe des Mr. Thomas C. Clarke, der als Verleger in Aussicht genommen war, brachte Poe das Minimum der nötigen Abonnenten nur sehr mühsam zusammen. Er begann deshalb mit seinen Vorlesungen, um sich die Mittel zum ersten Schritte zu verschaffen.

Die erste Vorlesung der ganzen Reihe fand in dem Bibliotheksaale der New Yorker Historical Society statt und handelte von der Cosmogony des Weltalls. Sie bildete die Grundlage zu seinem später unter dem Titel „Heureka, ein Gedicht in Prosa" veröffentlichten Werke. Mr. M. B. Field, der zugegen war, sagt: „Es war eine stürmische Nacht, und nicht mehr als sechzig Personen hatten sich in dem Raume versammelt. Seine Vorlesung war eine Rhapsodie voll tiefster Glut. Er schien von Dämonen beseelt zu sein, und die geringe Zuhörerschaft empfand seine Inspiration fast mit Angst. Seine Augen glühten wie die eines Raben, zwei und eine halbe Stunde lang hielt er uns wie ins Jenseits gebannt. Ein solch kleines Publikum konnte bei aller Begeisterung des Vorlesenden seinem Zwecke natürlich nur in geringem Grade dienlich sein. Arm und noch beschämt dazu mußte er in sein einsames Heim nach Fordham zurückkehren. Dort versenkte er sich von neuem in das Anschauen der Probleme der Schöpfung, manchmal auch redete er mit Besuchern, die sich noch hin und wieder zu ihm verirrten, voll intensivster Glut von seinem unerschütterlichen Glauben, die Geheimnisse des Universums enträtseln zu können.

Im Frühsommer des Jahres 1848 hielt Poe eine Vorlesung über „Die Dichterinnen Amerikas" ab. „In seiner Analyse der verschiedenen Verdienste der Dichterinnen New Englands", sagt James Atkinson, der der Vorlesung beiwohnte, „reichte er der Mrs. Osgood die Palme für ihre Leichtigkeit, Naivität und Anmut beim Schaffen; Mrs. Whitman gebühre die Krone für die Verfeinerung in der Kunst, ihre Glut, Phantasie, für das, was man im allgemeinen Genialität nennt; Miss Lynch sei unerreicht im gedrängten und starken Ausdruck der heroischen und Pflichtgefühle." „Poe", so erzähl Griswold, „sah Mrs. Whitman, die unbestritten bedeutendste Dichterin, die New England hervorgebracht hat, auf seinem Wege von Boston, als er in dieser Stadt eine Dichtung vorgetragen hatte. Ruhelos wanderte er um Mitternacht von seinem Hotel in die Nähe des Hauses, in dem sie lebte und sah sie in ihrem Garten hin und her gehen. Er erzählte diese Begegnung später in einem seiner köstlichsten Gedichte, das seiner, ihrer und der verzücktesten Leidenschaft würdig war."

Der schönen jungen Witwe war jedoch ganz unbekannt, welch wilde Flamme sie in dem Herzen des Dichters entzündet hatte, erst im Anfang des Sommers 1848, um die Zeit der eben erwähnten Vorlesung, erhielt sie die erste Kunde von derselben, und zwar durch die schönen Verse „To Helen", auf die Griswold anspielt. Das Gedicht war ihr ohne Unterschrift zugegangen, die Dame kannte jedoch Edgar Poes wundervolle Handschrift und wußte, woher es kam. Um diese Zeit begab sich der Dichter nach Richmond in Virginia, machte dort die Bekanntschaft des nun verstorbenen Mr. John R. Thompson, des talentvollen Herausgebers und Eigentümers des „Southern Literary Messengers", und kam mit ihm überein, wieder für sein Blatt zu arbeiten. Mr. Thompson schloß sich wie alle, die Poe persönlich kannten, bald sehr eng an ihn an und hat einige interessante Erinnerungen an ihn hinterlassen. Der Dichter sprach in dieser Zeit sowohl öffentlich als auch in privaten Kreisen begeistert von den Dichtungen Mrs. Whitmans, und so kam es, behauptet Griswold diesmal der Wahrheit gemäß, daß man, lange bevor die beiden einander kannten, sie oft zusammen nannte. Eines Tages, erzählt Mr. Thompson, stürzte Poe in größter Aufregung in die Redaktion des „Messenger" und schrieb einen Brief, in dem er einen Mr. Daniels, den Herausgeber des Richmonder Blattes „Examiner" zum Zweikampf herausforderte, und bat Mr. Thompson, diesem Herrn die Forderung zu überbringen. Dabei reichte er seinem Freunde einen Ausschnitt aus dem „Examiner", in dem von einer bevorstehenden Verlobung des Dichters mit Mrs. Whitman die Rede war samt einigen Anmerkungen über die „Tollkühnheit" der Dame. Der Dichter tobte und sagte, es sei ihm gleichgültig, was Daniels über ihn verbreite, den Namen der Dame aber solle niemand in seine Angelegenheiten zu ziehen wagen. Mr. Thompson weigerte sich, die Forderung zu überbringen. Poe begab sich persönlich zu seinem Beleidiger, der die kränkende Notiz widerrufen mußte. Im September des Jahres führte sich Poe mit einem Empfehlungsbrief einer beiderseitigen Freundin bei der Dichterin ein. Das Ergebnis dieses und mehrerer anderer Besuche war die Verlobung der beiden Dichter, die trotz des heftigsten Einspruches der Familie der Braut bald stattfand. So sehr diese auch sein Genie verehrte, scheint die heftige Opposition ihrer Verwandten sie doch eine Zeitlang veranlaßt zu haben, dem leidenschaftlichen Bitten des Dichters kein Gehör zu schenken, bis sie eben doch, wie erwähnt, sich zum Schluß miteinander verlobten. Folgende Stellen aus einem Briefe, den Poe am 18. Oktober dieses Jahres schrieb, zeigen, wie tief er fühlte, und daß er seine Gefühle nicht nur in seinen Dichtungen zu einem starken Ausdruck zu bringen vermochte.

„Du liebst mich *nicht*, sonst hättest Du eine zu tiefe Sympathie mit der Empfindlichkeit meines Wesens empfunden, um mich so verwunden zu können, wie es der schreckliche Satz Deines Briefes getan hat: 'Wie oft habe ich sagen hören: Er ist ein Mann von großer Geisteskraft, doch hat er keine Grundsätze, keinen moralischen Sinn.'

Ist es möglich, daß diese Worte mir – mir wiederholt wurden, und zwar von der Person, die ich liebte – ach, die ich *liebe!* . . .

Ich schwöre dir, so wahr mir Gott im Himmel helfe, daß meine Seele einer unehrenhaften Handlung nicht fähig ist – daß ich, mit Ausnahme gelegentlicher Torheiten und Exzesse, die ich bitter beklage, zu denen mich nur unerträglicher Kummer getrieben, und die täglich von anderen begangen werden, ohne daß man ein Wort darüber verliert – daß ich mich keiner Handlung meines Lebens erinnern kann, die ein Erröten auf meine – oder Deine Wangen zwingen könnte. Wenn ich überhaupt gefehlt habe, so geschah es aus einem, wie die Welt sagen würde, donquichottisch übertriebenen Gefühl für Ehrenhaftigkeit und Ritterlichkeit. Diesem Gefühl möglichst nachzugeben ist die wahre Wollust meines Lebens gewesen. Um ihretwillen warf ich in früher Jugend lieber ein großes Vermögen weg, als daß ich eine mir ungerechterweise zugefügte kleine Kränkung vergaß.

Fast drei Jahre lang bin ich krank gewesen, habe

arm und der Welt fern gelebt, und dadurch, wie ich nun mit Bitterkeit einsehe, meinen Feinden Zeit und Gelegenheit gegeben, mich ohne mein Wissen und ungestraft zu verleumden. Wieviel Ehrenrühriges man aber auch während meiner Krankheit über mich verbreitet hat, diejenigen, die mich gut kannten, sind meine treuen Freunde geblieben und ließen nichts zu meinen Ohren kommen, als einen Fall, der mir Gelegenheit geben konnte und gegeben hat, mich mit einer Klage an einen Gerichtshof zu wenden . . . Ich erwiderte auf die Beleidigung in einem öffentlichen Blatte – und belangte später den „Mirror", in dem die Skandalgeschichte erschienen war, erstritt ein obsiegendes Urteil und erhielt eine Summe als Schadenersatz, die das Fortbestehen des Blattes damals unmöglich machte. Und Du fragst mich, *weshalb* mich die Menschen so schief beurteilen, *weshalb* ich Feinde habe. Wenn Dir mein Charakter und meine Laufbahn nicht die Antwort darauf geben – ich glaube, *mir* kommt es nicht zu, mich bei Dir zu rechtfertigen. Es möge der Hinweis genügen, daß ich die Verwegenheit hatte, arm zu bleiben, um meine Unabhängigkeit zu behalten – daß ich, obwohl ich in der Literatur in gewissem Grade Erfolg hatte, andere kritisiert habe, skrupulös ehrlich und zuweilen wohl auch bitter, daß ich sehr oft, wenn ich überhaupt angreifen mußte, mächtige und einflußreiche Persönlichkeiten angriff, und daß ich mich weder in der Literatur noch in der Gesellschaft gescheut habe, meiner großen Verachtung für alle Dummheit, Unwissenheit und Anmaßung Ausdruck zu geben. Und Du, die Du all dies weißt – Du fragst mich, weshalb ich Feinde habe . . . Verzeih, wenn meine Worte bitter klingen sollten . . ."

Ein jeder fühlt, der Mann, der so schrieb, war ehrlich; war der niedrigen, entehrenden Handlungen, die ihm der Neid zur Last legte, unfähig.

In einem Briefe an dieselbe teure Freundin, der vom 24. November 1848 datiert ist, zeigt sich Poe als Briefschreiber von einer ganz anderen Seite. Nach Erwähnung einiger Privatangelegenheiten fährt er fort:–

Deine Verse „To Arcturus" sind in Wahrheit schön. Ich würde aber die Worte Virgils stehen und die Übersetzung wegfallen lassen. Streiche auch die erste Anmerkung. Es ist bewiesen, daß 61 Cygni sich uns *näher* befindet als der Arcturus, von dem Alpha Lyrae nimmt man es an. Bessel hat uns sechs andere Sterne gezeigt, die uns näher sind als die helleren dieser Hemisphäre. „Pale candescent" ist eine offenbare Tautologie. Candescent sein, heißt, weiß vor Hitze sein. Weshalb sagtest Du nicht einfach 'To blend with thine its incandescent fire'? Verzeih mir, liebste Helene, diese ganz dummen Ausstellungen. Räche Dich bei meinem nächsten Gedichte. Wenn „Ulalume" erscheint, schneide es aus und lege es Deinem Briefe bei – mich erreicht so selten eine Zeitung. In der letzten Sonntagsnummer des „Home Journal" befindet sich ein Brief eines Herrn Mr. C. (Wer ist das?). Ich lege Dir hier eine Stelle bei, die sich an meine Verse

> „–the very roses' odours,
> Died in the arms of the adoring airs"

anlehnen könnte. Sie wird Dir beweisen, wie grundlos der Vorwurf des Plagiates oft selbst da ist, wo er am meisten begründet erscheint. Mrs. H.s Buch wurde drei Monate vor der Niederschrift des Gedichtes ge-

druckt. Du erhieltest es ungefähr um den 1. Juni, nicht wahr? Für immer Dein   Edgar.
    Empfiehl mich Mr. Pabodie.

    Dieser Mr. Pabodie war ein guter Freund Poes, und da es nötig sein wird, später noch von ihm zu sprechen, um zu zeigen, welcher Art die Beziehungen der beiden zueinander waren, führe ich noch den folgenden sonst unwichtigen Brief an, der als Probe von Poes außerordentlich schöner, deutlicher Handschrift in facsimile beigegeben wird:

Fordham – Dec. 4 – 48.

My dear Mr. Pabodie – On the principle of "better late than never" I seize the first opportunity afforded me, in the midst of cares and vexations of all kinds, to write you a few words of cordial thanks for your considerate and gentlemanly attentions to me while in Providence. I do hope that you will always think of me as one of the most obliged and most devoted of your friends. – Please say to Mrs. W., when you next see her, that I thank her for the "papers" and for her promptitude. Say, also, that perhaps Mrs. Wright is right, but that I believe her wrong, and desire to be kindly remembered. The commands, about Post, have been attended to. – Present my respects to Mrs. Allen and to your father.

Truly yours always.

W. J. Pabodie Esq.

Edgar Allan P.

Fordham, im Dezember 1848.

Mein lieber Pabodie.

Nach dem Grundsatze: Lieber spät als gar nicht, ergreife ich die erste Gelegenheit, die sich mir inmitten von Sorgen und Widerwärtigkeiten aller Art bietet, um Ihnen mit ein paar Worten herzlich für die klugen und feinen Liebenswürdigkeiten zu danken, die Sie mir, während ich in Providence war, erwiesen haben. Ich hoffe, daß Sie mich dafür immer für Ihren dankschuldigen und ergebenen Freund halten werden. Überbringen Sie bitte Mrs. W., sobald Sie sie sehen, meinen herzlichsten Dank für die „Papiere" und die Schnelligkeit, mit der sie mir dieselben zugesandt hat. Sagen Sie ihr bitte auch, daß Mrs. Wright vielleicht recht hat, daß ich jedoch glaube, sie ist im Unrecht, und daß ich mich ihr empfehle. Überbringen Sie auch bitte Mrs. Allen und ihrem Vater meine ergebensten Grüße.

Treu und immer Ihr

Edgar Allan Poe.

In demselben Monat, in dem dieser Brief geschrieben wurde, wurde die Verlobung Poes mit Mrs. Whitman aufgehoben. Der wahre Grund des Bruches ist nie ans Tageslicht gekommen. Doch wäre um des vielgeschmähten Toten willen zu hoffen und zu wünschen, daß das Siegel des Schweigens, das über dieser Angelegenheit lastet, noch erbrochen wird. Es ist ganz unmöglich, einem von beiden Verlobten die Schuld zuzuschieben, denn zweifellos lag die wahre Ursache der Trennung in Umständen, über die sie keine Gewalt hatten. Nach der widerwärtigen Geschichte, die

Griswold erzählt, und die seitdem in fast jeder Lebensbeschreibung des Dichters wiederkehrt, soll er am Polterabend im Hause seiner Braut in höchster Trunkenheit derartig wüste Exzesse vollführt haben, daß man die Polizei holen mußte, um seiner Herr zu werden und ihn wegzuführen, wodurch die Verlobung natürlich ein Ende fand. Als diese falsche Darstellung zu Ohren der Beteiligten kam, schrieb Mr. Pabodie sofort eine ausdrückliche Widerlegung, die am 7. Juni 1852 in der „New York Tribune" erschien. „Ich bin imstande", führt Mr. Pabodie aus, der, wie bemerkt sein möge, nicht nur ein hervorragender Rechtsanwalt, sondern auch eine literarisch bedeutende Persönlichkeit ist, „ich bin imstande, nicht nur aus eigener Kenntnis, sondern auch nach dem übereinstimmenden Zeugnis *aller* bei dieser Angelegenheit beteiligten Personen zu konstatieren, daß der eben angeführten Geschichte auch der Schatten jeder Begründung mangelt." Der Brief erwähnt weiter, daß sein Schreiber Poe sehr gut kannte und während der bewußten Zeit fast täglich mit ihm zusammen war. „Die näheren Umstände seiner Verlobung, sowie die Ursache der Wiederauflösung, sind mir wohlbekannt", fährt er fort und schließt mit der ernsten Aufforderung an Griswold, alles, was in seinen Kräften liege, zu tun, um das Andenken des Toten von einem unverdienten Schandfleck zu reinigen. Ein ehrenhafter Mann hätte nun die Unrichtigkeit seiner Information zugegeben und sein möglichstes getan, um die Folgen der falschen Anklage abzuschwächen. Nicht so dieser Biograph; er schrieb einen wilden Brief an Mr. Pabodie und drohte ihm fürchterliche Dinge an, wenn er seine Veröffentlichung nicht widerrufe. Mr. Pabodie tat dies aber gar nicht, sondern brachte in einem anderen Briefe an Griswold weitere unwiderlegliche Beweise für Unrichtigkeiten, die sich der Autor der „Memoir" hatte zu Schulden kommen lassen, worauf dieser sich in diskretes Schweigen hüllte.

Den größten Teil des Jahres 1848 brachte Poe in seinem Heim in Fordham bei hauptsächlich philosophischen Studien zu. Neben ein paar Kritiken scheint er schöpferisch nur an der Vollendung des letzten und größten Werkes seines Genies, an „Heureka", gearbeitet zu haben. Es ist hier nicht angebracht, die Verdienste dieses wundervollen „Gedichtes in Prosa" klarzulegen. Es möge genügen, noch einmal zu bemerken, daß wahrscheinlich nie ein Dichter eine gleich große Gefühlsintensität in sein Werk bannte oder je fester an die Wahrheit seiner Verkündigung glaubte als Edgar Allan Poe bei diesem Versuch, die Geheimnisse des Weltalls zu lösen. Er redete zuweilen über die verschiedenen schwierigen Gesichtspunkte in „Heureka" mit einer erregenden Beredsamkeit, die den Zuhörern den Glauben an dieselben geradezu suggerierte. Er konnte es nicht ertragen, dies Werk von unzulänglichen und unsympathischen Kritikern besprochen zu hören, und als es in Buchform erschienen und so der Öffentlichkeit zugänglich gemacht worden war, schrieb er folgenden durchaus charakteristischen Brief an Mr. C. F. Hoffmann, der damals Herausgeber der „Literary World" war und in den Spalten seines Blattes eine oberflächliche Kritik des Werkes gebracht hatte:

Sehr geehrter Herr. – In der Nummer vom 29. Juli finde ich einige Anmerkungen über „Heureka", ein kürzlich erschienenes von mir geschriebenes Buch, und ich kenne Sie zu wohl, um fürchten zu müssen, mit der Bitte, etwas darauf erwidern zu dürfen, abschlägig beschieden zu werden. Ich weiß sogar, daß Sie mir das Recht, das jedem Autor zusteht, nicht versagen würden, seine Kritik „Ton für Ton" zu erwidern, das heißt, der geschwätzigen Oberflächlichkeit und dem Hohn ihres Korrespondenten mit Oberflächlichkeit und Hohn zu begegnen – aber erstens möchte ich Ihre „World" nicht herabsetzen, und zweitens fühle ich, wenn ich erst einmal zu höhnen anfange, komme ich in diesem Falle überhaupt nicht mehr damit zu Ende. Lamartine tadelt Voltaire, weil er in seinen Angriffen auf die Priesterschaft sich des Mittels falscher Darstellungen (ruses) bedient; unsere jungen Studenten der Theologie scheinen jedoch nicht zu glauben, daß bei der Verteidigung des Christentums oder vielmehr bei dem, was sie für Verteidigung halten, das geringste Anfechtbare in solch ehrenhaften, läßlichen Sünden, als die bewußte Verdrehung von Textstellen ist, zu finden sei, ganz abgesehen von der harmlosen Unschicklichkeit, die darin liegt, ein Buch zu kritisieren, ohne es gelesen, ohne eine schwache Ahnung zu haben, wovon es eigentlich handelt.

Sie werden einsehen, daß ich mich hier nur mit den falschen Textdarstellungen des „Kritikers" beschäftigen kann. Die „Meinungen" des Schriftstellers können keinerlei Bedeutung für mich haben, und ich bilde mir ein, auch für ihn selbst nicht, wenn er sich persönlich so gut kennte, wie *ich* die Ehre habe, ihn zu kennen. Die erste falsche Darstellung enthält der Satz – „Dieser Brief ist eine verwegene Burleske auf die Aristotelische und Bakonianische Methode, die Wahrheit zu ermitteln, beide sucht der Autor der Verachtung und der Lächerlichkeit preiszugeben und bricht dann in ekstatische Rhapsodien aus zur Verherrlichung einer dritten Methode – der edlen Kunst des Ratens." Ich sage in Wirklichkeit nun folgendes: „Weder der Aristotelische noch der Bakonianische Modus gewährt absolute *Gewißheit* für die Wahrheit des Erkannten; aus diesem Grunde ist die Philosophie weder so tief, wie sie sich einbildet zu sein, noch hat sie das Recht, über den *scheinbar* imaginativen Prozeß, den wir Intuition nennen (durch die der große Kepler zur Erkenntnis seiner Gesetze kam), zu höhnen, da Intuition nur eine Wahrheitserkenntnis ist, die sich auf Induktionen und Deduktionen gründet, die so schattenhaft sind, daß sie sich unserem Bewußtsein entziehen, sich vom Verstande nicht fassen lassen und der Ausdrucksfähigkeit der Sprache spotten." Die zweite falsche Darstellung lautet: Die Entwickelung der Elektrizität und die Bildung der Sterne und Sonnen, der leuchtenden und nichtleuchtenden, der Monde und Planeten mit ihren Ringen etc. wird in großem Einklang mit der Nebulosen Theorie des Laplace von dem „oben verkündeten Gesetz" abgeleitet. Augenscheinlich will der „Studiosus der Theologie" hier den Eindruck hervorrufen, meine Theorie sei in ihrer Art ganz gut, doch nichts weiter als wiedergekäuter Laplace, mit einigen Modifikationen, die ihm, dem Studiosus der Theologie, als gar nicht wichtig erscheinen. Ich habe darauf nur zu antworten, daß kein Gentleman mich der Unehrlichkeit, die mir hier zur Last gelegt wird, wird zeihen können, umsoweniger als ich, nachdem ich mit meiner Theorie bis zu dem Punkte gelangt bin, wo sie sich mit der Theorie des Laplace trifft, diese letztere *ganz* wiederhole und meinem festen Glauben an ihre Wahrheit *in allen Punkten* Ausdruck gebe. Das *Gebiet*, das der große französische Astronom mit seiner Theorie umschließt, verhält sich aber zu dem, das die meinige umfaßt, wie eine Luftblase zu dem Ozean, auf dem sie schwimmt; auch findet sich bei Laplace nicht die geringste Anspielung auf das „oben verkündete Gesetz", das Gesetz nämlich, daß die *Einheit* die Quelle aller Dinge –, daß das Gesetz der Schwere nur die Reaktion des „Göttlichen Aktes" ist, der alle Dinge aus der Einheit ausstrahlte. Laplace hat keinen Punkt meiner Theorie auch nur angedeutet. Ich habe es nicht für nötig gehalten, hier von den astronomischen Kenntnissen des Studiosen der Theologie, der von Sternen *und* Sonnen spricht, zu reden, noch seine Tüchtigkeit in der Grammatik zu beleuchten, obwohl es besser wäre, zu sagen, Entwickelung und Bildung *werden*, nicht *wird*. Die dritte falsche Darstellung liegt in einer Fußnote, in der der Kritiker sagt: „Mr. Poes Versicherung, er könne die Existenz aller organischen Wesen – einschließlich des Menschen – von den Prinzipien ableiten, auf die der Ursprung und das jetzige Aussehen der Sonnen und Welten zurückzuführen sei, muß als eine kühne Behauptung ohne einen Schein von Beweis angesprochen werden. Man könnte es auch einen Erz-Unsinn nennen." Hier liegt die falsche Sinnunterschiebung in der bewußt falschen Anwendung des Wortes „Prinzip". Ich sage „bewußt", weil ich auf Seite 60 ganz *besonders sorgfältig* zwischen den eigentlichen Prinzipien – Anziehung und Abstoßung – unterscheide und den aus ihnen resultierenden *Unter*prinzipien, die das Universum im einzelnen bestimmen. Diesen Unterprinzipien nun, die der unmittelbare geistige Einfluß der Gottheit zum Wirken bringt, überlasse ich alles, von dem der Studiosus der Theologie so rundweg behauptet, ich stelle es als das Ergebnis jener Prinzipien hin, die Sonnen usw. gebildet . . .

Verfolgten diese falschen Darstellungen – ist das der richtige Name für sie? einen weniger ernsthaften Zweck als den, mein Buch als gottlos und mich als einen Pantheisten, einen Polytheisten, einen Heiden und, weiß Gott, als was sonst noch alles zu brandmarken (– was mir alles ziemlich gleich ist, solange man mich nicht als einen Studiosus der Theologie verschreit –), so hätte ich ihre Unehrlichkeit gern unbemerkt vorübergehen lassen, denn die Knabenhaftigkeit, das Verreißerische ihres Tones können nur bloße Verachtung einflößen; wie die Dinge jedoch liegen, werden Sie mir, Herr Herausgeber, gewiß verzeihen, daß ich mich gezwungen fühle, einen „Kritiker" zurechtzuweisen, der sich selbst mutig hinter seiner Anonymität verschanzt und meine Abwesenheit benutzt, um mich in einem falschen Lichte darzustellen und mich und meinen Namen herabzusetzen.

Edgar A. Poe

Fordham, den 20. September 1848

Während des letzten Jahres seines Lebens kam Poe sehr viel mit Mrs. Estelle Lewis, die uns schon unter dem Namen Stella bekannt ist, zusammen, und er und seine Tante erfuhren viel Liebenswürdiges von dieser außerordentlich hochstehenden Frau. Seine entzückte Besprechung ihrer Schriften erschien ursprünglich im „Messenger" im Jahre 1848, und kurze Zeit darauf veröffentlichte er ein Gedicht an sie unter dem Titel: Ein Rätsel. Leider hatte er sich aber in ihrem Taufnamen geirrt, und seine Zeilen wiesen auf den Namen Sarah, statt Estelle, hin. Der kleine Brief, der uns in seiner schönen Schrift vorliegt, in dem er das Gedicht anzeigt, lautet:

27. Nov. 1848

Liebe Mrs. Lewis. – Tausend Dank für Ihre wiederholten Liebenswürdigkeiten und vor allem für die tröstenden und herzlichen Worte Ihres Briefes. Ihren Rat empfinde ich als einen Befehl, dem weder mein Herz noch mein Verstand ungehorsam zu sein wagt. Möge der Himmel Sie und die Ihrigen segnen!

Gestern oder vorgestern schickte ich einem Magazin das beigefügte Sonett ein. Sein Ton ist vielleicht etwas zu leicht, doch schließt es ein Rätsel ein, und ich möchte, Sie gäben sich die Mühe, es zu lösen. Wollen Sie versuchen?

Immer Ihr
Edgar A. Poe

Den Winter des Jahres 1848/49 und den Frühling des letzten brachte Poe in Fordham zu und soll während dieser Zeit ein Buch, betitelt „Phasen der amerikanischen Literatur" geschrieben haben.

Mr. M. A. Daly behauptet, er habe das vollendete Werk gesehen, es scheint jedoch verschwunden zu sein. Nach Poes Tode ging der größte Teil seines schriftlichen Nachlasses durch Griswolds Hand, er ist ohne Zweifel für alles Fehlende verantwortlich zu machen. Im Sommer besuchte Poe die Stadt Richmond wieder, brachte zwei oder drei Monate in ihr zu und hielt dort zwei Vorlesungen in dem Exchange Concert-Room über „das Poetische Prinzip".

Während seines Aufenthaltes in Richmond, sagt Mr. Thompson, machte er die Redaktion des „Messenger" zu einem beliebten Zusammenkunftsort. Seine Unterhaltung war immer anregend, manchmal sogar brillant. Von den modernen Autoren war Tennyson sein Lieblingsschriftsteller. Besonders gern rezitierte er aus „The Princeß" das Lied „Tränen, vergebliche Tränen". Eine Stelle aus demselben

> – When unto dying eyes
> The casement slowly grows a glimmering square

> – Wenn sterbende Augen
> zum flimmernden Portale die Fensterhöhle wird

erklärte er für das schönste Bild, das er je gelesen. Für Mr. Thompson, dem er, wie all seinen persönlichen Bekannten, eine warme Zuneigung eingeflößt hatte, schrieb er eine Reihe seiner glänzenden, frischen Marginalien und Kritiken über „Stella" (Mrs. Lewis) und Mrs. Osgood. Von seiner Ehrenhaftigkeit und seinem Menschenwerte legt Mr. Thompson, der den Dichter in seinen letzten Lebenstagen öfter als jeder andere Bekannte sah, ein von Zuneigung durchdrungenes Zeugnis ab. In einem Briefe an Mr. James Wood Davidson im Jahre 1853 schrieb er: „Vor zwei Jahren hatte ich in Florenz mit Robert und Elizabeth Barret Browning eine lange Unterhaltung über Poe. Das Dichterpaar ist wie Sie selbst von warmer und gerechter Bewunderung für den Autor des „Raben" erfüllt und hegt den lebhaften Wunsch, sein Andenken von Verleumdungen gereinigt zu sehen. Leider Gottes verbreiteten sich die Verleumdungen schneller und weiter als ihre Widerlegung."

Der Dichter war noch nicht lange in Richmond, als sich das Gerücht verbreitete, er habe sich mit seiner Jugendliebe, der Mrs. Shelton, die jetzt Witwe war, verlobt. Er hat jedoch nie mit seinem vertrauten und einzigen Freunde, dem Mr. Thompson, davon gesprochen. Immerhin scheint dies Gerücht nicht gänzlich unbegründet zu sein, auch legte Mrs. Shelton bei der Nachricht von Poes Tode Trauer an. Am 4. Oktober verließ Poe Richmond, wahrscheinlich, um nach Fordham zu fahren und dort Mrs. Clemm zu holen. Vor seiner Abreise klagte er bei einem Freunde über sein Befinden, über große Erschöpfung und Schüttelfröste, nichtsdestoweniger aber unternahm er die Reise. Er verließ seinen Zug in Baltimore und wurde ein paar Stunden später bewußtlos auf der Straße liegend gefunden. Wann und wie seine Krankheit so plötzlich zum Ausbruch gekommen, weiß niemand, und all die absurden Gerüchte über seine letzten Lebensstunden beruhen rein auf Erfindung. Man fand ihn sterbend auf, und da ihn in der fremden Stadt niemand kannte, wurde er sofort ins Hospital gebracht, wo er Sonntag, den 7. Oktober 1849, an Gehirnentzündung starb, wahrscheinlich ohne das Bewußtsein wiedererlangt zu haben. Am folgenden Tage wurde er auf dem Begräbnisplatze der Westminster Church, nahe bei dem Grabe seines Großvaters, des Generals Poe, beigesetzt. Kein Stein bezeichnet die Stelle, wo er ruht.

Da wir die wahre Geschichte dieses Dichterlebens erzählen wollen, dürfen wir die Tatsache, die seine Feinde so ungeheuerlich aufgebauscht haben, nicht unerwähnt lassen, daß der Dichter gegen Ende seines traurigen Daseins von inneren und äußeren Sorgen bedrängt, Zuflucht zu Stimulantien nahm, die ihm allein ein „Nepenthé" für seinen Kummer bringen konnten. „Eine weniger zarte Konstitution als die seine", bemerkt einer seiner Bekannten, „würde ohne Schaden vertragen haben, was ihn zum Wahnsinn brachte." – „Ich habe absolut kein Vergnügen an den Stimulantien, deren Genuß ich mich oft so wahnwitzig überlasse", schrieb er einige Monate vor seinem Tode an einen treuen Freund, der es versucht hatte, Poe in dieser Hinsicht zum Guten zu beeinflussen. „Nicht auf der Sucht nach Genuß habe ich Leben, Ruhm und Verstand aufs Spiel gesetzt, nur in dem verzweifelten Bemühen, qualvollen Erinnerungen zu entgehen – Erinnerungen an Ungerechtigkeit und unverdiente Schmach, und um das Gefühl unerträglicher Verlassenheit und die Furcht vor einem seltsamen, mir vorbestimmten düsteren Unheil zu betäuben." Es liegt für uns keine Notwendigkeit vor, diese schreckliche Seite im Wesen Edgar Poes zu unterstreichen und bei diesem traurigen Gebrechen seiner „lonesome latter years", seiner „einsamen letzten Jahre", länger zu verweilen. Sein Fehler, wenn man es so nennen kann – der Trieb, der ihn blind zu seiner eigenen

Zerstörung zwang, tat niemand anderem Übles als ihm selbst, und niemand vor ihm oder nach ihm hat mehr an sich selbst gelitten. Burns, Goethe, Byron und andere Genies haben schlimmer geirrt als Poe, und ihre Abschweifungen haben *anderen* Schaden getan, doch mit ihnen ist die Welt milde verfahren, weil sie *ihr* Genie als Kompensation gelten ließ. Mit Edgar Poe jedoch hat die Welt, allerdings mißleitet durch falsche Nachrichten über seinen Charakter, keine Nachsicht gehabt. Hier aber ist die wahre Geschichte seines Lebens erzählt; möge er von jetzt ab gerecht beurteilt werden, möge man seine geringen Irrtümer vergessen und seinem Namen in der Ruhmeshalle des Geistes den Platz anweisen, der ihm gebührt.

Man kann nicht sagen, daß die Geschichte Edgar Allan Poes mit seinem Leben abgeschlossen gewesen sei. Zwei Tage nach seinem Tode erschien in der „New York Tribune" eine „Ludwig" unterzeichnete, gehässig herabsetzende Kritik seines Lebens und seiner Werke. Nach der Behauptung, „der Hingang des Dichters werde viele interessieren, doch nur wenige betrüben, da er wenig, ja, wahrscheinlich keine Freunde hatte", folgt eine Skizze von Poes Leben, die zugestandenermaßen aus Griswolds „Poets and Poetry of America" genommen ist. Durch Mr. N. P. Willis kam es bald ans Tageslicht, daß diese Notiz *ganz* von Griswold, der sich unter das Pseudonym „Ludwig" versteckt hatte, geschrieben worden war. Die Zeitungen wurden nun bald mit Erwiderungen auf diese Charakteristik Poes überschwemmt und Freund nach Freund trat vor, um den Toten gegen seinen Angreifer zu verteidigen. Allen voran Willis mit seiner wohlbekannten und hier oft angeführten Zeitschrift, in der er ein Porträt Poes nach seiner eigenen fünfjährigen vertrauten Bekanntschaft mit dem Dichter veröffentlichte. Mr. George R. Graham, der Gründer und Eigentümer des wohlbekannten „Grahams Magazine", nannte in einem Artikel, den Griswold für einen „gymnasiastenhaften, unnützen, doch viel gelesenen" Brief erklärte, dessen Nachruf „eine unauslöschliche Schmach", und da er vielleicht besser als irgend jemand anders die Stellung kannte, in der die rivalisierenden Herausgeber zueinander standen, nannte er sie „die mit gelbsüchtig erkranktem Auge falsch gezeichnete Skizze". John Neal erklärte ebenfalls Griswolds Bericht für „falsch und boshaft" und nannte ihn selbst einen Verleumder; zwischen ihm und Poe habe eine lange heftige und unerbittliche Feindschaft bestanden, die ihn durchaus ungeeignet zu einem Biographen des toten Dichters mache. Griswold ließ sich jedoch durch diese ehrliche Entrüstung durchaus nicht einschüchtern, sondern verfertigte mittlerweile jenes Meisterstück von Neid, Haß und Bosheit, das er unter dem Titel „Memoir of Edgar Poe" der Welt als wahres Bild von Amerikas größtem und originalstem Genie unterschieben wollte. In Amerika, wo Griswolds eigenes unehrenhaftes Leben zu bekannt war, wurde seine Schrift angezweifelt, widerlegt und verdammt, immerhin ist sie auch dort die einzig existierende Lebensbeschreibung des Dichters, die man in Europa fast allgemein als wahr angenommen hat. In Frankreich ist sie allerdings von Baudelaire angegriffen worden, der auf die offenbare Feindseligkeit des Autors gegen Poe hingewiesen hat, und in England

106

hat Mr. Moy Thomas auf die Tatsache aufmerksam gemacht, daß auch weniger abschreckende Bilder des Dichters als das von Griswold gegebene existierten; im allgemeinen jedoch hat man diese Lebensbeschreibung als wahr und getreu hingenommen.

Im vorstehenden ist zum ersten Male der Versuch gemacht worden, dem Andenken des Toten Gerechtigkeit widerfahren zu lassen. Viele der dunklen Flekken, mit denen Griswold sein Bild beschmutzte, sind entfernt worden, und die noch übriggeblieben, beruhen allein auf dem Zeugnis eines unversöhnlichen Feindes, der nachweisbar ein Lügner ist, und müssen nach den milden Worten der Mrs. Whitman als „Verdrehungen und grundlose Annahmen" behandelt werden.

Es liegt nicht im Bereich des Zweckes dieser Abhandlung, auf die Eigentümlichkeiten von Poes Genius einzugehen und die Vorzüge seiner Werke zu preisen. Es existieren jedoch noch einige Mißverständnisse über seine literarischen Arbeiten, auf die wir, da sie fast alle durch Griswold hervorgerufen wurden, gerne die Aufmerksamkeit richten möchten. Sagt doch dieser Biograph, und seine Bemerkung ist oft Wort für Wort wiederholt worden: „Bei Poe ist nie, weder in seinem Leben noch in seinen Schriften, etwas von Tugend zu finden. Vielleicht gibt es kein zweites Beispiel dafür in unserer Literatur, daß so viel geschaffen worden ist, ohne daß man bei Autor und Werk auch nur den Schatten von der Existenz eines *Gewissens* wahrnehmen kann." Was Poes Leben angeht, kann die Welt jetzt selbst richten, und im übrigen fragen wir, wo sind die unstillbaren Qualen und unentrinnbaren Strafen des Gewissens umfassender und eindringlicher geschildert worden, als in Geschichten wie „Der Mann der Menge", „Das verräterische Herz" und „William Wilson" – der ja geradezu eine Personifikation des Gewissens ist. Kann man an diesen fürchterlichen Beispielen einer hohen und unvermeidlichen Wiedervergeltung anders als absichtlich vorübergehen? Und wer, der Poes Werke gelesen hat, kann sich Griswolds Behauptung anschließen, daß sie weder Ehrfurcht noch Reue kennen? Niemals sprach jemand mit größerer Ehrfurcht von allem, das wirklich groß und edel ist, als er; und was die Reue angeht, so müßte noch erst bewiesen werden, daß er sie nötig gehabt hätte. Mit Griswolds Privatansicht, daß Poe auf allen Gebieten, auf die er sich wagte, Mißerfolg hatte, haben wir hier nichts zu tun, auch geht es uns nichts an, daß er ihn für nicht originell in der Erfindung hielt – wenn er ihn jedoch des oft wiederholten Diebstahls anklagt und behauptet, die Verwegenheit, mit der er seine Plagiate ausgeführt, suche ihresgleichen, dann wäre Stillschweigen nur übel angebracht. Die zwei größten ihm zur Last gelegten Diebstähle haben wir bei Besprechung der „Conchologie" und des Gedichtes „Das verwunschene Schloß", schon näher betrachtet und widerlegt, und es bleibt nur noch die Anklage bestehen, daß die verwickelte Maschinerie, auf der in der Erzählung „Die Foltern" das Interesse ruht, aus der Erzählung „Vivenzio", die im „Blackwood Magazine" erschienen, entlehnt ist. Diese Geschichte wurde im August 1830 veröffentlicht, und es wäre zu wünschen, daß ein jeder, der Griswold nur im geringsten für glaubwürdig hält, die beiden vergliche. Die einzige Ähnlichkeit besteht nämlich darin, daß beide Geschichten den historischen Bericht von einem sich ineinanderschiebenden Zimmer verwendet haben. Mr. Mudfords Erzählung „The Iron Shroud", – „Das eiserne Leichentuch" hat nicht die geringste Ähnlichkeit mit der Idee und der Behandlung von Poes Geschichte. Es ist jedoch unnötig und unerfreulich, noch länger bei diesen Widerlegungen zu verweilen, wir haben genug gesagt, um die Unglaubwürdigkeit Griswolds darzutun, und wollen uns damit begnügen, Mr. Grahams interessanten und oft erwähnten Brief anzuführen, als die wertvolle und nicht zu widerlegende Aussage des Mannes, mit dem sowohl Poe wie Griswold gearbeitet haben. Er erschien im März 1850 in „Grahams Magazine":

Mein lieber Willis. In Ihrem Begleitartikel der beiden schönen Bände der Schriften Edgar A. Poes haben Sie mit viel Wahrheit und Takt von dem Verblichenen geredet, und mit dem magischen Wink des Genius haben Sie das Bild unseres toten Freundes so lebenswarm und wie Sie und ich ihn gekannt haben, vor meinen Augen wiedererstehen lassen, daß ich mich veranlaßt fühle, hier einigen Worten Raum zu geben, die seinen Charakter gegen die Angriffe des Mr. Griswold in Schutz nehmen sollen. Obgleich dieselben anscheinend ursprünglich in der „New York Tribune" erschienen, kamen sie mir doch in den vor mir liegenden Spalten zum ersten Male unter die Augen; und ich möchte in einer für die weiteste Öffentlichkeit bestimmten Art und Weise auf dieselbe antworten. Ich kannte Mr. Poe gut, jedenfalls viel besser, als Griswold es tat, und nach meinen Erinnerungen an die Zeiten, da er Mitherausgeber des „Graham" war, erklärte ich diese außerordentlich übel angebrachte und herabsetzende Kritik des Charakters unseres verstorbenen Freundes für *unehrenhaft* und *unwahr*. Es ist nicht anders denkbar, der Autor hat unter dem Drucke eines Nachtalpes geschrieben, denn das dunkle Bild, das er entworfen, hat keine Ähnlichkeit mit seinem Urbilde. Den beiden schönen Bänden der Werke des Dichters beigegeben, ist es eine unsterbliche Schmach, wirkt wie ein Totenkopf, der über die Pforte, die in den Garten der Schönheit führt, angebracht ist, wie ein Schauder, der über das klare Auge des Morgens huscht und von Mord erzählt. Er verfolgt unsere Gedanken durch jede Seite seiner Schriften, drückt mit einer Empfindung äußersten, unheimlichsten Unglückes, fast des Entsetzens auf das Herz. Die einzige Erleichterung gewährt uns das Bewußtsein, daß das alles nicht wahr, sondern nur die Ausgeburt einer verdrehten, durch Neid scheelsüchtig gemachten Anschauung ist. Der Mann, der in einem den Werken des Dichters beigegebenen Aufsatze über das Leben und die Werke Edgar Allan Poes sagen konnte, sein Tod werde manchen erregen, doch wenige betrüben, und der den ganzen Ruf eines Mannes durch einen einzigen Artikel vernichten wollte und konnte, ist selbst ehrlos. Er ist als Richter Mr. Poe nicht gleichwertig, und ich als Geschworener verwerfe ihn vor dem ganzen Lande.

Die natürliche Frage, weshalb arbeitete Poe nicht stetig und kam zu Wohlstand, ist leicht beantwortet. Niemand wird sie überhaupt erst stellen, der weiß, wie mühsam sich die zünftigen Literaten in diesem

Lande überhaupt durchschlagen. Die Wege, auf denen sie zu einer Position gelangen können, sind sehr spärlich und von Aspiranten, die nach Brot und Ruhm begehren, überreichlich begangen. Der unglückselige Hang, den Preis für literarische Arbeit soviel wie möglich zu drücken, verhindert, daß selbst die vom Glück Begünstigteren, ein adäquates Entgelt für ihre Arbeit finden. Poes Darbietungen gehörten nun obendrein noch zu denen, für die kein großes Absatzgebiet zu finden war. Die Klasse der Gebildeten, an die sich seine Schriften wandten, war sehr klein und die Zahl der Wege sehr beschränkt. Außerdem begnügten sich die Redakteure lieber mit mittelmäßigen Vielschreibern, so daß er in den Zeiten, in denen er nicht beständig bei einem Blatte angestellt war, alle Schrecken der Armut erduldete. Denn es fehlte ihm an der besonderen Geschicklichkeit, sich schnell das unmittelbar zum Leben Notwendige zu verschaffen. In diesen Augenblicken trat dann oft die Versuchung an ihn heran, und wie Sie sehr richtig behauptet haben, machte ihn ein Glas Wein zum Wahnsinnigen. Das möge der Moralist, der auf dem weichen Teppich steht und stolz die Früchte seiner Arbeit oder seines kaufmännischen Abenteurertums betrachtet, bedenken, ehe er auf einen Mann wie Poe einen Stein wirft, der mit seinem schönen, ängstlich sauber zusammengerollten Manuskript von Verleger zu Verleger läuft und keinen Markt für sein Hirn findet, Verzweiflung im Herzen, Elend, eigenes und das seiner teuren Angehörigen, zur Seite, den hohläugigen Hunger auf den Fersen, und dann am Wege zusammensinkt vor dem Dämon, der seine Schritte belauert und flüstert: „Vergessenheit". Von allen den Leiden, mit denen Gott oder die eigenen Laster den Menschen schlagen, ist keins so schrecklich, als seinen arbeitswilligen Arm mit kindlicher Kraftlosigkeit geschlagen zu wissen, während das Herz und der Wille die Stärke zu Riesenwerken spüren. Wir müssen uns auch daran erinnern, daß gerade Poes geistige Beschaffenheit, die Tonart, in der seine außerordentlich fein angespannten Nerven schwangen, die leidenschaftliche Sehnsucht seiner Seele nach der Schönheit und der Wahrheit ihn ganz besonders ungeeignet machte zu der rauhen Hetzjagd in dem brutalen Kampf, die jeder Handel ist. Die einzigen Wechsel, die Wert von ihm hatten, mußten auf sein Hirn gezogen werden; die unbevölkerte Luft, die Schlünde des Ozeans, der Verfall und das Geheimnis, die in alten Schlössern wohnen, der Donner, der durch die Wipfel des Waldes fährt, die Geister, die im Sturme reiten, nur von ihm gesehen, und die tiefen metaphysischen Erkenntnisse, die durch die weiten Räume seiner Seele blitzten, waren sein einziger Reichtum, die Börse, auf der seine Unterschrift Rubinen wert war. Wäre es ihm möglich gewesen, sich mit Kratzfüßen und Verbeugungen an die Rockschöße weltlicher Größen zu hängen und den Ruhm einer Tagesberühmtheit mit einer Pfennigstrompete auszuposaunen, es wäre ihm im Leben wohl ergangen, und vielleicht hätte man ihn nach seinem Tode noch gepriesen. Doch hatte er leider ein strenges Bewußtsein für die Pflichten eines Kritikers und glaubte noch, daß es unehrenhaft sei, die Mittelmäßigkeiten zu rühmen. Er war als Kritiker ein Despot, doch glaube ich nicht, daß er jemals schrieb, um andere zu kränken, er gebrauchte nur, wie in der Unterhaltung, so auch bei seinen Veröffentlichungen, stets das stärkste Wort, wenn es galt, einen Irrtum zu brandmarken. Denn es lag ihm nichts daran, einen Schaden zu verbessern, er wollte ihn nach Möglichkeit ausrotten.

Er war ein Anbeter des Verstandes und verlangte danach, die Kraft zu begreifen, die die Sterne bewegt, und seine Seele in den Träumen der Seraphim zu baden. Er selbst war von feinem ätherischem Wesen, das nur in der Sphäre der Geister leben zu können schien, in einer strahlenden, vergeistigten Schönheit, Zwillingsbruder der Engel, deren Schwingen er in seinem Herzen fühlte, und deren verklärte Hände er fast ergreifen konnte. Wie ein Erzengel schwelgte er selbst oft in den köstlichen Geheimnissen des Jenseits mit einer Kühnheit, die uns beim Wahnsinn mit Schreck erfüllt, und die wir beim Genie als himmlische Offenbarung verehren.

Mein Zweck hier ist jedoch nicht, eine Kritik Edgar A. Poes zu geben, sondern nur einige wenige Worte zu sagen, die die schweren Vorwürfe, die man ihm gemacht hat, entkräften und ungerechten Anklagen Tatsachen gegenüberstellen sollen. Ich darf wohl annehmen, daß Mr. Griswold sein Werk einer Revision unterziehen wird, denn es kann vor seinem eigenen Urteil nicht bestehen und muß auf alle Freunde des Mr. Poe als eine schlecht angebrachte Verleumdung des größten Genius unseres Landes wirken.

Ihr aufrichtig ergebener G. R. Graham."
JOHN H. INGRAM

Poes Schaffen

von Moeller van den Bruck

Zwischen Poes Leben, wie es Ingram am redlich-
sten aufgezeichnet hat, und Poes Schaffen, wie es in
Gedichten und Erzählungen niederschlug, steht der
Sinn seiner ungemeinen Erscheinung im amerikanischen Volk.

Ohne dieses Leben, das so jenseits von allem Wirklichen, Festen, Körperlichen, so jenseits von dem eigentlichen „Leben" der Allgemeinheit geführt wurde,
wäre diese Kunst, die uns Märchen des Unwirklichen,
Schemenhaften und ganz und gar Verseelten ersann,
einfach undenkbar ... geradeso wie umgekehrt ein
solches Leben nur ein solcher Dichter führen konnte,

für den sich Sein und Schein der Dinge beständig in einer Weise verschoben, daß er schließlich Sein für Schein, Schein für Sein nahm. Das Leben Poes ist das Gleichnis seines Schaffens, und sein Schaffen das Gleichnis seines Lebens – ein Phänomen, das man nur bei den unbedingt notwendigen Naturen findet, die der ganze und unbedingte Ausdruck ihrer Zeitlichkeit sind, während die mehr zufälligen immer einen Rest zwischen ihrem Leben und ihrem Schaffen zu lassen pflegen. Poe aber war notwendig, und deshalb deckt sich bei ihm beides.

Sein Leben war das eines Träumers aus dem alten Mutterlande Europa, und wenn man seine halbnormannische Abkunft bedenkt, kann man sagen, des germanischen Träumers – war ein Leben, ein Traumleben, geführt in der brutalrealen, fast ausschließlich merkantilen Umwelt Nordamerikas. Und seine Kunst war eine Traumkunst, wie sie ein solches Traumleben, aus dem widrige Wirklichkeiten Minute für Minute, Ort für Ort immerwährend aufscheuchen mußten, nur zeitigen konnte – war die Kunst eines buntglühenden Innern, das gegen ein kaltes, farbloses Äußere der Erdendinge gestellt war.

An sich würde es nichts Besonderes sein, daß ein Dichter ein ewiges Kind blieb, von seinem Schicksale dazu bestimmt, allezeit ohne sichere Beziehung zur Außenwelt zu bleiben, sie gar nicht zu verstehen, an ihr vorbeizutaumeln. Es wäre nur das Schicksal so vieler Dichter, die aus Sehnsucht, nicht aus Erfüllung, aus Erdferne, nicht aus Erdnähe, aus Verinnerlichungsdrang, nicht aus Entäußerungskraft zu Schaffenden werden: jeder ätherisch schwärmende, jeder asketisch verzückte Poet gehörte dahin, und er brauchte noch lange nicht ein Leben von der Grausamkeit des Poeschen zu führen und daraus eine Kunst von der Grauenhaftigkeit der seinen zu schöpfen.

Das Besondere kommt erst in die Erscheinung Poes durch die besondere *Art* des Lebens, in dem er sich nicht zurechtfinden konnte: daß es eben das *amerikanische* Leben war; und weiterhin natürlich durch die besondere Veranlagung, die unheilvolle Zusammensetzung seines Ich, die dieses Sich-zurecht-Finden verhinderte, von vornherein als unmöglich ausschaltete: daß Poe eben Poe war, ein feiner aristokratischer Mensch, von sanguinischen Vorfahren stammend, selbst aber an allem geschwächt, an Energie und Temperament, stark nur an Phantasie, und nun als Dekadent und ausgesprochener Degenerationstyp in das rüde, demokratische amerikanische Leben und Treiben gestoßen. Man stelle sich vor: ein nervisch irritiertes Trouvèrenaturell, wie das seine war, wenigstens wenn man alle spezifisch amerikanischen Elemente abzieht, die hineinkamen –, ein solches Naturell sollte singen in einer Epoche, da man Raum und Zeit überwand, da das erste Dampfschiff die Ströme befuhr, die erste Eisenbahn das Land durcheilte und Morses Telegraph Menschen über viele Meilen weg verband. Die Kreuzung von Leben und Mensch, die sich da in der Kunst ergab, die Mischung von bedingungsloser Kultur und unbedingtem Neuland, ist dann so einzig, ist Poe, der Romantiker, verpflanzt auf den realitätenschwersten Boden, den man sich in damaliger Zeit überhaupt denken konnte. Diese Kreuzung *mußte* einmal geschehen: einmal *mußte* der dichterische Geist des Mutterlandes hinüberfliegen nach dem jungen Kolonistenvolke jenseits des großen Wassers und aus seinem Treiben herausheben, was *noch* oder *schon* dichterisch war. Diese Mission ist die Mission Poes gewesen, denn als Künstler hat er das amerikanische Leben verstanden wie keiner vor ihm, hat seinen verbrecherischen Instinkten auf den Grund geschaut und hat vorweggegriffen, welche Entwickelung an Errungenschaften, Erfindungen und Entdeckungen der amerikanische Geist, seitdem er einmal in die Menschheit gekommen, dieser Menschheit schenken werde. Freilich blickte er immer nur – und das ist Poes, wenn auch sehr begreifliche Einseitigkeit – auf das Psychologische, mehr noch Pathologische der Erscheinungen, während ihn beispielsweise jedes soziale Element und jede ethische Konsequenz unberührt ließ, ihn, der selber unsozial, unökonomisch lebte, dem die Welt nichts als ein ästhetisches und methaphysisches Phänomen war und der nur ästhetische oder metaphysische Konsequenzen zog. Aber Poe ist ja überhaupt einseitig, und man muß immer, wenn man an ihn denkt oder von ihm spricht, festhalten, daß der Grundton seines Lebens und Schaffens der romantische ist und daß er nur ein Echo im Amerikanischen hat.

Kein anderer Dichter hat dieses Schicksal, Phantast mitten zwischen lauter Realismen der Lebensanschauung und Lebensbetätigung sein zu müssen, so im Extrem gehabt wie Poe. Er hat es ein für allemal und für alle gehabt. Wie Poe sich mit dem Konflikte abfand, wie er zuckende Dichtungen aus ihm herausriß, und was für Dichtungen, das genügte: die nachkommenden Dichter konnten sich anderen Konflikten, Dilemmen und Problemen zuwenden. Geradeso, wie es Opfer genug war, das die Kunst dem Leben brachte, wenn *einer* eben diesen Konflikt des amerikanischen und des romantischen Fühlens menschlich zur Tragödie auslebte. Deshalb steht Poe in der Literatur auch so einzig da. Seine amerikanischen Zeitgenossen, wie Longfellow, waren im Grunde ihres Wesen *englische* Dichter; und die dann kamen, Thoreau und vor allem Walt Whitman, waren, was Poe noch nicht war, *rein* amerikanische; während die deutschen Romantiker, auf die man sich bei Poe so gerne bezieht, doch sozusagen Romantiker im romantischen Lande sein durften; sie gehörten einer Zeit an, die dahinging, indes Poe am Übergang zu einer steht, die erst kam und heute da ist.

Ja. es ist nicht zu groß gesehen, wenn man Poes literarische Stellung so nimmt, daß er tatsächlich am Eingange der ganzen Kunst seines Jahrhunderts, die wir die moderne nennen, steht. Die Franzosen weisen diese Stellung gerne Balzac, die Deutschen Goethe zu und je nach dem Gesichtspunkte mit Recht. Doch als Naturell, da reicht die Psyche Poes so tief wie die keines anderen in die Psyche des modernen Individuums hinüber, das den Ausgang des vergangenen Jahrhunderts bezeichnet. Er war menschlich das erste von jenen Doppelwesen, die erste jener Zwiespaltnaturen, jener Halb-Fühler und Halb-Denker, die das problematische Schaffen der Dichter der ganzen Epoche ausmachten, solange sie Jünglinge waren. Heute wird auch dieser Typ überwunden, aber Poe war vor hun dert Jahren sein erster Ausdruck. Und zu diesem Menschlichen tritt Künstlerisches: Die beiden großen Aufgaben, die das ganze vergangene Jahrhundert formal beherrschten, waren: zuerst, die neue Wirklichkeit zu erfassen, und dann, sie mit der alten Schönheit zu vereinigen. Die große Aufgabe des jetzt gekommenen Jahrhunderts wird sein, aus der neuen Wirklichkeit neue Schönheit zu bilden, keine hellenische mehr und keine renaissancehafte mehr, sondern neue, wirklich *neue*, wenn man will und den Begriff symbolisch faßt – amerikanische Schönheit. Zu dieser Aufgabe hinüber spielt Poes Kunst noch nicht, oder doch nur sehr unmittelbar, und mittelbar tat das in Amerika erst die seines Landsmannes Walt Whitman. Doch zu den großen Aufgaben seines eigenen Jahrhunderts, wie sie nach seinem Tode ein literarisches Postulat wurden, führen bei ihm deutliche Wege. Er hat die neue Wirklichkeit erfaßt mehr wie Goethe, mehr wie Balzac, und oft, wenn er moderne Menschen zeichnet – man sehe seine Kriminalnovellen daraufhin an –, scheinen Geschöpfe von der Art, wie sie Dostojewski in die Literatur brachte, durch ihn vorweggenommen zu sein; oder an die, wenn er Milieu- und Detailschilderungen gibt – man denke an das Großstadtstraßenleben im „Mann der Menge" – Stimmungen aus dem Werke Zolas. Auf jeden Fall bändigte er schon moderne Wirklichkeitswerte, die freilich für ihn, den zeitlich ersten, der sich an sie wagte, noch Experimentalwerte sein mußten. Und mit den Traditionswerten ist es nicht anders: er hat mit dem neuen Geiste des Lebens alte Schönheit der Anschauung in einer noch nie vor ihm dagewesenen Weise zu verbinden ver-

119

standen, einer Weise, die ihn schon den reinen Ästheten, Baudelaire etwa, oder Rossetti, an den namentlich seine Frauengestalten stark erinnern, verwandt erscheinen läßt, wie diese wiederum ihre geistige Herkunft ganz bewußtermaßen von Poe ableiten. So ist er der älteste, erstgeborene Bruder aus jener Jahrhundertgeneration, deren jüngste Söhne noch die Luft unserer Tage geatmet haben – und wie bezeichnend, daß dieser älteste gerade in Amerika, dem jüngsten und darum zukunftsreichsten Lande, erwuchs!

Es ist nach allem nur selbstverständlich, daß durch Poes Schaffen ein scharfer, trennender Strich geht, der seine Dichtungen in zwei verschiedene Gruppen teilt – je nachdem, welches Element in ihm das ästhetisch-romantische oder das realistisch-amerikanische, nun gerade das obsiegende, den Ausschlag gebende ist.

Da sind zuerst die Dichtungen, die aus seinem Individuellsten kamen, aus der zerfallenen Verfassung seines persönlichsten Lebensnervs – die Dichtungen der Träume, die er, der Lebensabseitsler, um das Leben hing und mit denen er sich ein anderes Leben zurechtmachte und das wirkliche verschönte. Es sind die Dichtungen, die ihm aus seinen wilden Visionen erwuchsen und die er in eine Form goß, deren große Bewegung und heiße Farbe einer vergangenen Form entstammte, nur, daß er sie feiner, krankhafter gab. Der reine Phantast Poe schrieb diese Dichtungen, der Mensch, in dessen Dichterseele es wogte und schwang von den Schönheiten der großen, alten Kulturen, vor allem der italienischen Renaissance, deren prunkvoll blühender Novellenstil dem Poeschen Naturell entsprach – nur daß er selbst so gar kein Renaissancemensch war, sondern ein schwaches, fieberndes Kind unserer Zeit, sie in ihrem Sensitiven, nicht in ihrem Vitalen, das sie auch hat, vertretend. Aus dem bunten Leben dieser Dichtungen grinst allenthalben schwarz der Tod hervor, und jeder Temperamentsausbruch scheint von einer müden Morbidezza gelähmt. Der reine Phantast Poe schrieb sie, aber auch der reine Idealist Poe, der er war – der begeisterte Jüngling, der gleich Byron auszog zur Befreiung der Griechen, der später als Mann seine Frau so heilig liebte, daß es für ihn eine Entweihung gewesen wäre, in seiner Kunst die Beziehung der Geschlechter auch nur anzudeuten, und der nach dem Tode dieser Frau Beruhigung nur finden konnte in einem großen, rein in den Sphären des Geistigen schwingenden Heureka-Gesang vom Weltbau. Dieser Idealismus ist so recht Poes menschliche und nicht seine philosophische Weltanschauung: ethische Prinzipien, die es zu verfechten gälte, hat er nicht, er weiß nichts von der Siegesbahn der Nationen, kennt nicht den Marsch der Völker, ihr Vorwärts zu den Zielen der Zukunft, kennt auch nicht den unbändigen Drang, der den einzelnen Menschen antreiben kann, sich als Mensch in der Menschheit zu vervollkommnen – aber er hat eine ungeheuere Hochachtung vor der Größe, Tiefe und Reinheit der Gefühle, und der Schöpfer der Gestalten, an die man hier denken muß, des „William Wilson" und des „Roderich Usher", der „Eleonora", „Morella", „Ligeia" und „Berenice", läßt in diesen Dichtungen von nichts anderem sprechen und handeln als von einem so Wundervollen der Gefühle.

Neben diesen Dichtungen stehen die anderen, die Poe aus dem Zwang heraus schrieb, in einem Lande sein zu müssen, wo er eigentlich nicht hingehörte und das er doch ganz in sich aufgenommen hatte. Der Poe schrieb sie, vor dem die Vergangenheitsgröße so oft, ach täglich, unbarmherzig dahinsank und der dann nichts als das banale, merkantile, egoistische Treiben sah, das das reale Leben für ihn war, der ohne Sinn für soziale Ideologien war, nun einmal bedeutete. Es sind die Dichtungen, nicht seiner Träume mehr, sondern seiner Anschauung. Und der sie schrieb, das war der Poe, der jetzt keine Schönheit mehr über Dinge breitete, sondern der die Dinge ins Ungeheuerliche verschieben mußte, ihnen ein Gräßliches geben oder zum mindesten Absonderliches – nur damit sie nicht so entsetzlich *wirklich* waren. Auch diese Dichtungen hat der Phantast Poe geschrieben, aber nicht mehr der romantisch-lyrische, sondern der amerikanisch-groteske Phantast Poe, der Mensch, der den Amerikanismus zwar nicht in seinem Zukunfts- und Ewigkeitszuge begriff, der ihm sogar politisch ganz verständnislos gegenüberstand, der ihm aber mit einem Blicke ungeheurer Psychologie tief in das Innere seines rein menschlichen Wesens sah und alle Kanten, alle Kerben wahrnahm, die dieses Innern Äußeres waren. Und die Form, die exzentrisch-realistische, die er diesen Dichtungen gab, war denn auch nicht mehr mit der heißen Kraft der Vision herausgeschleudert, sondern mit der kühlen Eindringlichkeit der Analyse war sie gewonnen: in den Verbrecher-, Abenteuer- und Entdeckernovellen, aber auch in den spiritistischen Geschichten und in den Humoresken, die versöhnend den Ring zu Poes Menschlichem schließen.

Natürlich berühren sich beide Gruppen von Dichtungen sehr oft, inhaltlich im Seltsamen, das sich überall bei Poe, selbst da, wo er komische Effekte erzielen will, zum Grausigen steigern kann, und formlich im Verfahren, eben in der Analyse, die durchweg, wenigstens wenn Poe nicht rein lyrisch wird, sein Kunstmittel ist; nur, daß sie sich in den romantischen Novellen, wenn es dort gilt, die eigenen Seelenzustände zu fixieren, unwillkürlich einstellt und man dann weniger eine Untersuchung als eine Selbstentäußerung des Psychischen hat; während ihm in den realistischen Novellen diese Analyse ganz bewußtermaßen zur Sondierung seiner Objekte dient, ihrer Psyche, ihrer Physis, und beider letzter feinster Verzweigungen und Verschlingungen. Was Poe aus sich heraus zum Worte erhob, das kam ihm immer aus dem tiefsten Grunde, und was ihn an dem Umihnherum reizte, dem mußte er immer auf den tiefsten Grund gehen. So wollte es seine Natur. Und diese psychologische Neugier, könnte man beinahe sagen, dieses Sich-hineintasten-Müssen in alles, was ihm an sich selbst oder an anderen von unheimlicher Fremdheit war und ihm deshalb Angst und Grauen einzuflößen vermochte, bezeichnet den ganzen Menschen und sein ganzes Schaffen; wobei das ungeheuer Wichtige, Wertvolle eben war, daß dieser Mensch sich als einer herausstellte, der auf dem Wege der Entwicklung der modernen Menschheit lag, und daß dieses Schaffen bereits Gesetzen auf die Spur kam, die ihre endgültige Bestätigung – man erinnere sich nur seiner pathologisch-fatalistischen Auffassung des Verbrechens – erst durch die Wissenschaft und Kunst der Zukunft erhalten sollten.

Poe hat aus zwei Gründen gedichtet. Aus einem ausschließlich inneren Drang und Zwang – und man muß sich durchaus klar darüber sein, aus einem sehr äußeren Anlaß.

Einmal hat er gedichtet, echt romantisch, um die geheimnisvollen Kräfte, die mit einer beinahe schon magischen Fatalität sein Leben beherrschten, zu einem Bilde werden zu lassen, an dem er sie, die von körperloser Herkunft waren und sein Inneres wie Gespenster durchzogen, erkennen konnte – einem sichtbaren Bilde, zu dem er aufblicken und zu dem er als wenigstens relativ fest, wirklich und Gestalt geworden sehen durfte, was ihm im Lebendigen ständig entglitt, formlos und schattengleich. Er, der sich unwirklich und schwankend fühlte, der nur an eine „kosmische Bedeutung des Individuums" glaubte, wie Ola Hansson die Verfassung einmal nannte, da er bei Gelegenheit Poe vom Wesen des Romantischen spricht, er, dessen Leben ohne Zentralpunkt im Leben der Menschen war, er brauchte seine Dichtungen, um eine Bestätigung und damit zugleich eine Beruhigung zu haben darüber, daß er doch nun einmal so unleugbar da und Wesen der Erde war. In diesen Dichtungen offenbarte er sich vor sich selbst als ein Ich, das vorhanden war, freilich, indem er nur Rätsel und Geheimnisse dieses Ichs offenbarte. Aber er erblickte doch wenigstens vor sich, was er aus seiner unheimlichen Natur heraus leiden mußte, und ward dadurch, wenn auch nicht in allem, so doch in einigem, und auf jeden Fall nach der ästhetischen und, so gut es gehen wollte auch nach der psychologischen Seite hin von seinem Leiden erlöst. Hätte er den Gedanken an die

Menschen gehabt, hätte er jenen Trieb in sich ver-
spürt, der ein Grundtrieb aller ganz großen, aller nicht
einseitigen, sondern allumfassenden Menschennatu-
ren ist: den Menschen zu zeigen, daß sie so gut wie der
einzelne und der einzelne so gut wie die Menschen
leidet, ja, daß gerade das gemeinsame Leiden das Rad
ist, das der Menschen ewige Entwicklung wirbelt, so
wäre er wohl ganz erlöst worden. Aber Poe war nun
einmal Poe, der Einsame, Ausgesetzte, der kein Gefühl für das Ethos hatte, das in allem Sich-eins-füh-
len-mit-den-Menschen und in allem Für-die-Men-
schen-Fühlen liegt. Im Gegenteil, wenn sein Ich sich
durch die Dichtungen mit etwas verband, so war es
mit einem ganz außermenschlichen Ich, einem sphäri-
schen Ich, dem Un-Ich, der Welt, dem Unpersön-
lichen des Kosmos; dann spannen ihm diese Dichtungen die Fäden seines unfesten, rast- und ratlosen Inneren, in dem es nur so zuckte und blitzte wie von einem Wetterleuchten der Weltseele, spannen sie ihm
weit, weit von der Erde weg, und von der Menschheit
weg zu durchaus jenseitigen Dimensionen; etwa so,
wie das Tafelbild einer Madonna, aber auch eines
Martyriums, einen Trezentisten einst zu Gott führte.
Durch all das bekommt dann Poes Kunst trotz ihrer
phantastischen Glut einen gewissen blutkühlen, einen asketischen Zug.

Das andere Mal hat Poe gedichtet, echt amerika-
nisch, um – Geld zu verdienen. Idealisten um jeden
Preis mögen sich nicht allzusehr entsetzen: auch ein
Einsamer, Ausgestoßener muß schließlich leben. Und
es ist nur ein Zeichen der ungeheuren Echtheit dieses
Dichters, daß er sich bei seinen Dichtungen, die um

des Honorars willen geschrieben wurden, nie etwas vergeben hat, daß er sich nie untreu wurde, daß es immer noch wirkliche Dichtungen blieben, wenn Dichten heißt, etwas Neues erfinden und ihm seine Form entdecken ... und daß unter allem, was er so aus Gründen der Lebensnot verfaßte – es bildete dabei den weitaus größten Teil in seinem Werke – nicht ein einziges Stück ist, das nicht Poe, zum mindesten nicht von Poescher Originellität wäre. Freilich, mit seinem Herzen hat er all die Geschichten, mit denen er die amerikanische Lesewelt verblüffte, nicht geschrieben, sondern ausschließlich mit seinem – es gibt kein anderes Wort – Interesse, mit jenem Interesse, zu dem er, der Mensch, in dessen Instinktleben die psychologische Neugier ja nun doch einmal die bestimmende Neigung war, sowieso schon veranlagt war. Nur war es diesmal nicht das Interesse, das er an sich selbst und seinen Unergründlichkeiten hatte, sondern das Interesse an den Dingen, den merkwürdigen und absonderlichen Geschehnissen des Daseins. Was er, der lebensfremde Sonderling und Einsamkeitskranke, um sich her wahrnahm, was diese Menschenkinder taten, die ja doch eigentlich waren wie er selbst, das reizte, das lockte ihn, er mußte sich seinen besonderen krausen Sinn darauf machen – und diesen Sinn schrieb er dann nieder. Dabei ist bemerkenswert, daß er sich so gut wie nie mit Dingen abgab, die schon irgendwie Tatsache und als solche unumstößlich geworden waren. Aber an alles, was noch in der Schwebe, was noch ungelöst oder unaufgeklärt, was diesen Menschenkindern selbst noch eine Aufgabe war, daran machte er sich mit seinem unerhört zugespitzten und eindringenden Schachspielerverstande, der zugleich die Tätigkeit seiner Phantasie bedeutete, dieser Phantasie ihre Ordnung und Folgerichtigkeit gab. Einem solchen Verstande hätten wirkliche Tatsachen, die klar zutage lagen, gar nichts bieten können. Aber rätselhafte Verbrechen, Funde, Geheimschriften, die Möglichkeiten des Mesmerismus, die Aussichten der Luftschiffahrt und ähnliches, das waren Phänomene, die ihn zu „interessieren" vermochten und ihm Themen abgaben. Daß dagegen 1830 die erste amerikanische Eisenbahn fuhr, beispielsweise, das war ihm ganz gleichgültig; und man hätte doch erwarten können, daß gerade ein Mann wie Poe sie als erster literarisch verwerten werde. Aber nein, wir haben von ihm gerade so wenig die Novelle von der Eisenbahn, wie vom Dampfschiff, wie vom Telegraphen bekommen: diese Dinge waren für ihn bereits Tatsachen und gingen ihn daher künstlerisch gerade so wenig an, wie sonst eine Tatsache der Wirklichkeit, die Liebe oder der Hunger, von denen dieser unsexuelle und unsoziale Dichter ja auch niemals geschrieben hat. Und es liegt wohl ein feiner Zug darin, daß dieser Mensch der Unwirklichkeit, dieser arme, stolze Außenseiter des Lebens, nicht die Dinge der Wirklichkeit nahm, von denen er in seinem letzten Innersten nichts wußte, um seiner Existenz einen Platz in der Wirklichkeit zu sichern, daß er vielmehr seine, ach, so vernünftigen und unseelischen, seine diesseitsbegierigen, wirklichkeitssüchtigen Mitbürger mit Irrealismen und Transzendentalismen dichterisch dupierte – wobei freilich volkspsychologisch zu berücksichtigen ist, daß er damit gleichzeitig einer nur natürlichen Reak-

127

tion im Amerikanismus entgegenkam, die schon damals sich unterirdisch vorbereitete; denn zufällig ist es ja nicht, daß man gerade in Amerika am schroffsten allem Rationalismus entsagte, daß gerade Amerika, wenn auch nur von einem Prozentsatze der Bevölkerung aus, das Land der Spiritisten und Sektierer, und aller extravaganten Naturen wurde. So darf es denn auch nicht wundern, daß Poes Verbrecher- und Geistergeschichten das erste, und zwar gleich das Musterbeispiel der ganzen späteren amerikanischen Verbrecher- und Geisterliteratur waren, oder daß in seinen Humoresken bereits Bret Hart, Mark Twain und Artemus Ward stecken. In all dem, was Poe für das amerikanische Publikum schrieb, war er eben so unbedingt und echt amerikanisch, daß er die gesamte spätere Entwickelung, sie einleitend, vorwegnahm und sie gleichzeitig auch schon meisterte.

Von dieser zweiten Gruppe der Poeschen Dichtungen kann man im allgemeinen natürlich nur mittelbar auf sein eigenes persönliches Wesen schließen, das dadurch nur mehr illustriert wird ... von der ersten Gruppe dagegen um so mittelbarer, in den Dichtungen dieser Gruppe, den romantischen, hat sich der ganze Mensch entschält, und zwar so, daß sie in ihrer Gesamtheit eigentlich einen einzigen großen Roman bilden, der den Titel „Edgar Poe" führen müßte; und wenn Poe nicht so vorbestimmt gewesen wäre zur knappen Form der Novelle, wenn seine Kraft nicht so versagt hätte vor jeder größeren Formaufgabe, so würde er ihn wohl zweifellos auch als solchen geschrieben haben. Denn alle diese Helden, von William Wilson ab über die verschiedenen Ich-Helden seiner Frauennovellen bis zu Roderich Usher, sind Poe; und seine Gedichte gehören auch nur diesem, dem ausschließlich romantischen Poe an. Man braucht all diese Novellen nur in Gedanken miteinander zu verbinden und die Lyrik als Intermezzi dazwischenzusetzen, man brauchte sich nur vorzustellen, wie das Ganze dann wirken würde, wenn es einen Träger der Handlung hätte, der dem Namen und sonstigen Äußerlichkeiten nach einheitlich durchgeführt wäre – und man hätte jenen Lebensroman „Edgar Poe".

Die Novelle „William Wilson" ist sein erstes Kapitel; und der junge Mensch, von dem sie handelt, ist der junge Poe, derselbe, den man aus Ingrams Biographie als den Stocke-Newingtoner Schüler, den Richmonder Studenten kennt und dann als den Europafahrer und Großstadtabenteurer der zwei dunklen Jahre seines Lebens vermuten muß. Bedeutsam ist dabei, daß Poe den Riß, der durch sein ganzes Wesen geht, zwar schon erkennt, aber noch moralisch nimmt und einen guten Wesensteil einem bösen gegenüberstellt; während er sich später immer durchaus pathologisch begriff und dadurch der Vorläufer der ganzen neueren fatalistischen Psychologie wurde. „William Wilson" schließt mit den Worten des Guten an das Böse in Poe: „Du hast gesiegt, und ich bin unterlegen. Doch von nun an bist auch Du tot – tot – für die Welt, den Himmel und die Hoffnung! In mir lebtest Du – nun sieh in Deinem eigenen Bilde, wie Du Dich durch meinen Tod gemordet hast!"

Das ist schon ein Fluch, der, wenn er durch eines Menschen Leben geht und sich wirklich erfüllt, nur

Verwüstung und Untergang bedeuten kann. In Poes Leben ließ er persönlich das Kranke über das Gesunde, das Perverse über das Harmonisch-Natürliche siegen und künstlerisch das Gräßliche, Aufgewühlte über das Ausgeglichene, Ruhige. Es ist ganz eigentümlich, welchen Begriff er sich selbst von diesem Bösen gebildet und welche Rolle er diesen Begriff in seinem Leben hat spielen lassen. Eine seiner wertvollsten Abhandlungen, „Der Geist des Bösen", ist ihm gewidmet, und eine ganze Reihe von Novellen – vor allem „Der schwarze Kater" und das „Verräterische Herz" – sind wiederum auf dieser Abhandlung aufgebaut. Das Böse war Poes fixe Idee. Es ist sicher, daß er nach außen hin, wenigstens später, ein reines, stilles Leben geführt hat und daß es in ihm nichts gab, was eine wirkliche Schuld wäre. Doch Poes Innenleben, sein Vorstellungsleben muß ein wahres Verbrecherleben gewesen sein, das nichts lieber tat, dem nichts größere Wollust war, als sich hineinzudenken in Untaten, in ihren Einzelheiten zu schwelgen und ihrer Entstehung nachzuspüren. Die moderne Psychoanalyse wird diese Manie sofort als ausgesprochenes Degenerationszeichen deuten und mit Recht nichts Ungewöhnliches in ihr finden. Das Ungewöhnliche kommt erst dadurch in die ganze Erscheinung, daß ein *Dichter* diese Manie hatte und daß er sie in seinen Dichtungen dokumentierte. Die moderne Psychoanalyse, mit ihrer ethischen Konsequenz einer immoralischen Auffassung allen menschlichen Handelns, ging durchaus folgerichtig von einer Psychologie des Annormalen, Perversen, kurz des Bösen aus. Das gleiche taten die Dichter, die intuitiv zu der Erkenntnis dieser selben Psychologie gelangten und von ihr das Maß für alles Menschliche nahmen: Dostojewski, Nietzsche, Hansson oder wen man nun nennen will. Poe aber ist der erste von ihnen allen, und er ist zugleich derjenige, der diese Psychologie am stärksten in sich selbst, in seiner Phantasie erlebt hatte. Das macht ihn auch in diesem Betracht so wertvoll und stellt ihn an die Spitze einer langen Entwicklungsreihe. Jene Abhandlung „Der Geist des Bösen" ist die Grundlage, auf der die ganze Literatur des vergangenen Jahrhunderts steht, soweit sie problematisch, und analytisch war. Denn was ist anderes von dieser Literatur behauptet worden, versucht worden nachzuweisen, als daß das „primitive Prinzip menschlichen Handelns" ein „Mobile ohne Motiv, ein nicht motiviertes Motiv" sei?

Hin und wieder hat auch Poe ein scheinbar Gesundes, hat auch er das Natürliche, Harmonische, das Ruhige. Aber es liegt dann wie ein Sonnenplätzchen rings zwischen Schutt und Trümmern und wirkt nur um so schmerzlicher.

Sonne fiel ja auch in Poes Leben, wenn auch nur, um das Unheil dieses Mannes in ein fahles Licht zu rücken. Es war eine kranke, sterbende Sonne. Es war die Liebe Poes, die Liebe, die er einmal gehabt hat, gegeben und dankbar wiederbekommen, die Liebe zu seiner Gattin Virginia. Alle die Frauennovellen, die er geschrieben, sind ihr gewidmet, und man wird den Zyklus am richtigsten den Virginiazyklus nennen. Das Schicksal dieser Liebe war furchtbar: von ihr kam das einzig Gute, Schöne, das der Dichter in seinem armen, gehetzten Leben erfuhr, und war doch als Glück von einer unheimlichen Tragik. Nun hatte er jemanden gefunden, der ihm alles ersetzen konnte und seiner Unrast Linderung gab, aber es war eine Todkranke. Als er Virginia heiratete, da leuchteten ihre Wangen bereits in der kranken Weiße des Sterbens, hatte die tiefe, schwere Pracht ihrer schwarzen Augen einen Glanz, der dem Jenseits anzugehören schien. Poe wußte, daß er die mit unsäglichem Schmerze geliebte Einzige nicht behalten werde: jeder neue Tag konnte sie tot finden. Und so lebte er mit ihr durch die paar Jahre, die sie zusammen waren, in einem beständigen Angstdelirium. Bald vertiefte es sich zu der brütenden, trostlosen Verzweiflung des Melancholikers, bald raste es auf in der jagenden Unruhe, dem händeringenden, händeballenden Schmerz eines Menschen, der nicht fassen kann, daß das Schicksal so grausam unabwendbar ist. Aus diesem Zustande ist ihm denn der Virginiazyklus erwachsen, zu dem man noch den „Untergang des Hauses Usher" zählen muß, wenn sich Poe darin auch fast ausschließlich mit sich selbst beschäftigte. Alle diese Novellen stehen so im Mittelpunkte seiner Kunst, wie Virginia in dem seines Lebens stand: sie sind der Höhepunkt des Romans „Edgar Poe". Und alle handeln sie von Virginias Tode.

Was nach diesem Tode folgte, ist nur selbstverständlich. Der Tragödie letzter Akt, des Romans letztes Kapitel hebt bald und unaufhaltsam an: grenzenlose Einsamkeit zuerst, in der sich diese adlige Seele noch einmal sammelte zu einem großen Weltbegreifen: „Heureka" entstand und die Dichtungen, die der großen Kosmogonie verwandt sind, „Monos und Una", „Eiros und Charmion", „Die Macht des Wortes" und andere. Der Romantiker Poe hatte sich in den reinen Spiritualisten aufgelöst, und der Amerikaner Poe war ausgeschaltet: Geschichten vom Leben um ihn her brauchte er jetzt, nachdem ihm durch Virginias Tod die einzige Beziehung zu diesem Leben genommen war, nicht mehr zu schreiben – was fragte Poe nun nach den Dingen der Erde, da er mit seiner Seele schon ganz eingegangen war in die Gefilde des Unirdischen? Und so zerfiel dieser Seele äußere Hülle, wie sie selbst sich auflöste und in die Welt verflüchtete. Die Gebinde des Körpers rissen, und was vom Menschen Poe noch da war, das brach zusammen, und er konnte verkommen, auf der Straße verenden, wie einer der Armen Ärmster und Elendster. Hätte der Körper standgehalten, so würde man sich den weiteren, den letzten, allerletzten Poe wohl nur denken können als einen Menschen, wie jener „Mann der Menge" war, der ruhelos wanderte, weil ihn die Qual und die Schuld der Erde nicht lassen wollte. Doch ein solches Ende ersparte der zerbrochene Körper der brechenden Seele: Poe starb. Es war der Tod des Amerikaners Poe, der nicht für den siegenden Geist im Amerikanismus geschaffen war, der Tod eines Ausgestoßenen der jungen Welt, deren Muskelkraft er noch nicht besaß.

Es schließt sich der Ring dieses Lebens: Edgar Allan Poe wurde, was Wilson-Poe nur werden konnte.

Ecce homo – ecce poeta!

Poes Dichtungen

SONETT AN DIE WISSENSCHAFT

O Wissenschaft! Du Sproß der Greisin Zeit,
Vor dessen Späherblick nichts sicher ist!
Du Geier, fluglahm vor der Wirklichkeit,
Was spürst du nach dem Dichter so voll List?
Wie sollte er – wenn schon du weise bist –
Dich lieben, die ihm seine Wanderung,
Mit der er Sternengegenden durchmißt,
Mißgönnt und seinen adlergleichen Schwung?

Vertriebst du nicht die Götterliebespaare?
Aus Fluß und Hain die Nymphen und Najaden,
Daß sie sich flüchteten ins Unsichtbare?

Verscheuchtest du nicht von den Wiesenpfaden
Die Elfen – und von mir den Sommertraum
Des Mittags unterm Tamarindenbaum?

AN HELENE

Helene, deine Schönheit ist für mich,
Was müden Wanderern ein Nachen, der
Sie sanft aus einem fernen Himmelsstrich
Hinüberleitet übers Meer
Zu heimatlicher Wiederkehr.

Von wilden Meeren, wo ich ohne Ruh
Umhertrieb, führt dein hyazinthen Haar,

Dein klassisches Gesicht, Najade du,
Mich Hellas' frühem Glanze zu,
Der auch Roms Größe war.

Im Rahmen jener Nische in der Wand
Stehst du gleich einer Statue – sieh!
Die Lampe von Achat in deiner Hand!
Ah, Psyche, aus Regionen, die
Gelobtes Land!

DIE STADT IM MEER

Das ist des Todes Residenz,
Diese seltsame Stadt im fernen Westen.
Hier thront er und erteilt Audienz
Den Bösen und Guten, den Schlimmsten und Besten.
Hier stehen mächtige Säulenhallen
(Zermorschtes Gemäuer, das nicht zittert)
Neben Kapellen und Kathedralen
Und hohen Palästen, schwarz und verwittert.
Ringsum, vom Winde vergessen, ruht,
Wie schlafend, eine eisige Flut.

Kein Strahl aus dem himmlischen Gewölbe
Fällt auf das Dunkel dieser Stadt;
Doch einen Schimmer, traurig und matt,
Entsendet das Meer, das rötlich gelbe.
Und der kriecht hinauf an dunklen Palästen,
An babylonischen Türmen und Vesten.
Der kriecht empor an eisernen Kerkern
Und schattigen, ausgestorbenen Erkern.
Der schlängelt sich aufwärts an Säulenhallen
Und an gigantischen Kathedralen

Mit steinernem Zierat von grotesken
Blumengewinden und Arabesken,
An vielen wundersamen Kapellen –
Und gleitet zurück in die kalten Wellen,
Die melancholischen, schweigenden Wellen.

Von einem stolzen Turm übersieht
Der finstere König sein Gebiet.

Tempel und Gräber öffnen sich weit –
Da erglänzt eine seltsame Herrlichkeit.
Doch weder die Gräber mit ihren Schätzen,
Noch die demantenen Augen der Götzen
Locken die Wogen aus ihrem Bette.
Gläsern bleibt die schaurige Glätte;
Kein Hauch, kein noch so leises Säuseln,
Erhebt sich, diese Fläche zu kräuseln.
Kein Schwellen erzählt von glücklichen Seen,
Worüber heitere Lüfte wehen.
Kein Wallen erzählt, daß es Meere gibt,
Weniger grauenhaft ungetrübt.
Da regt sich etwas im trägen Meere,
Als wären die Türme plötzlich versunken
Und hätten die Flut auseinandergeschoben;
Die Woge färbt sich, als ob ein Funken,
Ein wärmender Sonnenfunken von oben,
Auf sie herniedergeglitten wäre.
Und wenn nun durch den geöffneten Spalt
Der trägen, melancholischen Flut
Die seltsame Stadt versinkt – dann zahlt
Ihr die Hölle selber Tribut.

DAS RUHLOSE TAL

Einst lächelte ein friedliches Tal,
Aus welchem die Leute allzumal
Gezogen waren in stürmische Fernen,
Nachdem sie zu den gütigen Sternen
Gefleht, von ihren azurnen Türmen
Die Blumen im Tal zu pflegen und schirmen,
In deren Mitte den ganzen Tag
Das rote Sonnenlicht träge lag.

Jetzt raschelt es durch diesen Ort
Ruhlos, rastlos in einem fort.
Alles zittert und schauert –, bloß
Die Lüfte sind ganz bewegungslos.
Ach, von keinem Winde geschaukelt,
Nicht vom leisesten Zephyr umgaukelt,
Zucken die Bäume gleich den Fjorden
Im umnebelten, felsigen Norden.
Ach, von keinem Winde getrieben,
Jagen die Wolken und zerstieben
Über den Veilchen, die dort liegen,
Über den Lilien, die sich dort wiegen,
Die sich wiegen und neigen und schauern,
Über mystischen Gräbern trauern.
Sie schauern: ihre duftenden Seelen
Zittern in immerwährendem Leide.
Sie weinen: auf ihrem weißen Kleide
Schimmern die Tränen wie Juwelen.

DIE SCHLÄFERIN

Ich steh um Mitternacht allein
Im mystisch weißen Mondenschein.

Dem vollen goldenen Gestirne
Entströmen feuchte Nebeldünste
Und fallen auf die blauen Firne
Wie silberweiße Lichtgespinste,
Um sich von dort melodisch leise
Und schläfrig langsam tropfenweise
Wie bunte, schimmernde Juwelen
In das entschlafne Tal zu stehlen.
Vom Grabe winkt der Rosmarin
Zu den schlaftrunknen Lilien hin.
Die wankenden Ruinen raffen
Erschauernd um die morschen Glieder
Ihr Nebelkleid und sinken nieder,
In alle Ewigkeit zu schlafen.
Der See dort – Lethe ist nicht stummer
Als er in seinem tiefen Schlummer.
Es ruht das All. Die Zweige nicken
Süß eingewiegt – wo aber liegt
Irene mit ihren Geschicken?

O wundersame, bleichwangige Dame!
Wie unbedacht: dies Fenster bei Nacht
So offen den Gästen, die von den Ästen
Mutwillig hüpfen, ins Zimmer schlüpfen;
Den Winden, den losen, fürwitzigen Rangen,
Die in den Gardinen sich lachend verfangen,
Und sie so unbändig und so beständig
Zerren und zausen dicht über den langen
Seidenen Wimpern auf deinen Wangen,
Daß über den Boden weg durch das Fenster
die Schatten fallen wie schwarze Gespenster.
O wundersame, bleichwangige Dame,
Wo kommst du her? Wohl gar übers Meer?

Und sage, warum nur bist du so stumm?
Ist dir wohl bang? Du bist so eigen,
Dein Haar ist so lang, so seltsam dein Schweigen!
Die Dame schläft. Oh, wär so gut
Ihr Schlummer, wie er lange währt!
Der Himmel nehme sie in Hut.
Mag sie auf ewig ungestört,
In einem heiligeren Bette
An melancholischerer Stätte,
Wo sich Cypressen leise wiegen,
Mit festgeschloss'nen Augen liegen.

Es schläft mein Lieb. Oh, daß so mild
Ihr Schlummer, wie er ewig ist!
Daß sich ihr eine Gruft erschließt
In einem Walde, dicht und wild!
Ein tiefes, ruhevolles Grab
An einem stillen Ort, fernab –
So eine fest verschloss'ne Gruft,
Aus der sie fürder nichts mehr ruft,
Die Reue nicht, die Buße nicht,
Bis an das ewige Gericht.

ISRAFEL

> Und der Engel Israfel, dessen Herz eine Laute ist und der
> die süßeste Stimme von allen Kreaturen Gottes hat.
>
> Koran

Im Himmel wohnt ein Geist,
Sein Herz ein Saitenspiel.
Keiner singt so wild und schön
Wie Israfel. Am fernsten Ziel
Bleiben die Sterne stehn (wie es heißt),
Gebannt vom Getön.

Auf seinen Pfaden
Zur höchsten Mitternacht
Taumelt der Mond liebe-entfacht.
Ja, der Blitz und die raschen Plejaden
Halten inne im Lauf
Und horchen auf.

Und die Engelschar, die ihn umringt,
Und das lauschende Sternengedränge –
Sie sagen, daß Israfels Glut
Allein in der Harfe ruht,
Deren zitternde, lebende Stränge
Er berührt, wenn er singt.

Doch tritt der Engel Bahnen,
Wo tiefe Gedanken Gebot,
Wo die Liebe ein starker Gott,
Wo die Huris immerdar
In Schönheit strahlen, so wunderbar,
Wie wir sie hienieden nicht ahnen.

Wohl ist voll Glut sein Gesang.
In der Laute wilden Klang,
Ihrem Hassen und Liebesrasen,
Mischt sich der Überschwang
Der Himmels-Ekstasen.

Der Himmel ist sein.
Doch dies ist eine Welt voll Müh
Und Unvollkommenheit.
Unsere Blumen welken früh,
Und unser Sonnenschein
Ist der Schatten seiner Seligkeit.

Wohnt ich wie er in Himmelshöhn
Und er wäre ich –
Er sänge wohl nicht so wild und schön
Sterbliche Melodien,
Doch kühne Gesänge würden sich
Auch dann durch die Himmel ziehn.

AN DEN FLUSS

Du schöner Fluß mit deiner Flut,
Die niemals stille hält.
Du bist ein Bild von Jugendmut,
Von einem Herzen unverstellt.

Doch wenn in dein kristallnes Blau,
Das trübe Augen scheuen,
Die Liebste blickt, gleichst du genau
Mir selbst, ihrem Getreuen.

Denn dies Herz birgt wie du so rein
Ihr Bild und strahlt bewegt,
Wenn es den teuren Widerschein
In seinen Tiefen hegt.

EIN TRAUM

Oft fand ich mein entschwundnes Glück
In einem nächtlichen Gesicht,
Doch ließ mich hoffnungslos zurück
Ein wacher Traum im Tageslicht.

Ach, was ist nicht ein solcher Traum
Für ihn, der mitten in der Flucht
Der Dinge über Zeit und Raum
Der Seele einen Stützpunkt sucht!

O dieser Traum – dieweil in Qual
Und Wirrnis um mich lag die Welt –
Hat wie ein Schutzgeist manches Mal
Sich zu mir Einsamen gesellt.

Was durch der Täuschung Dämmerlicht
So tröstend schimmerte von fern –
War es dem Herzen teurer nicht,
Als selbst der Wahrheit Tagesstern?

ROMANZE

Romanze, die am Nachmittag
Gern traumhaft nickt und singt im Hag,
Wo überm schattendunklen Teich
Die Zweige säuseln sacht und weich –
Einst warst du, da ich wild und frei,
Ein Kind, doch wissend, Tag für Tag
Dir lauschend unterm Baume lag,
Ein seltner bunter Papagei
Aus einem fremden Wunderland,
Den ich doch Laut für Laut verstand.
Doch nun umkreist den Weltenbau
Der Kondorflug der Zeit so rauh,
Daß in der tosenden Gefahr
Ich aller seligen Muße bar.
Und wenn mit sanfterem Flügelschlag
Den unruhvollen Geist ein Tag
Auch wohl entführt in Träumerei'n –

Dann litte meine Seele Pein,
Wenn sie bei Leier und Gesang
Nicht bebte mit dem Saitenstrang.

MÄRCHENLAND

Ströme und dunkle Täler und Tiefen,
In wolkengleichen Wäldern versteckt,
Deren Formen uns ganz verdeckt,
Weil sie von bleiernen Nebeln triefen.
Riesige Monde, die wachsen und schwinden
Des Nachts drüber her ohne Unterlaß,
Von deren Atem, frostig und naß,
Die Sterne erlöschen oder erblinden.
Ihr Kern sinkt auf die Bergesspitzen,
Doch ihre Lichtkreise wogen schwer
Über dem großen Wäldermeer
Und dringen in alle Schlünde und Ritzen,
Bis alle Irrgänge weit und breit
Umsponnen sind von Müdigkeit
Und sie des Schlafes Leidenschaft
Umfängt mit zaubertiefer Haft.
Des Morgens aber entschweben
Die Mondeshüllen, wirr zerflossen
Zugleich mit den Stürmen, und erheben
Sich gleich riesigen Albatrossen,
Die in den Lüften als getrennte
Atome wieder herniederfallen,
Und so (nie ruhende Elemente)
In einem ewigen Zirkel wallen
Und auf ihren zitternden Schwingen
Zur Erde Himmelsspuren bringen.

DER SEE

In meinen jungen Jahren trieb
Mich Sehnsucht oft an einen Ort,
Der mich gebannt hielt wie ein Hort.
So war die Einsamkeit mir lieb
Von einem See, um dessen Rand
Ein schwarzes Felsgemäuer stand.

Doch wenn die Nacht ihr Bahrtuch warf
Auf diese Stelle und auf mich,
Und mystisch durch die Wellen strich
Der Wind, bald klagend und bald scharf,
Dann – ja – erschreckte mich oft jäh
Die Einsamkeit am dunklen See.

Doch dieser Schrecken war nicht Grau'n;
Nein, eine Lust, die Schauer barg,
So zitternd und dämonisch stark,
Wie sie in unterirdischen Gau'n
Der spüren mag, der einen Schein
Erhascht von flimmerndem Gestein.

Tod war um jenen giftigen Strand –
Und in der Flut ein Grab für ihn,
Der dort für seine Phantasien
Besänftigende Tröstung fand
Und den sein Träumen wandeln hieß
Das finstre Reich zum Paradies.

LIED

Ich sah dich unterm Myrtenkranz
Erröten tief und zag,

Da noch die Welt in eitel Glanz
Und Liebe vor dir lag.

Von allem Prunk und Flackerlicht
In deinem Brautgeleit
Sah mein geblendetes Gesicht
Nur deine Lieblichkeit.

Mag sein, daß jene scheue Glut
Nur flüchtig dich berührt,
Mir aber ward davon das Blut
Zur Flamme angeschürt.

Da ich dich unterm Myrtenkranz
Erröten sah so zag,
Obwohl die Welt in eitel Glanz
Und Liebe vor dir lag.

AN M. L. S.

Von allen, die dich preisen wie den Morgen,
Die, wenn du fern bist, wähnen, es sei Nacht,
Am Himmel erloschen sei die Sonne –
Von allen, die dich unter Tränen segnen,
Daß du die Hoffnung ihnen wiedergabst,
Ja, mehr noch, ihren tief begrabenen Glauben
An Wahrheit – Tugend – Menschlichkeit;
Von allen, die vom Bette der Verzweiflung,
Wo hingestreckt sie lagen, sich erhoben
Bei deinem sanftgesprochnen Wort: „Es werde Licht!"
Dem sanftgesproch'nen Wort, das sich erfüllte
Im engelreinen Schimmer deiner Augen;
Von allen, die dir danken, deren Dank

Anbetung gleichkommt – o gedenke
Des Wahrsten, innigst dir Ergebenen,
Der, während er dies niederschreibt, erbebt zu denken,
Daß er mit einem Engel Zwiesprach halte.

Gedichte

DER RABE

Eines Nachts, aus gelben Blättern mit verblichnen
Runenlettern
Tote Mären suchend, sammelnd von des Zeitenmeers
Gestaden,
Müde in die Zeilen blickend und zuletzt im Schlafe
nickend,
Hört' ich plötzlich leise klopfen, leise, doch vernehm-
lich klopfen
Und fuhr auf, erschrockend stammelnd: „Einer von
den Kameraden",
    „Einer von den Kameraden".

In dem letzten Mond des Jahres, um die zwölfte
Stunde war es,
Und ein wunderlich Rumoren klang mir fort und
fort im Ohre,
Sehnlichst harrte ich des Tages, jedes neuen
Glockenschlages;
In das Buch vor mir versenken wollt' ich all mein
Schmerzgedenken,
Meine Träume von Leonoren, meinen Gram um
Leonore,
    Um die tote Leonore.

Seltsame, phantastisch wilde, unerklärliche
Gebilde,

Schwarz und dicht gleich undurchsicht'gen,
nächtig dunklen Nebelschwaden
Huschten aus den Zimmerecken, füllten mich mit tau-
send Schrecken,
So daß ich nun bleich und schlotternd, immer
wieder angstvoll stotternd,
Murmelte, mich zu beschwicht'gen: „Einer von den
Kameraden",
        „Einer von den Kameraden!"

Alsbald aber mich ermannend, fragt' ich, jede
Scheu verbannend,
Wen der Weg noch zu mir führe: „Mit wem habe
ich die Ehre?"
Hub ich an, weltmännisch höflich: „Sie verzei-
hen, ich bin sträflich,
Daß ich Sie nicht gleich vernommen; seien Sie
mir hochwillkommen!"
Und ich öffnete die Türe – nichts als schauder-
volle Leere,
        Schwarze, schaudervolle Leere.

Lang in dieses Dunkel starrend, stand ich
fürchtend, stand ich harrend,
Fürchtend, harrend, zweifelnd, staunend, meine
Seele ganz im Ohre –
Doch die Nacht blieb ungelichtet, tiefes Schwarz
auf Schwarz geschichtet,
Und das Schweigen ungebrochen, und nichts
weiter ward gesprochen,
Als das eine, flüsternd, raunend, das gehauchte
Wort „Lenore",
        Das ich flüsterte: „Lenore!"

In mein Zimmer wiederkehrend und zum Sessel
flüchtend, während
Schatten meinen Blick umflorten, hörte ich von
neuem klopfen,
Diesmal aber etwas lauter, gleichsam kecker und vertrauter.
An dem Laden ist es, sagt' ich, und mich zu
erheben wagt' ich,
Sprach mir Mut zu mit den Worten: „Sicher sind es Re-
gentropfen,
        Weiter nichts als Regentropfen".

Und ich öffnete: Bedächtig schritt ein Rabe, groß
und nächtig,
Mit verwildertem Gefieder ins Gemach und
gravitätisch
Mit dem ernsten Kopfe nickend, flüchtig durch
das Zimmer blickend,
Flog er auf das Türgerüste, und auf einer
Pallasbüste
Ließ er sich gemächlich nieder, saß dort stolz und
majestätisch,
        Selbstbewußt und majestätisch.

Ob des herrischen Verfahrens und des würdigen
Gebarens
Dieses wunderlichen Gastes schier belustigt,
sprach ich: „Grimmer
Unglücksbote des Gestades an dem Flußgebiet
des Hades

Du bist sicher hochgeboren, kommst du gradwegs
von den Toren
Des plutonischen Palastes? Sag, wie nennt man dich
dort?" – „Nimmer!"
  Hört' ich da vernehmlich: „Nimmer!"

Wahrlich, ich muß eingestehen, daß mich eigene
Ideen
Bei dem dunklen Wort durchschwirrten, ja, daß
mir Gedanken kamen,
Zweifel vom bizarrsten Schlage; und es ist auch
keine Frage,
Daß dies seltsame Begebnis ein vereinzeltes
Erlebnis:
Einen Raben zu bewirten mit solch ominösem
Namen,
  Solchem ominösen Namen.

Doch mein düsterer Gefährte sprach nichts weiter und gewährte
Mir kein Zeichen der Beachtung. Lautlos stille
ward's im Zimmer,
Bis ich traumhaft, abgebrochen (halb gedacht
und halb gesprochen)
Raunte: *Andre* Freunde gingen, morgen hebt
auch er die Schwingen,
Läßt dich wieder in Umnachtung." Da vernahm ich
deutlich „Nimmer."
  Deutlich und verständlich: „Nimmer."

Stutzig über die Repliken, maß ich ihn mit scheuen
Blicken,

Sprechend: Dies ist zweifelsohne sein gesamter
Schatz an Worten,
Einem Herren abgefangen, dem das Unglück
nachgegangen,
Nachgegangen, nachgelaufen, bis er auf dem
Trümmerhaufen
Seines Glücks dies monotone „Nimmer" seufzte
allerorten,
  Jederzeit und allerorten.

Doch der Rabe lieb possierlich würdevoll,
und unwillkürlich
Mußt' ich lächeln ob des Wichtes: Alsdann mit-
ten in das Zimmer
Einen samtnen Sessel rückend und mich in die
Polster drückend,
Sann ich angesichts des grimmen, dürren,
ominösen, schlimmen
Künders göttlichen Gerichtes, über dieses
dunkle „Nimmer",
  Dieses rätselhafte „Nimmer."

Dies und anderes erwog ich, in die Traumes-
lande flog ich,
Losgelöst von jeder Fessel. Von der Lampe fiel
ein Schimmer
Auf die violetten Stühle, und auf meinem samtnen Pfühle
Lag ich lange, traumverloren, schwang mich auf
zu Leonoren,
Die in diesen samtnen Sessel nimmermehr sich
lehnet, nimmer,
  Nimmer, nimmer, nimmer, nimmer.

Plötzlich ward es in mir lichter und die Luft im Zimmer dichter,
Als ob Weihrauch sie durchwehte. Und an diesem
Hoffnungsschimmer
Mich erwärmend, rief ich: „Manna, Manna, schickst
du Gott, Hosianna;
Lob ihm, der die Gnade spendet, der dir seine
Engel sendet!
Trink, o trink aus dieser Lethe und vergiß Lenore! –
„Nimmer!"
　　　Krächzte da der Rabe. „Nimmer!"

„Nachtprophet, erzeugt vom Zweifel, seist du
Vogel oder Teufel,
Triumphierend ob der Sünder Zähneklappern
und Gewimmer
Hier, aus dieser dürren Wüste, dieser Stätte geiler Lüste,
Hoffnungslos, doch ungebrochen, und noch
rein und unbestochen,
Frag' ich dich, du Schicksalskünder: *Ist* in Gilead
Balsam?" – „Nimmer",
　　　Krächzte da der Rabe, „nimmer!"

„Nachtprophet, erzeugt vom Zweifel, seist du
Vogel oder Teufel –
Bei dem göttlichen Erbarmen, lösch nicht diesen
letzten Schimmer!
Sag' mir, find ich nach dem trüben Erdenwallen
einst dort drüben
Sie, die von dem Engelschore wird geheißen
Leonore?

Werd' ich sie dort einst umarmen, meine Leonore?" –
„Nimmer",
      Krächzte da der Rabe, „nimmer!"

„Feind, du lügst, heb' dich von hinnen", schrie
ich auf, beinah von Sinnen,
„Dorthin zieh, wo Schatten wallen unter Win-
seln und Gewimmer,
Kehr' zurück zum dunklen Strande, laß kein
Federchen zum Pfande
Dessen, was du prophezeitest, daß du diesen Ort
entweihtest,
Nimm aus meiner Brust die Krallen, hebe dich
von hinnen"! – „Nimmer",
      Krächzte da der Rabe, „nimmer!"

Und auf meinem Türgerüste, auf der bleichen
Pallasbüste,
Unverdrossen, ohn' Ermatten, sitzt mein dunk-
ler Gast noch immer.
Sein Dämonenauge funkelt und sein Schattenriß
verdunkelt
Das Gemach, schwillt immer mächt'ger und
wird immer grabesnächt'ger –
Und aus diesen schweren Schatten hebt sich
meine Seele nimmer,
      Nimmer, nimmer, nimmer, nimmer –.

DIE GLOCKEN

Hört die Schlittenglocken, die hellen,

Die fröhlichen, silbernen Schellen!
Wie sie klingen und klingen und klingen
Zu der Rosse feurigen Sprüngen.
Wie es ringsherum blinkt und blitzt,
Wie die Sterne glitzern und flinkern,
Daneben blinzeln und zwinkern
        Halb verschmitzt –
Und im Mondlicht tanzen die Feyn
Einen seltsamen Runenreihn,
Bei den demantbestreuten Erlen
Zu den tönenden Silberperlen.
Und es klingt, klingt, klingt,
Und es dringt, dringt, dringt
Weithin, weit, weit, weit, weit,
Das klingende, das singende Geläut.
Hört die Hochzeitsglocken, die weichen,
Die goldenen, sangesreichen!
Wie sie wogen und wallen,
Wie sie schallen und hallen
In schmelzenden, schönen,
Verwehenden Tönen
Durch die schimmernde Nacht,
Während hoch im Blauen
Der Mond mit schlauen
Schalksaugen lacht.
Oh, welch brausende Wogen schwellen
Aus den tönenden, dröhnenden Zellen!
Hört, wie sie schwellen,
Wie sie entquellen
Den erzenen Kehlen,
Sich wonnig vermählen,
Anmutig erzählen

Von der Liebe, die bleibt,
Von der Lust, die sie treibt,
Sich zu schwingen, zu klingen
Weithin, weit, weit, weit, weit –
Mit tönendem, mit sehnendem Geläut!

Die Sturmglocken hört, aus Erz, aus Erz!
Wie zittert dabei das Menschenherz.
Von eisernen Fäusten gepackt,
Sausen sie aufwärts, scheuen
Wie wilde Rosse und schreien,
Und schreien und schreien und schreien
Einen gellenden Chor
Der Nacht ins Ohr
    Ohne Takt.
Ihr eigenes, gespenstisches Grausen
Heulen sie aus und brausen
Im Klageruf an das Feuer,
Das wahnsinnige Ungeheuer.
Und wälzen sich höher und höher,
Dem Monde näher und näher.
Vom hölzernen morschen Gerüste
Treibt sie ein tolles Gelüste.
Sie klirren zusammen und schwirren
Ins Blaue und irren und irren,
Und tollen und tollen und tollen,
Und rollen und rollen und rollen
auf den zuckenden Busen der Nacht
Ein bleiches, starres Entsetzen
Und wecken die Schläfer und hetzen
Sie aus der nächtlichen Ruh.
Die stürzen blindlings hinzu,

Mit stockendem Atem zu lauschen
Dem flutenden, ebbenden Rauschen
    Der grausen Gefahr,
Aus dem ebbenden, flutenden Läuten
Den Grimm des Feuers zu deuten,
Mit fliegenden Pulsen zu hören,
Aus der Glocken Schallen und Gellen,
Aus dem rasselnden, klirrenden Schellen
Das furchtbare Wallen und Gären
    Der Feuersgefahr –
Und es jammert die zitternde Schar
In der Not, die so fürchterlich dräut,
Weithin, weit, weit, weit, weit –
Mit gellendem, zerschellendem Geläut!
Hört den eisernen Glockenklang!
Wie bang, wie bang, ein Trauergesang!
Oh, wie wir angstvoll schaudern und beben,
Wenn sie des Nachts die Stimmen erheben,
Wie wir den Himmel suchen mit scheuen,
Erschrockenen Blicken, wenn sie so dräuen!
Oh, wie erschauert unsere Seele,
Wenn sie so hoffnungslos gramvoll tönen,
Wenn jeder Laut ihrer rostigen Kehle
    Ein Stöhnen!
Und im Turm allein
Jene knöcherne Sippe,
Jene fahlen Gerippe,
    Allein, allein,
Es sind nicht Männer, nicht Weiber,
Nicht Tier- und nicht Menschenleiber,
    Es ist Gebein!
Es sind nachtwandelnde Geister,

Und ihr König, das ist der Meister,
Und er zieht, und er zieht, und er zieht
Aus den Glocken ein schauerlich Lied,
Und er rollt mit teuflischer Lust
Auf die zuckende Menschenbrust
  Einen Stein.
Und er zieht den ächzenden Strang
Zu einem Triumphgesang,
Und er jauchzt und jubelt wild,
Und sein fröhlicher Busen schwillt,
Und er tanzt zu den Melodeien
Einen fröhlichen Runenreihn
Und schwingt den ächzenden Strang
Zu einem Triumphgesang,
Und er schwingt, und er schwingt, und er
schwingt
Auf und ab, auf und ab, auf und ab,
Und er winkt, und er winkt, und er winkt
In das Grab, in das Grab, in das Grab.
Und er tanzt und jubelt und streut
Weithin, weit, weit, weit, weit –
Das klagende, verzagende Geläut.

ULALUME

Die Wolken türmten sich mächtig,
Die Blätter waren verdorrt
Sie waren kraus und verdorrt.
Es war Oktober und nächtig
An einem unseligen Ort.
Es war nahe dem bleiernen Wasser,
Das da so verschlafen steht,

Am Hain, wo des Nachts sich ein blasser
Hohläugiger Schwarm ergeht.

Die Gegend, schroff und titanisch,
Durchstreift' ich mit Psyche allein,
Meiner Seele, Psyche, allein,
Zur Zeit, da mein Herz noch vulkanisch,
Wie die Berge, die rastlos spein,
Die Feuerströme ausspein.
Wie der Berg am Nordpol, der kreißend
Ein flammendes Meer gebiert,
Das sich gewaltsam und reißend
Hinunterstürzt und verliert,
Hinunterwälzt und verliert.

Unsre Rede war ernst und gemessen,
Die Gedanken welk und verdorrt,
Die Gedanken lahm und verdorrt.
Das Gedächtnis war pflichtvergessen,
Denn es mahnte uns nicht an den Ort,
An die Zeit nicht und nicht an den Ort.
Wir ahnten nicht Ort und nicht Stunde
Und nicht den Monat im Jahr,
Den unseligen Monat im Jahr,
Daß es nah beim verfluchten Grunde
Und dem bleiernen Wasser war.

Und da nun die Nacht sich neigte,
Und der Zeiger der Sternenuhr,
Der himmlischen Sternenuhr,
Dem Tag zustrebte, da zeigte
Sich ein nebliger Schein am Azur.
Und diesem weißlichen, zarten
Duftschleier entschwebte zuletzt

Das Diadem von Astarten,
Mit Diamanten besetzt.

Und ich sprach: Sie ist wärmer und milder
Als die keusche Schwester Apolls,
Die flinke Schwester Apolls.
Diana ist feuriger, wilder,
Doch innerlich kühl und stolz.
Sie aber wandelt durch Sphären
Von Seufzern und wirft ihr Licht,
Ihr sanftes, freundliches Licht,
Auf die nimmer trocknenden Zähren
Im gramvollen Erdengesicht.
Und kommt durch das Sternbild des Löwen
Und weist uns den Weg zum Glück,
Den Weg durch Lethe zum Glück,
Und kommt durch die Höhle des Löwen,
Erwärmt uns mit ihrem Blick,
Mit ihrem liebenden Blick.

Da sah ich Psyche erschaudern.
Sie sprach: Ich traue ihr nicht,
Ich trau dieser Blässe nicht.
O komm, o laß uns nicht zaudern,
Ich fürchte dies weiße Licht,
Dies weiße, flackernde Licht.
Eine Angst, unbeschreiblich, unsäglich,
Durchbebte sie, während sie sprach,
Während sie hastig so sprach,
Sie schluchzte und schleppte kläglich
Ihre Schwingen am Boden nach,
Die Schwingen im Staube nach.

Ich erwiderte: Du sprichst im Traume,
Laß uns tauchen in dieses Meer,
Dies silberne, leuchtende Meer.
Sieh, wie es im endlosen Raume
Kristallen hin wogt und her,
Es zitternd hinwogt und her.
Wie es strahlt und flutet im Blauen
Mit seiner sybillischen Pracht.
Glaub' nur, wir dürfen ihm trauen,
Es leuchtet uns durch die Nacht,
Wir dürfen dem Wegweiser trauen,
Denn er leuchtet zu Gott durch die Nacht.

So suchte ich sie zu beschwicht'gen
Und küßte sie brüderlich warm,
Ich küßte sie zärtlich und warm,
Und ich sah ihre Angst sich verflücht'gen,
Und wir eilten voran Arm in Arm.
In dunklen Cypressenalleen
Sank dumpfer und dumpfer die Luft –
Da blieben wir plötzlich stehen
An der Türe zu einer Gruft,
Zu einer mystischen Gruft.
Und ich sprach: Was sagt dieser stumme,
Verschwiegene Mund von Stein?
Da erwiderte sie: Ulalume –
Hier ruht Ulalumens Gebein,
Deiner Ulalume Gebein.

Da ward stumpf mein Herz und ohnmächtig,
Und wie die Blätter verdorrt,
Wie die Blätter welk und verdorrt.
Ja, Oktober war es und nächtig,

Rief ich aus, und an diesem Ort,
Ich erkenne deutlich den Ort –
Um den Teich wob ein unheimlicher, blasser
Verdunstender Nebelschwarm,
Und ich irrte an diesem Wasser
Eine schaurige Bürde im Arm,
Eine kalte Bürde im Arm –

Die Wolken türmten sich mächtig,
Die Blätter waren verdorrt.
Es war Oktober und nächtig
An einem unseligen Ort.

DAS KOLOSSEUM

Urbild des alten Roms! Reliquienschrein
Erhabener Betrachtung! Nach so langer,
Mühseliger Pilgerschaft und heißem Durst
(Durst nach dem Quell des Einst, der in dir fließt)
Knie' ich, ein andrer, demutvoller Mann
In deinem Schatten, und in vollen Zügen
Trink ich vom Borne deiner Größe, deiner Weihe.

Unendlichkeit, ich höre deinen Strom!
Ich fühl' euch, dunkle Mächte der Zerstörung,
Nacht, Schweigen, Endlichkeit, ich fühl' euch jetzt!
O Zauber, sichrer als Judäas Fürsten
Ihn jemals in Gethsemane gelehrt,
Gewaltiger als die Chaldäer ihn
Vom Sternenhimmel in Verzückung lasen!

Hier, wo ein Held fiel, fällt jetzt eine Säule,
Dort, wo der Adler einst in Gold gestrotzt,
Hält eine Fledermaus Vigilien,

Wo ihr vergoldet Haar die Damen Roms
Im Winde flattern ließen, wogen nun
Riedgras und Disteln, und wo der Monarch
Auf goldnem Thron wollüstig-träge saß –
Da schlüpfen jetzt, vom Monde schwach beleuchtet,
Eidechsen hurtig in ihr Marmorheim.

O Mauern, moosbewachsene Arkaden,
Geschwärzte Schafte, schwankendes Gebälk,
Zerbröckelnde Ruinen, Steine, Steine,
Graue Steine, seid ihr alles, alles,
Was dem Geschick und mir vom Kolossalen
Der Stunden rastloses Zerstören ließ?

Nicht alles! gibt das Echo mir zurück.
Prophetenstimmen dringen zu dem Weisen
Aus uns und allen Trümmern, wie zur Sonne
Vom Memnonsteine Melodien klingen.
Vor unserer Größe beugen sich in Ehrfurcht
Die Mächtigsten der Erde – wir beherrschen
Die Riesengeister aller Nationen.
Wir sind nicht machtlos, wir verblichnen Steine.
Nicht aller Ruhm vergangner Tage schwand,
Nicht aller Zauber unsres hohen Rufs,
Nicht alle Wunderkraft, die in uns wohnt,
Nicht die Mysterien, die in uns liegen,
Nicht die Erinnerung, die an uns hängt
Sich an uns schmiegt wie ein Gewand, uns kleidend
In einen Schmuck, weit köstlicher als Ruhm.

AN HELENE

Ich sah dich einmal, einmal nur – vor Jahren.
Es war in einer Julinacht; vom klaren

Gestirnten Himmel, wo in sichrer Schwebe
Der volle Mond eilends die Bahn durchlief,
Fiel weich und schmeichlerisch ein Lichtgewebe
Auf einen Garten, der verzaubert schlief –,
Fiel weich und schmeichlerisch ein silbern lichter,
Duftiger Schleier und verhüllte tief
Die himmelan gehobenen Gesichter
Von vielen hundert Rosen, die in Farben
Jungfräulich reiner, ernster Schönheit blühten,
Die in dem Liebeslichte schämig glühten,
Zum Dank sich selber gaben – und so starben.

Ein weißes Kleid umschloß dich faltig weich –
Du standest sinnend, und den Rosen gleich
Erhobst du das Gesicht, doch ach, in Trauer!
War es nicht Schicksal, das mich an die Mauer
Des Gartens führte zu derselben Zeit?
Nicht Schicksal (dessen andrer Name Leid),
Das mir gebot, die Düfte einzusaugen
Der eingewiegten Rosen? Alles schlief,
Die ganze schnöde Welt – nichts regte sich.
Nur du und ich, o Gott, nur du und ich.

Ich sah nur dich, ich sah nur deine Augen,
Ich sah nur diese Sterne, dunkel, tief –
Und da auf einmal war mir's, als versänke
Der Garten; meinem Blick entschwanden
Die Schlangenwege und die Rasenbänke –
Im liebeheißen Arm der Lüfte fanden
Die Düfte ihren Tod – der Mond verblich;
Nichts atmete, nur wir, nur du und ich;
Nichts strahlte, nur das Licht in deinen Augen,

Nichts als die Seele deiner dunklen Augen.
Ich sah nur sie, nur sie allein, sie bannten
Den flüchtigen Fuß mir stundenlang und brannten
Sich wie zwei Flammen tief in meine Brust –
Oh, welche Märchen standen da geschrieben,
Ein Weh, wie tief, ein Stolz, wie machtbewußt,
Welch abgrundtiefe Fähigkeit zu lieben!

Doch endlich legte sich Diana drüben
Im Westen in ein Wolkenbett, und du –
Ein Geist – entglittst. *Nur deine Augen blieben*.
Sie schwanden nicht, sie strahlten immerzu.
Die leuchteten mir heim auf meinem schroffen,
Sternenlosen Pfad in jener Wundernacht.
Sie wichen nicht von mir (wie all mein Hoffen).
Sie wachen über mich mit Herrschermacht,
Sie sind mir Priester – ich ihr Untertan.
Ihr Amt ist zu erleuchten – meine Pflicht,
Erlöst zu werden durch ihr reines Licht,
Geweiht in ihrem heiligen Flammenlicht.
Sie füllen mir die Brust mit Schönheit an
Und sind die goldnen Sterne hoch im Äther,
Vor denen ich, ein demutvoller Beter,
In meiner Nächte schlummerlosem Düster
Andächtig kniee, während in der Nähe
Des Mittagsglanzes selbst ich sie noch sehe,
Zwei Venussterne – holde Sterngeschwister.

ANNABEL LEE

Es ist lange her, da lebte am Meer,
Ich sag euch nicht wo und wie –

Ein Mägdelein zart, von seltener Art,
Mit Namen Annabel Lee.
Und das Mägdelein lebte für mich allein,
Und ich lebte allein für sie.

Ich war ein Kind, und sie war ein Kind,
Meine süße Annabel Lee,
Doch eine Liebe, so groß, so grenzenlos,
Wie die unsere, gab es nie.
Wir liebten uns so, daß die Engel darob
Beneideten mich und sie.

Da kam eines Tags aus den Wolken stracks
Ein Ungewitter und spie
Seinen Geifer aus, einen Höllengraus,
Und traf meine Annabel Lee.
Und es kam ein hochgeborener Lord,
Der holte auf immer sie von mir fort
In sein Reich am Meer und sperrte sie
Dort ein, meine Annabel Lee.
Ja, neidisch war die geflügelte Schar
Im Himmel auf mich und sie,
Und dies war der Grund, daß der Höllenmund
Des Sturms sein Verderben spie,
Bis sie erstarrte,
Und der Tod sie verscharrte,
Meine süße Annabel Lee.

Doch eine Liebe, so groß, so grenzenlos,
Wie die unsere, gab es nie.
So liebten Ältere nie,
So liebten Weisere nie,
Und wären die Engel auch noch so scheel,

Sie trennten doch nicht meine Seel' von der Seel'
Der lieblichen Annabel Lee.

Wenn die Sterne aufgehn, so kann ich drin sehn
Die Äuglein der Annabel Lee,
Und noch jegliche Nacht hat mir Träume gebracht
Von der lieblichen Annabel Lee.
So ruh' ich denn, bis der Morgen graut,
Allnächtlich bei meinem Liebchen traut
In des schäumenden Grabes Näh',
An der See, an der brandenden See.

DAS VERWUNSCHENE SCHLOSS

Inmitten einer lieblichen Au,
Die kristallenes Licht übergoß,
Stand ehemals ein stolzer Bau,
Ein strahlend schönes Schloß.
Das Reich, wo es sich luftig erhob,
War des Königs „Gedanke" Land,
Und Seraphschwingen waren darob
Unsichtbar ausgespannt.

Goldgelbe Banner aus Damast
Wallten in Sonnenglut
Herab vom schimmernden Palast
Wie eine goldene Flut.
Und jeder schmeichlerische Zephyr,
Der mit den Blüten dort
Gekost, flog aus dem Zauberrevier
Als Wohlgeruch wieder fort.

Die Wanderer blickten in jenem Tal
Durch Fenster aus leuchtendem Glas

In einen hohen, blendenden Saal,
Wo des Reiches Gebieter saß.
Sein Thron war ganz aus edlem Gestein
Mir purpurnem Baldachin;
Davor schlangen Genien einen Reih'n
Zu Harfenmelodien.

Mit Perlen und Rubinen besät
War des Palastes Portal,
Durch dieses flatterten früh und spät
Echoschwärme ohne Zahl
Vor den König hin und sangen ihm
Mit Stimmen süß und leis
Einen Chorus wie von Seraphim
Zu immerwährendem Preis.

Doch wüstes Volk in der Sorge Gewand
Nahm Thron und Reich in Beschlag.
Weh, nie mehr dämmert in jenem Land
Der Tag, weh, nimmer ein Tag!
Und alles, alles, was dort umher
Je prangte an Herrlichkeit,
Ist nur eine traumhafte Mär
Aus längst vergessener Zeit.

Jetzt zeigen sich des Wanderers Blick
Gestalten knöchern und starr
Und schwingen sich zu toller Musik
In Reigen wild und bizarr.
Dieweil gleich einem lautlosen Strom
Sich in die ewige Nacht
Zur Tür hinausstürzt Phantom um Phantom
Und nimmermehr lächelt – doch lacht!

DER EROBERER WURM

Im Weltenraum ist Galanacht.
Im Theater sitzt gedrängt
Eine Engelschar in Festestracht,
Verschleiert, zährendurchtränkt,
Und lauscht einem wechselvollen Stück,
Wo Furcht und Hoffen sich drängt,
Dieweil im Orchester Sphärenmusik
Sich langsam hebt und senkt.

Gottähnliche Mimen murmeln leis
Den Text und kommen und gehn
Auf großer, formloser Wesen Geheiß,
Die in den Kulissen stehn,
Mit ernsten Gebärden, feierlich stumm
Die Wände schieben und drehn,
Und mit ihren Flügeln ins Publikum
Unsichtbares Leiden wehn.

Dies Drama, wechselvoll, fieberisch,
Es bleibt der Welt unverkürzt,
Mit einem scheckig bunten Gemisch
Von Tollheit und Sünde gewürzt,
Dahinter sich eitel Elend und Graus
Zum verworrenen Knoten schürzt,
Und ein Phantom sich unter Applaus
Ins leere Dunkel stürzt.

Doch sieh! eine Form aus ekler Brut
Schleicht in den Mimenknäul –
Ein kriechendes Untier, rot wie Blut,
Das sich windet und windet, dieweil
Es nach und nach die Mimen verzehrt

Unter der Opfer Geheul,
Und die Engelschar ein Schauder durchfährt
Ob der unendlichen Greu'l.

Aus sind die Lichter – ausgeweht;
Mit der Wucht eines Sturmes fällt
Der Vorhang, ein Leichentuch, sternbesät,
Über das bretterne Zelt.
Die Engel erheben sich abgespannt
Und erklären der bangen Welt,
Daß die Tragödie „Mensch" benannt
Und Eroberer „Wurm" ihr Held.

AN FRANCES S. OSGOOD

Du willst, daß man dich liebt, so weiche
Nie davon, was dein Wesen ist.
Bleibe nur immerdar die Gleiche,
Sei nichts, was du nicht wirklich bist.
Dann wird auch deine sanfte Weise,
Die mehr als Schönheit noch besticht,
Verleiten alle Welt zum Preise
Und Liebe werden – eine Pflicht.

HYMNE

Wenn ich des Morgens mich erhob,
Maria! hörtest du mein Lob.
Legte ich mich zum Schlummer hin,
Pries ich dich, Himmelskönigin.
Als noch die Stunde hell entflog,
Den Himmel kein Gewölk umzog,

Nahmst du, wie eine Mutter tut,
Mein schwaches Herz in deine Hut.
Nun, da die Tage freudlos fliehn,
Mein Leben Stürme überziehn,
Mach meine Zukunft wieder licht
Durch Hoffnung und durch Zuversicht.

AN MARIE LOUISE SHEW

In des Verstandes eitler Überhebung
Verkündete ich einst die „Macht der Sprache",
Bestritt, daß ein Gedanke je erwache,
Für den das Wort ohnmächtig zur Belebung.
Und gleichsam, die Vermessenheit zu strafen
(In der ich mich so überlegen wähnte),
Haben zwei Worte, liebliche Akzente,
Zweisilbig, italienisch – nur geschaffen,
Auf Hermonshügeln, wo in Perlensträngen
Vom Firmament Tautropfen niederhängen,
Von Engelslippen musikalisch lind
Zu zittern – aus dem abgrundtiefen Schachte
Der Seele mir Gedanken, ungedachte
(Welche die Seelen der Gedanken sind),
Herausgelockt – zu wilden Phantasien,
Als daß sie selbst der Engel Israfel
Dem Gott der Stimmen lieblichste verliehen,
Zu formen wüßte. Und trotz dem Befehl
Aus deinem Munde fühl' ich mich erlahmen;
Mit diesen süßen Lauten, deinem Namen
Als Text, versagt die Macht der Sprache –
Kaum fühl' ich mehr – nicht Fühlen ist dies wache,
Der Welt entrückte, völlige Versinken,

Lautlose Stehen an der goldnen Schwelle
Der Träume, dieses Starren in die Helle,
Dieses Erschauern, wenn ich mir zur Linken,
Zur Rechten, vor mir, in der Höhe,
Und weit, weit weg am fernsten Punkt, wo sich
Mein Blick verliert, nichts andres sehe
     Als dich. –

AN EINE IM PARADIESE

Du warst mir, was zum Bilde
Die Seele früh erkor:
Ein Eiland, wo die wilde
Unrast sich sanft verlor,
Ein Schrein, und davor milde
Ein Weiheblumenflor.

O trügendes Geschick!
O Sternentraum! hienieden
Verweht im Augenblick.
„Hinan, hinan"! die Zukunft ruft;
Doch kreist noch ohne Frieden
Um das Vergangne (dunkle Kluft)
Mein Geist wie abgeschieden.

Denn um mich, weh, ach weh,
Ist Nacht, wo ich auch bin,
Es raunt die dumpfe See
Ans Ufer dunklen Sinn:
„Dahin – dahin – dahin!"

Und tags in wachen Träumen,
Und wenn die Nacht entsinkt,

Wo deine Stapfen säumen,
Wo noch dein Auge blinkt –
In welchen seligen Räumen!
Bei Tänzen, wie beschwingt!

SCHWEIGEN

Es gibt Begriffe, Dinge körperlos,
Urbilder jener Zwillingswesenheit,
Welcher der urzeitliche Schöpferschoß
Von Stoff und Geist Gestalt und Leben leiht.
Es gibt ein zwiefach Schweigen – Meer und Strand –
Seele und Leib. Das eine wohnt fernab
An einem Orte, den die ernste Hand
Gütiger Huldinnen mit Grün umgab.
Ein treu Gedenken waltet darum her
Und mildert seinen Ernst, nimmt ihm das Graun.
Es trägt den dunklen Namen: „Nimmermehr!"
Oh, fürcht' es nicht, du kannst dich ihm vertraun.
Doch wenn sein Schatten, der im Reich der Lethe
Als finstrer, namenloser Elfe weilt,
Dich unvermutet vor der Zeit ereilt –
    Dann bete!

EIN TRAUM IM TRAUME

Auf die Stirn nimm diesen Kuß!
Und da ich nun scheiden muß,
Laß mich dir gestehn zum Schluß:
Die ihr wähntet, daß ein Traum
Meine Tage, irrtet kaum.

Wenn die Hoffnung sich zerschlug
– Wann und wo sie auch entflohn,
Ob bei Nacht im Schattenflug,
Ob am Tage, als Vision –
War sie darum weniger Trug?
Was sich uns erfüllt, was nicht,
Ist im Traum ein Traumgesicht.

Wo die Welle, weiß von Gischt,
Um den Brandungsfelsen zischt,
Steh ich, und vom goldnen Sand
Halt ich Körner in der Hand.
Wenige! Doch selbst diese, ach!
Gleiten in die Flut gemach,
Und ich weine ihnen nach.
O Gott! wie halt ich sie in Haft,
Daß nicht alle mir entrafft!
O Gott! Kann ich nicht eins der Flut
Entziehn in meine sich're Hut?
Ist alles, was wir kaum
Zu eigen nannten, Traum im Traum?

TRAUMLAND

Jenseits des Raums, jenseits der Zeit
Dehnet sich wild, dehnet sich weit
        Ein dunkles Land.
        Auf schwarzem Thron
        Regiert ein Dämon,
        Die Nacht genannt.

Auf einem Wege, traurig und einsam,
Mit bösen Engelscharen gemeinsam,

Erreichte ich neuerdings
Dies entlegene Thule.
Durch Heiden ging's,
Durch Sümpfe und Pfuhle –
Da, jenseits der Zeit und jenseits des Raums
Lag es verzaubert, das Land des Traums.

Stürzende Berge, gähnende Schlünde,
Titanenwäler, gespenstische Gründe,
Wallende Meere ohne Küsten,
Felsen mit zerrissenen Brüsten,
Wogen, die sich ewiglich bäumen,
In lodernde Feuerhimmel schäumen.
Seen, die sich dehnen und recken,
Ihre stillen Wasser ins Endlose strecken,
Ihre stillen Wasser, still und schaurig,
Mit den schläfrigen Lilien, bleich und traurig.

An den Seen, die sich so dehnen und recken,
Ihre stillen Wasser ins Endlose strecken,
Ihre stillen Wasser, still und schaurig,
Mit den schläfrigen Lilien, bleich und traurig –
An den Felsen neben den düstern,
Unheimlichen Wellen, die ewig flüstern,
An den Wäldern neben den Teichen,
Wo die eklen Gezüchte schleichen,
In jedem Winkel, dunkel, unselig,
An allen Sümpfen und Pfuhlen, unzählig,
Wo die Geister hausen –
Trifft der Wandrer mit Grausen
Verhülltes Volk aus dem Totenlande,
Erinnerungen im Leichengewande,
Weiße Gestalten der Schatteninseln,

Bleiche Schemen aus toten Zeiten,
Die verzweiflungsvoll stöhnen und winseln,
Wie sie am Wandrer vorübergleiten.

Für das Herz, dessen Schmerzen Legionen,
Sind dies friedvolle, milde Regionen;
Für den umnachteten, dunklen Geist
Sind es himmlische, selige Auen.
Doch der Pilger, der es durchreist,
Darf es nicht unverhüllt erschauen.
Unergründlich bleibt es für jeden,
Dieses geheimnisvolle Eden –
Das ist des finsteren Königs Willen –
Und der Wandrer, von ungefähr
Dorthin verschlagen, erblickt es daher
Nur durch verdunkelte, matte Brillen.

Auf einem Wege, traurig und einsam,
Mit bösen Engelscharen gemeinsam,
Schritt ich jüngst heim durch Sümpfe und Pfuhle
Aus diesem öden, entlegenen Thule.

AN ZANTE

O schönes Eiland, das den holden Namen
Der Blumen allerlieblichster entlehnt,
Du weckst in meiner Seele wundersamen
Erinnerungszauber, den ich tot gewähnt.
Wie viele Stätten namenloser Wonnen,
Wie viele Schatten von verwehten Träumen,
Verlor'nen Hoffnungen, wieviel Visionen
Von ihr, von ihr, die unter diesen Bäumen
Nie mehr verweilt! Nie mehr! Weh, dieses Wort

Magischen, dunklen Lauts verwandelt dich,
Hin ist dein Zauber – ein verfluchter Ort
Ist dein Gestade fürderhin für mich,
O Hyazintheninsel, goldne Zante,
Isola d'oro, fior' di Levante!

EULALIE

Ich lebte allein
In Kummer und Pein
Und krank an Seele und Leib,
Da ward die liebliche Eulalie
Mein sanftes, lächelndes Weib,
Da ward die blondhaarige Eulalie
Mein jung, errötendes Weib.

Ha, weniger hell
Ist der silberne Quell
Als die Augen der lieben Dirn,
Und kein Wölkchen der Höh'n
Ist so duftig und schön
Wie die Löckchen auf Eulalies Stirn –
Wär's beglänzt vom Mond
Oder wär' es besonnt –
Als die Löckchen auf Eulalies Stirn.

Nun bin ich befreit
Von allem Leid,
Da sie mein ist mit Seel' und Leib.
Tagaus, tagein lacht Sonnenschein,
Seit Eulalie mein junges Weib,
Tagaus, tagein lacht Sonnenschein
Auf mein junges, geliebtes Weib.

AN ANNIE

Dem Himmel sei Dank,
Die Gefahr ist vorüber!
Wohl bin ich noch krank,
Doch das schreckliche Fieber,
Das Lebensfieber,
Ist glücklich bekämpft,
Ist endlich gedämpft.

Wohl sage ich mir:
„Deine Kraft ist geschwunden",
Denn ich liege hier
Wie angebunden –
Ans Bett gebunden –
Doch einerlei,
Die Gefahr ist vorbei.

Und ich liege so still
In meinen Decken,
Reglos und still –
Man möchte erschrecken,
Vor mir erschrecken:
Ich bin so weiß
Und atme so leis.

Doch das Stöhnen und Ächzen,
In den Adern das Kochen,
Das wahnsinnige Lechzen,
Das schreckliche Pochen,
Im Herzen das Pochen –
Der Druck von Blei –
Gab mich endlich frei.

Und die zehrende Gier,
Mit der ich geschmachtet,
Ein halber Vampyr,
Nach dem Born, umnachtet,
Dunkel umnachtet,
Dem Born der Hölle,
Der Naphthaquelle
Der Leidenschaft –
Ist nunmehr erschlafft.

Mich dürstet nicht mehr
Nach den dunklen Wellen,
Denn all mein Begehr
Stillt jetzt eine Quelle,
Eine lautere Quelle.
Lauter und sanft
Mit weichem Ranft.

Man sage mir nicht,
Mein Gemach sei ärmlich
Und ohne Licht,
Und mein Lager erbärmlich,
Schmal und erbärmlich –,
Ich liege gut,
Mein Sinnen ruht.

Mein Sinnen ruht,
Mein Gemüt ist entlastet,
Und das wilde Blut
Ward ruhig und hastet
Nicht mehr so jäh
Zum Herzen, wie eh'!

Des, was mich bedrückte,
Betäubte, verwirrte,

Und was mich berückte,
Der Rose und Myrte,
Des Duftes der Myrte,
Denk ich jetzt kaum –
Still ward mein Traum.

Es weht um ihn
Ein heiliger Odem
Von Rosmarin,
Nicht mehr der Brodem,
Der dumpfe Brodem
Der Höllenkraft,
Der Leidenschaft.

Und so liege ich
Wohlig gebettet
Und fühle mich
Glücklich gerettet,
Vom Tod gerettet.
Weich ist mein Pfühl
Und wonnig kühl.

Denn liebewarm
Bin ich umschlossen
Von Annies Arm
Und rings umflossen,
Golden umflossen
Von ihrem Haar,
So sonnenklar.

Bricht der Abend an,
So küßt sie mich innig
Und betet dann
Für mich so innig,

So schlicht und sinnig
Zur Engelschar:
Schützt ihn vor Gefahr!

Da lieg' ich denn still
In meinen Decken,
Reglos und still –
Man möchte erschrecken,
Vor mir erschrecken –
Ich bin so weiß
Und atme so leis.

Doch meine Seele glüht,
Ledig der Schmerzen,
Und ist neu erblüht
An ihrem Herzen
Für alle Zeit
Zur Seligkeit.

AN MEINE MUTTER

Da mir gewiß ist, daß im Himmelsreich
Die Engel, wenn sie glühend sich benennen
Mit Liebesnamen, dennoch keinen kennen,
Der den geweihten Lauten „Mutter" gleich –
Geschah es längst, daß ich dich also hieß,
Die, mehr als Mutter, mir im Herzen tief
Die Stelle ausfüllt, die der Tod dir wies,
Als er Virginias Geist von hinnen rief.
Die eigene Mutter, die ich früh verloren,
Als Kind, war eine Mutter mir allein;
Doch du hast die Geliebte mir geboren,
Und teurer als die Mutter meines Leibes

Bist du mir, wie die Seele meines Weibes
Mir mehr galt als der eignen Seele Sein.

AN . . .

Ich traure nicht, daß schon am Ziel
Mein irdisches Geschick,
Daß langer Jahre Frucht zerfiel
In einem Augenblick.

Nicht, daß kein einziger wie ich
So einsam und unstet,
Bloß darum, daß *du* weinst um *mich*,
Der nur vorübergeht.

AN –

Die Kelche, oft im Traum erschaut,
Wo Singvögel sich wiegen,
Sind deine Lippen – und der Laut
Melodisch draus entstiegen –

Dein Augenstrahl, mir sanft erglüht,
Fällt mitten in dem Dunkel
Auf mein undüstertes Gemüt
Wie eines Sterns Gefunkel.

Dein Herz – *dein* Herz, seufz' ich gepreßt
Und träume bis zum Tage
Vom Glück, das sich nicht greifen läßt,
Doch will, daß man es wage.

AN F. . . S.

Geliebte! In dem Ungemach,
Das sich in meinen Pfad gedrängt,
(Ein rauher Pfad, steinicht und brach,
Von allen Seiten eingeengt), –
Kennt meine Seele einen Ort,
Dessen sie freudevoll gedenkt,
Ein unberührter Zauberhort
In einem weiten Meer versenkt.

Ja, dein geliebtes Bildnis ruht
In meiner Brust als süßer Trost,
Ein Eiland in bewegter Flut,
Von frostigem Gewog umtost,
Und doch so wundersam gefeit,
Daß mitten in dem Wellenfrost
Und Sturmesbrausen jederzeit
Die liebe Sonne mit ihm kost.

Politian, ein Dramenfragment

I.

Rom. Eine Halle in einem Palaste. Alessandra und Castiglione.

ALESSANDRA

Du bist traurig, Castiglione.

CASTIGLIONE

                       Traurig? nein!
Ich bin der Glücklichste, Beglückteste in Rom.
Nur wenige Tage noch, Du weißt es, Alessandra,
Und ich darf mein Dich nennen. O glücklich, glück-
lich bin ich.

ALESSANDRA

Mir deucht, als zeige sich Dein Glück
Auf sonderbare Weise. – Was fehlt Dir, Freund?
Was seufzest Du so tief?

CASTIGLIONE

                  Hab' ich geseufzt?
Es war mir nicht bewußt. 's ist eine Torheit,
Höchst bedeutungslose Torheit, der stets ich oblieg'
Wenn das Glück mich allzuschwer bedrängt.
Hab' ich geseufzt? (Er seufzt wieder.)

ALESSANDRA

Du hast's getan. Dir ist nicht wohl. Du hast

Die letzten Monde ruhelos und wild gelebt –
Mit großem Mißvergnügen hab' ich es vernommen.
Durchtollte Nächte und der Wein, Castiglione,
Bereiten Dir zu frühen Untergang.
Schon ist Dein Angesicht verändert, die Augen einge-
sunken.
Glaub mir, nichts gräbt so frühes Grab, als Nächte,
Die ohne Schlaf beim Becher hingebracht.

CASTIGLIONE (nachdenklich.)

Nichts, Teuerste, nicht einmal grauste Sorgen,
Gräbt uns so frühes Grab als Schwelgerstunden und
der Wein.
Ich werde in mich gehn.

ALESSANDRA

Tu es! Auch möcht ich, daß Du fernerhin den Kreis
Der üppigen, niedrig gebornen Freunde meidest,
Die schlecht anstehn Di Broglios jungem Erben,
Und Alessandras künft'gem Gatten.

CASTIGLIONE

Von jetzt an werde ich sie meiden.

ALESSANDRA

Du wirst – Du mußt! Richt' auch mehr Augenmerk
Auf Deine Kleidung, Deine Dienerschaft. Dies alles ist
zu einfach
Für Deinen hohen Rang – und viel hängt ab vom Äußeren.

CASTIGLIONE

Ich werde daran denken.

ALESSANDRA

Verwende weit're Sorgfalt, Herr,
Auf Deine Wagen und auf schickliches Gespann –
noch viel fehlt Dir an Würde.

CASTIGLIONE

Viel, viel, o viel fehlt mir
An schöner, wahrer Würde.

ALESSANDRA (hochmütig.)

Du spottest, Herr?

CASTIGLIONE (abwesend.)

O süße, sanfte Lalage!

ALESSANDRA

Hör' ich recht?
Ich red' mit ihm – er spricht von Lalage.
Herr! Graf! (legt ihre Hand auf seine Schulter) was träumt
Ihr?
Ihm ist nicht wohl! Was fehlt Euch, Herr?

CASTIGLIONE (auffahrend.)

O Liebste – Schönste! – Herzogin!
Ich bitte um Vergebung Euch – gewiß, mir ist nicht
wohl.
Nehmt Eure Hand von meiner Schulter –
Die Luft ist drückend schwül – der Herzog!

(Di Broglio tritt ein.)

DI BROGLIO

Mein Sohn, ich bring' Dir eine Nachricht! – Wie? –
Was gibt's? – (beobachtet Alessandra.) Man schmollt?
Castiglione, küsse sie, küsse sie, Du Hund!
Mach' alles wieder gut in einem Augenblick.
Ich bring' Euch beiden Neuigkeiten. Politian wird
stündlich
In Rom erwartet – Politian, der Graf von Leicester.
Wir werden ihn zur Hochzeit bei uns sehn. Er kommt
zum erstenmal
In unsre kaiserliche Stadt!

ALESSANDRA

Was? Politian? Aus England – Graf von Leicester?

DI BRoGLIO

Ja, meine Liebe, er.
Wir werden ihn zur Hochzeit bei uns sehen,
Noch jung an Jahren, aber grau an Ruhm.
Ich hab' ihn nie gesehen.
Doch Fama spricht von ihm als einem Wunder,
Bedeutend durch sein Wissen, seine Tapferkeit,
Durch Reichtum und höchst edele Geburt.
Wir werden ihn zur Hochzeit bei uns sehen.

ALESSANDRA

Auch ich hört' viel von dem Politian.
Ist er nicht leichten Sinns und heiter stets,
Dem Denken abgeschworen?

DI BROGLIO

Da irrst Du, Liebste.
Man sagt, daß er, gelehrt wie wenige,
Sich auf dem irrsten Pfad der Wissenschaft zurecht-
zufinden weiß.

ALESSANDRA

Das ist höchst seltsam!
Ich kannte Männer, die Politian befeundet, und die
sagten,
Daß er wie toll durchs Leben geht
Und jeden Freudenbecher bis zur Neige leert.

CASTIGLIONE

Höchst lächerlich! Ich kenne Politian und weiß,
Daß lustig nicht, noch sehr gelehrt er ist.
Ein Träumer ist er! und ein Mann, der außerhalb
Gemeiner Leidenschaften steht.

DI BROGLIO

Kinder, wir wollen drum nicht streiten.
Kommt, laßt uns gehn, des Gartens duft'ge Luft
In Eintracht zu genießen –. War's Traum nur, oder
hört' ich wirklich,
Politian hab' ein verdüstertes Gemüt?

II.

Rom. Ein Frauengemach mit einem offenen, auf den Garten ge-
henden Fenster. Lalage, in Trauerkleidung, liest an einem Tische,
auf dem einige Bücher und ein Handspiegel liegen. Im Hintergrunde lehnt Jacinta, die Dienerin, nachlässig in einem Stuhl.

LALAGE

Jacinta, bist Du es?

JACINTA (schnippisch.)

Ja, gnädige Frau, ich bin's.

LALAGE

Ich wußte nicht, Jacinta, daß Du wartetest.
Nimm Platz, laß meine Gegenwart Dich nicht beläst-
'gen.
Nimm Platz – ich bin voll Demut, voll von Demut.

JACINTA

's ist an der Zeit. (Setzt sich seitlich auf einen Stuhl und blickt
ihre Herrin mit einem verächtlichen Blicke an. Lalage fährt fort zu
lesen.)

LALAGE

Er sagte: „unter anderm Himmel
Erblühte sie zur wunderbaren Blume."
(hält inne, wendet ein paar Blätter um und fährt fort:)
„Dort ängstet Winter nicht, noch Schnee, noch Regen.
Die sanften Geister westlich sanfter Winde
Sie bringen Kühlung übers Meer."
Wie schön! – wie wundervoll! – wie ähnelt es
Den Fieberträumen meiner Seele von einem Himmel
droben.
Glückseliges Land! Sie starb! Die Jungfrau starb –!
Glücksel'geres Wesen, das so sterben durfte!
Jacinta! (Jacinta antwortet nicht, und Lalage redet weiter.)
Und wieder wird ein ähnliches erzählt von einer schö-
nen Dame,
Die auch das Meer dem Heimatland entführt!

„Sie starb sehr jung", sagt mit des Spieles Worten
Ein Held von ihr, und Bossolo, ein Freund, antwortet
drauf:
„So dünkt mich nicht, ihr trauervoll Geschick
Scheint mir der Jahre allzuviel zu zählen."
Unsel'ges Wesen! – Hör', Jacinta! (keine Antwort, blättert
weiter.)
Noch eine Mär voll Bitternis, und an Verzweiflung je-
nen andern gleich,
Spricht von Ägyptens Königin, die tausend Herzen
Sich einst im Flug gewann – am Ende doch ihr eigenes
verlor.
Sie starb – so endet die Geschichte – und ihre Mäd-
chen stehen stumm
Bei ihr und weinen – anmutige Mädchen
Mit anmutigen Namen – Eiros – Charmion,
Der Regenbogen und die Taube! Hör', Jacinta!

JACINTA (mürrisch.)

Was denn, gnädige Frau?

LALAGE

Geh, gutes Mädchen, in das Bücherzimmer
Und hole mir die heiligen Evangelisten. (Jacinta ab.)

LALAGE

Wenn's Balsam gibt für einen wunden Geist,
So ist er da zu finden!
Kühlenden Tau auf meine bittern Schmerzen
Will ich dort suchen – ach, er müßt' süßer sein
Als jener, der wie Perlenreih'n um Hermons Hügel
hängt.

JACINTA
(kommt zurück und wirft einen Band auf den Tisch.)

Hier ist das Buch! (beiseite.) Wie lästig sie mir fällt!

LALAGE (erstaunt.)

Was sagtest Du, Jacinta? Tat ich irgendwas,
Dich zu betrüben oder zu erzürnen? Das wär' mir
herzlich leid;
Denn lange hast Du mir gedient und stets
Ergeben Dich und treu bewiesen. (Liest wieder.)

JACINTA (beiseite.)

Ich glaube nicht, daß sie noch irgendwelchen
Schmuck besitzt,
Nein – nein! Längst hat sie alles mir gegeben.

LALAGE

Was sagtest Du, Jacinta? Es fällt mir ein,
Du hast schon lange nicht von Deiner Heirat
Mehr gesprochen. Was macht Dein guter Ugo?
Wann soll die Feier vor sich gehn? Bedürft Ihr
Weiter meiner Hilfe noch?

JACINTA (beiseite.)

Weiter meiner Hilfe noch? Das ist spitz gemeint!
(laut.) Ich hatte nicht gedacht, daß ich mich alle Tage
An die Juwelen müßt erinnern lassen.

LALAGE

Juwelen sagst Du? Ach, Jacinta,
An diese dacht' ich längst nicht mehr.

Nun denn, 's kann sein,
Doch hätt' ich drauf geschworen. Überdies
Sagt gestern Ugo mir, der Stein im Ring sei gar nicht
echt,
Er könne sich auch gar nicht denken, daß Graf Castig-
lione
Einen echten Edelstein von solcher Größe *Euch* ge-
schenkt.
Und außerdem bin ich gewiß, Madame, daß *jetzt* Sie
Für solchen Schmuck kaum noch Verwendung ha-
ben. (ab.)

LALAGE
(bricht in Tränen aus, ihr Kopf sinkt auf den Tisch. Nach einer
Pause aufstehend.)

Du arme Lalage! – So weit ist's also schon gekommen!
Die eig'ne Dienerin – Doch Mut –! 's ist eine Schlange,
Die ich genährt, um ihren Biß zu fühlen. (sie nimmt den
Spiegel.)
Dies ist ein letzter Freund – *ach*, *zu sehr* Freund
In frühern Tagen. Er wird mich nicht betrügen.
Oh, klarer und getreuer Spiegel! Erzähl mir
Eine schöne Mär und brich nicht ab, wenn sie mit Weh
sich endet.
Er tut es – und das Ende – sind gesunkne Augen,
Farblose, hohle Wangen und Schönheit, lang verblüht
–
Er spricht von Freuden, lang verrauscht, von Him-
melshoffnung,
Eingeurnet und begraben. Und nun in leisem, trübem,
Doch höchst vernehmlichem und feierlichem Tone
Hör ich ein Flüstern von vorzeit'gem Tod,

Von gähnend dunklem Grabestor
Für ein unsel'ges Weib. Du klarer und getreuer Spie-
gel,
Du lügst mir nicht! Du brichst kein Herz um eines Vor-
teils willen.
Castiglione log, da er von Liebe sprach –
Doch Du bist wahr –, bist wahr, so falsch er ist!

(Während sie spricht, tritt ein Mönch ins Zimmer und nähert sich
unbemerkt.)

MÖNCH

Geliebte Tochter! Such eine Zuflucht Dir im Himmel.
Denk an die ewgen Dinge. Gib Deine Seel der Reu an-
heim
Und bete!

LALAGE (springt auf.)

Ich kann nicht beten –! Meine Seele lebt im Zwist mit
Gott.
Die schreckensvollen Klänge ird'scher Heiterkeit
Durchwirbeln meine Sinne –! Geh –! Ich kann nicht
beten.
Die süßen Düfte aus dem Garten quälen mich,
Und Deine Gegenwart ist mir nur Ärgernis.
Geh –! es schaudert mir vor Deiner Priesterkleidung,
Mit Furcht erfüllt Dein Kruzifix mein Herz!

MÖNCH

Denk an Dein Seelenheil!

LALAGE

Denk Du an meine Jugend – denk an meine Eltern,

An meine jungen Schwestern! An mein stilles Vater-
haus,
Der Wiesen denk, des Bächleins vor der Tür!
Dann denk an mich, an meine Liebe, mein Vertrauen,
An seine Schwüre denk – an meinen Untergang
Denk, denk an mein unsagbar Weh –! Laß mich allein
– –
Nein, bleibe! bleib –! Was sagtest Du doch von Gebet,
Von Buß' und Reu'? Sprachst nicht von Glauben und
Gelübden Du?

MÖNCH

Ich tat's.

LALAGE

Nun wohl.
Ich werde ein Gelübde tun, ablegen einen heil'gen
ernsten Schwur.

MÖNCH

Dein Eifer ist zu loben, teure Tochter.

LALAGE

Du lobst zu früh, mein Vater.
Hast Du ein Kruzifix, auf das ich meinen Eid kann lei-
sten?
(Er gibt ihr das seinige.) O nein! Nicht dies! (schaudernd.)
Nicht dies! Ich sage Dir, ich habe Furcht
Vor Deiner Kleidung und dem knöchern weißen Kru-
zifix.
Zurück mit ihm! Ich habe selbst ein Kreuz, das mir zur
Tat

194

Wie ein Symbol zu passen scheint, und nur auf dies
Will mein Gelübd' ich schwören. (Sie zieht einen Dolch
mit einem Kreuzgriff und schwingt ihn hoch.)
Sieh an das Kreuz, mit dem ich meinen Schwur
Dem Himmel schwören will!

MÖNCH

Wahnsinn spricht aus Deinen Worten, Tochter,
Ein Schauder geht durch Deinen Leib, Dein Auge
rollt,
Die Lippen werden bleich – ruf nicht des Himmels
Zorn auf Dich;
Halt ein, eh es zu spät – o schwöre nicht –
O schwöre nicht –

LALAGE

Ich hab's getan.

III.

Ein Zimmer im Palast. Politian und Baldazzar, Herzog von Surrey.

BALDAZZAR

Ermanne Dich, Politian!
Du mußt Dich – nein, Du darfst Dich
Nicht solcher Stimmung überlassen. Sei doch Du
selbst!
Zum Leben kehr' zurück, Dein Leben jetzt ist Tod.

POLITIAN

Nicht doch, Baldazzar! Sei gewiß, ich lebe!

BALDAZZAR

Politian, es macht mir Schmerz, Dich so zu sehn.

POLITIAN

Es peinigt mich, dir Grund zum Schmerz zu geben.
Befiehl mir, lieber Freund –, was willst Du, daß ich
tue?
Auf Deinen Wunsch will ich dies Wesen,
Das von Verrätern ich geerbt und mit der Mutter
Milch gesogen,
Gern von mir streifen und versuchen,
Nicht mehr Politian zu sein. Befiehl mir, Freund!

BALDAZZAR

So zieh ins Feld – ins Feld!

POLITIAN

Selbst dahin würd' ein böser Geist mir folgen,
Selbst dahin *ist* er mir noch stets gefolgt.
Selbst dahin – welche Stimme?!

BALDAZZAR

Ich hörte nichts! Hört' weiter nichts
Als Deine Stimme und der mein'gen Echo.

POLITIAN

So träumt' ich denn?

BALDAZZAR

O flieh die Träume. Das Feld, das Heer verlangt nach
Dir,

Ruhm wartet Deiner, Ehre ruft!
Doch willst Du die trompetenzüngige nicht hören,
Du lauschst auf Töne, die unwirklich sind,
Und horchst auf Töne, die kein Ohr vernimmt!

POLITIAN

Wie! Töne, die kein Ohr vernimmt?
Du hörtest also nichts?

BALDAZZAR

Ich hörte nichts.

POLITIAN

Dir blieb sie stumm –? Baldazzar, sprich nicht mehr
Vom Feld, von Heer und Höfen. Ich bin krank,
Zu Tode krank an der hohl tönenden und
Inhaltlosen Eitelkeit der völkerreichen Erde. Ertrag
mich noch ein wenig –.
Wir waren schon als Kinder Freunde und sind es noch.
Doch werden wir es nicht mehr lange sein,
Denn in der ew'gen Stadt sollst Du
Mir einen lieben, guten Dienst erweisen.
Und eine milde, unermeßlich große Macht
Soll aller weitern Dienste Dich entheben.

BALDAZZAR

Du sprichst ein böses Rätsel,
Das ich nicht lösen *will*.

POLITIAN

Jetzt, da mein Schicksal naht, die Horen leis und
schwach schon atmen,

Verwandelt Zeit die Körner Sand in Körner lautern
Goldes
Und blendet mich, Baldazzar. Wehe mir!
Ich kann nicht sterben: meines Herzens Feuer
Nährt die Glut, die wild verlangt nach Schönheit –
Mich deucht die Luft balsamischer denn je –
Und Melodien fluten in den Winden,
Erles'ne Lieblichkeit deckt rings die Erde
In heiligerem Glanze schwebt am Himmelszelt
Der stille Mond – doch horch; jetzt kannst Du nicht
mehr sagen,
Daß Du nichts hörtest, Baldazzar.

BALDAZZAR

Sei überzeugt, ich hörte nichts!

POLITIAN

Er hörte nichts! So lausche doch dem zart'sten Laut
Und süßesten, den je ein Ohr vernahm!
's ist eine Frauenstimme, und aus ihrem Klang spricht
Schmerz
Und bannt mein Ohr, wie eine Zauberkraft!
Da tönt sie wieder, und höchst feierlich
Fällt sie in meines Herzens Tiefe. Gewiß hab' diese
Stimme
Ich nie gehört, doch wär' es gut, hätt' ihre Klagetöne
Mein Ohr in frühern Tagen schon vernommen.

BALDAZZAR

Auch ich vernehm' sie jetzt;
Sei still! Wenn ich nicht irre, kommt das Lied
Dort hinter jenem Gitter her, das Du durch dieses Fenster

Ganz deutlich sehen kannst. Gehört es nicht
Zum herzoglichen Schloß? Die Sängerin weilt sicher-
lich
In seinen Mauern, und vielleicht ist's Alessandra
selbst,
Von der ich Dir schon sprach, die Braut Castigliones,
Des Herzogs Sohn und Erben.

POLITIAN

Oh, schweige still –, schon hör' das Lied ich wieder.

STIMME (sehr schwach.)
„Und ist so hart dein Herz,
Das treulos mich verläßt,
Das lang' geliebt mein Herz
In Weh und stummem Schmerz?
Und ist so hart dein Herz,
Das treulos mich verläßt?
Sag nein! sag nein!"

BALDAZZAR

Oft hört' ich dieses Lied im heitern England singen,
Doch klang es nie so trauervoll – st, st, da hebt es wieder an.

STIMME (lauter.)
„Ist es so hart, dein Herz,
Das treulos mich verläßt,
Das lang' geliebt mein Herz
In Weh und stummem Schmerz?
Und ist so hart dein Herz,
Das treulos mich verläßt?
Sag nein! sag nein!"

BALDAZZAR

Nun bricht sie ab, und alles schweigt.

POLITIAN

Nicht *alles* schweigt.

BALDAZZAR

Laß uns hinuntergehn.

POLITIAN

So geh, Baldazzar, geh.

BALDAZZAR

Die Stunde drängt, Politian, der Herzog wartet unser,
Und in der Halle unten wird deine Gegenwart ge-
wünscht.
Was ficht Dich an, Politian?

> STIMME (deutlich.)
> „Und ist so hart dein Herz,
> Das treulos mich verläßt?
> Sag nein! sag nein!"

BALDAZZAR

Nun laß uns gehn. 's ist Zeit. Gib Deine Träumereien.
Dem raschen Wind dahin. Erinnere Dich auch,
Daß Dein Benehmen jüngst dem Herzog gegenüber
Fast allzu kühl gewesen. Ermanne Dich! Und denke
dran!

POLITIAN

Ich tu's, ich tu's, ich *werde* daran denken.
Laß uns hinabgehn. Glaube mir, die weiten Lande
meiner Grafschaft
Gäb' gern ich hin für einen Blick auf das verborgne
Antlitz

Dort hinter jenem Gitter – für einen Laut von jenem
trüben Munde.

BALDAZZAR

Ich bitte Dich, mein Freund, komm, laß uns gehn!
Wir würden sonst den Herzog kränken.
Laß uns hinuntergehn –, ich bitte Dich darum!

STIMME (laut.)
„Sag nein! sag nein!"

POLITIAN

Wie sonderbar –! Höchst sonderbar. Mich deucht,
Die Stimme steht im Banne meiner inneren Wünsche
Und heißt zu bleiben mich. (Nähert sich dem Fenster.)
Du süße Stimme, sieh, ich merk' auf Dich und bleibe.
Beim Himmel, sei es Wunsch des Schicksals oder Lau-
ne,
Ich gehe nicht hinab. Baldazzar, sag dem Herzog,
Ich lasse mich entschuld'gen.

BALDAZZAR

Was Eure Lordschaft wünscht,
Das soll geschehn. Gute Nacht, Politian.

POLITIAN

Gut' Nacht, mein Freund, gut' Nacht!

IV.

Im Garten des Palastes. – Mondschein. Lalage und Politian.

Und Du sprichst mir von Liebe,
Mir, mir, Politian –?
Ach wehe, wehe mir! Wie grausam trifft Dein Spott!

POLITIAN

Die bittern Tränen, die Du weinst, sind mehr als ich
ertrage.
Oh, seufze nicht, stell Deine Klagen ein,
Und nimm des Trostes Nahrung an. Ich weiß –
Längst weiß ich alles – und rede *doch* von Liebe.
Sieh mich nur an,
Du Schönste, Allerstrahlendste –! schenk einen Blick
mir nur.
Du fragst, ob ich von Lieb' noch reden kann,
Da ich doch weiß, was mir bekannt, und sah, was ich
gesehn?
Und da du fragst, so geb' ich Antwort Dir,
Und beuge meine Knie, und gebe Antwort Dir. (kniet
nieder.)
Dich, Lalage, Süße, lieb' ich – lieb' ich – lieb' ich,
hab' ich geliebt, in Weh und stummem Schmerz.
Und heißer lieb' ich Dich, als eine Mutter ihres Scho-
ßes
Schmerzhafte erste Frucht, und nie sah ein Altar
Ein heil'ger Feuer brennen, als das um Dich
In meiner Seele glüht. Das Weh, das Dich ereilt,
Facht diese Glut nur an, das Weh,
Das groß und selten, wie Deine Schönheit ist.

LALAGE

Ach, stolzer Graf,

Du hast Dich selbst vergessen, als meiner Du gedacht.
Wie könnte ich, die Schmachbedeckte, in Deines Va-
ters Hallen,
Inmitten jener Frauen wohnen, die makellos und
Stolz, die Ehre des Geschlechts sich stets zur
Richtschnur ihres Handelns nahmen?
Wie könnt das Weib mit dem verletzten Namen,
Der in den Staub getretnen Ehre
Sich Deinem Weg und Ruhm entgegenstellen?

POLITIAN

Oh, sprich mir nicht von Ruhm!
Ich hasse, ich verabscheue dies Wort, ich schaudere
Vor seiner Nichtigkeit und Leere.
Bist Du nicht Lalage, ich nicht Politian?
Lieb' ich Dich nicht? Bist Du nicht schön?
Was tut uns weiter not? Ruhm? sprich nicht von ihm.
Bei allem, was mir heilig, bei allem, was auf dieser
Welt ich mir erwarte und von jener fürchte,
Bei allem, was auf Erden ich verschmäh', vom Him-
mel wünsche,
Gibt's keine Tat, die mir mehr Ruhm sollt bringen,
Als Deinetwillen jeden Ruhm verachten und unter
meine Füße treten!
Was tut's, Geliebteste, was tut's,
Wenn wir vergessen werden und unrühmlich
Zum Staube wiederkehren, gehn nur zusammen wir.
Gehn nur zusammen wir –. Und dann – und dann
vielleicht –

LALAGE

Was schweigst Du still, Politian?

POLITIAN

Und dann vielleicht stehn wir zusammen von den To-
ten wieder auf
Und schweben selig durch die Sternenräume,
Auf ewig – –

LALAGE

Was schweigst Du nochmals still!

POLITIAN

Auf ewig, ewig, ewig dann vereint!

LALAGE

Graf Leicester, ja, Du liebst mich,
Im tiefsten Herzen fühl' ich, daß Du treu mich liebst.

POLITIAN

O Lalage! (wirft sich auf die Knie.) Und Du liebst mich?

LALAGE

Still, schweig! Mich dünkt, im finstern Schatten
Jener Bäume ging stumm ein Wesen uns vorbei –
Gespensterhaft, langsam und feierlich,
Gleich wie der fürchterliche Geist, den wir Gewissen
nennen. (Sie macht ein paar Schritte und kommt zurück.)
Ich irrte mich, es war ein mächt'ger Ast,
Der in dem kalten Herbstwind schwankt.

POLITIAN

Sprich, Lalage, Geliebte sprich, was ist's, was Dich bewegt,

Und weshalb wirst du bleich? Nicht das Gewissen selbst,
Viel weniger noch sein Schatten
Darf uns so beben machen. Die Nachtluft
Läßt Dich frösteln – und diese trauervollen Zweige
Bedecken alles rings mit trüber Düsterkeit.

LALAGE

Politian, Du sprichst zu mir von Liebe. Kennst Du das Land,
Von dem nun jede Zunge spricht, das wunderbar
Ein Genueser jüngstens fand im goldnen Westen?
Ein Feenland voll Sonnenschein und Früchten,
Kristallnen Seen, himmelhohen Wäldern
Und Bergen, deren Felsentürme des Himmels Winde
Frei umrauschen, dessen Luft zu atmen
Uns Glück und Freiheit bringt!

POLITIAN

O willst Du, willst Du mir zur Seite
In jenes Paradies entfliehn?
Dort ist nicht Sorge, ist nicht Kummer mehr
Für uns, Gott Eros wird uns immerdar geleiten.
Mein wird das Leben sein, denn nur für Dich
Will ich es leben –! keine Trauernde sollst
Du mehr sein – nur klarste Freuden sollen Dich erwarten
Und milder Hoffnung sanfte Engel leuchten Deinen Wegen.
Ich werde vor Dir knien und zu Dir beten,
Und Dich Geliebte nennen, Schönste – Du Geliebteste, mein Weib!

Mein All –! O willst Du, willst Du, Lalage,
Dorthin mit mir entfliehn?

Ein Werk ist zu vollbringen –
Castiglione lebt –

Und sterben soll er! (Eilt ab.)

LALAGE (nach einer Pause.)

Und – sterben – muß – er –! ach!
Castiglione sterben? Wer sprach dieses Wort?
Wo bin ich –? Wie? was sagte er –? Politian!
Du gingst nicht weg, Du bist nicht weggegangen, Poli-
tian,
Ich fühl's, Du gingst nicht weg, Du *konntest* nicht
Mit diesen Worten auf den Lippen gehn.
Oh, sprich zu mir, und laß mich Deine Stimme hören.
Ein Wort nur sage mir –, daß Du nicht fort,
Nur einen kleinen Satz – daß meines Weibesschwäche
Du hassest und verachtest. Haha! Du gingst nicht fort –
O sprich zu mir! Ich weiß, Du *darfst* nicht gehn,
Du *willst* nicht gehn, Du narrst mich bloß!
So greife ich Dich denn – so – Er ist fort – er ging –
Er ging!! Wo bin ich? Es ist gut, sehr gut.
So, sei die Schneide scharf und sicher sei der Stoß
's ist gut – sehr gut so – ach –

V.

Vorstadt. Politian allein, dann Baldazzar; später Castiglione.

Die Schwäche überwältigt mich. Mir schwindelt.
Ich fürchte eine Krankheit – doch ich darf nicht ster-
ben,
Eh' ich gelebt! – Zieh Deine Hand zurück, Du finstrer
Azräel,
Du Fürst des Grabes und der Dunkelheit, erbarme
Dich.
Erbarme Dich und laß mich jetzt nicht sterben
Im jungen Lenze einer neuen Hoffnung!
Noch eine Weile laß mich leben, eine kleine Weile
noch.
Ich bitte nun um Frist, ich, der ich kürzlich
Nichts heißer hab' erbeten als den Tod –. (Baldazzar tritt
ein.)
Was sagt der Graf?

BALDAZZAR

Ihm sei vom Streite nichts bekannt,
Er nähme drum die Forderung Politians nicht an.

POLITIAN

Ich hab' auch keinen Streit mit ihm –
– Wann sahst Du je, Baldazzar, im kalten,
Unholden England, das wir jüngst verließen,
Den Himmel rein wie hier, so völlig frei
Von Flecken dunkler Wolken? – – und was sagt er?

BALDAZZAR

Nicht mehr, mein Herr, als was ich Euch gesagt,
Graf Castiglione will nicht mit Euch fechten,
Da er sich keines Zwistes könnt' entsinnen.

Das ist sehr wahr, ist alles wirklich wahr,
Du bist mein Freund, Baldazzar, oh, ich hab' es nicht
vergessen.
Du wirst mir einen Dienst erweisen. Willst Du noch
einmal hingehn
Und diesem Manne sagen, daß ich, der Graf von Lei-
cester,
Ihn einen Schurken nenne? Das sag, ich bitte Dich,
Dem Grafen – Es ist die Wahrheit nur,
Und er wird Grund zum Kampfe mit mir haben.

BALDAZZAR

Mein Herr, mein Freund – –

POLITIAN (beiseite.)

Täusch' ich mich nicht – dort kommt er selbst.
(laut) Dein Einspruch ist vielleicht sehr gut – ich will
die ganze Sache
Noch einmal überdenken, bring ihm nicht diese Bot-
schaft.
Und nun muß ich Dich bitten, mich allein zu lassen;
Es kommt jemand hierher, mit dem ich Dinge,
Die ihn nur angehen, lange zu beraten habe.

BALDAZZAR

Ich gehe – morgen treffen wir uns dann im Vatikan.

POLITIAN

Im Vatikan. (Baldazzar ab.)

CASTIGLIONE (tritt ein.)

Der Graf von Leicester hier?!

208

POLITIAN

Ich *bin* der Graf von Leicester, und Du siehst,
Hier bin ich, oder siehst Du's nicht?

CASTIGLIONE

Mein Graf, ein seltsamer –
Höchst sonderbarer Irrtum – und ein Mißverständnis
–

Ist ohne Zweifel zwischen uns getreten
Und hat in Zorneshitze Dich getrieben,
Mir, Castiglione, ein'ge Worte dunklen Inhalts
Zu übersenden. Der Überbringer war
Baldazzar, Herzog Surrey. Ich bin mir nichts bewußt,
Das solches Vorgehn mir erklärlich machen könnte,
Da ich Dich nicht beleidigt habe. Hab' ich nicht recht?
War es ein Irrtum? Zweifellos! Wir alle
Irren ja zuzeiten.

POLITIAN

Zieh' Schuft! Und schwatz nicht länger!

CASTIGLIONE

Ha! Zieh –? und Schuft? Nun sieh Dich vor, Du stolzer
Graf! (Er zieht.)

POLITIAN (dringt auf ihn ein.)

So weihe ich Dich denn vorzeit'gem Untergang
Und frühem Grab: im Namen Lalages.

CASTIGLIONE
(läßt den Degen sinken und weicht bis ans Ende der Bühne zurück.)

Im Namen – Lalages?
Entferne Deine heilgen Hände – weg da, sag' ich,
Ich will nicht mit Dir kämpfen – hör zu, ich wag' es
nicht.

POLITIAN

Du willst nicht mit mir kämpfen, sagst Du, Graf?
Willst mich verhöhnen? Nun, laß sehen –
Du wagst es nicht? Ha!

CASTIGLIONE

Ich wag' es nicht – ich wag' es nicht –
Weg Deine Hand – mit dem geliebten Namen
Auf Deinen Lippen will ich Dich nicht besiegen –
Ich kann nicht, wag' es nicht.

POLITIAN

Bei meiner Seligkeit, ich glaube Dir!
Feigling, ich glaube dir!

CASTIGLIONE

Feigling?! Das geht nicht an! (Zieht den Degen und dringt
auf Politian ein, doch besinnt er sich, ehe er ihn erreicht, und fällt
dem Grafen zu Füßen.)
Ach Herr! recht – nur zu recht habt Ihr! In diesem Fall
Bin ich ein Feigling – o erbarmet Euch!

POLITIAN (sehr besänftigt.)

Ja, Mitleid fällt mich an –

CASTIGLIONE

Und Lalage –

210

Schurke! Steh auf und stirb!

Nicht so! nicht so! Auf meinen Knien laß mich sterben.
Entehrt und schmachbedeckt will ich zugrunde ge-
hen;
Denn nimmermehr soll meine Hand im Kampf sich
wider *Dich* erheben.
Stich zu! (bietet ihm die Brust dar.) Dein Degen finde kei-
nen Widerstand.
Ich *will nicht* mit Dir kämpfen!

Himmel und Hölle!
Drängt es mich nicht, beim Worte Dich zu fassen?
Höre:
Glaube nicht, daß Du so mir entfliehst! Vor Augen al-
ler Bürger
Auf öffentlichem Platz werd' ich Dich schmähen.
Ich werde mich an Deine Fersen heften;
Vor Ohren aller, die Du liebst, werd' ich Dich Schur-
ken,
Feigling nennen! Du *willst* nicht mit mir kämpfen?
Wir werden sehn, ob ich Dich *zwingen* kann! (Ab.)

Und alles dies hab' ich verdient!
Erbarmen, Himmel! Rachegott!

Sein Zimmer

Der Hausherr ist auf dem Divan eingeschlummert. Zeit: um Mitternacht. Draußen ein unfreundliches Wetter. Während der Hausherr schläft, wollen wir eine Skizze[3]) von seinem Zimmer aufnehmen:

Es ist von länglicher Form, dreißig Fuß lang und zwanzig breit. Es hat nur eine schmale Tür an einem Ende und zwei Fenster an der gegenüberliegenden

---

3) Aus einem Essay über Innendekoration, in dem Poe sich im allgemeinen bloß gegen den Klischeestil seiner Zeit wendet. Nur ein paar Bemerkungen sind darin, die ewigere Beziehung haben und die sich darum zugleich auch mit Forderungen decken, wie sie heute, in einer Epoche, die wieder einen organischen Stil erstrebt, ebenfalls gestellt werden. So, wenn er sagt: „Der Teppich ist die Seele des Zimmers; nach ihm müssen sich nicht nur die Farben, sondern auch die Formen der Gegenstände richten, die auf ihm Platz finden sollen. Ist er groß, so kann er eine große Zeichnung haben. Ist er klein, so muß er eine kleine haben. Die Zeichnung selbst darf nichts bedeuten, keine Blume, kein Bild vorstellen."   Anm. des Herausgebers

Seite. Letztere sind breit und reichen bis zum Boden. Sie bilden eine tiefe Nische in der Mauer und führen auf eine italienische Veranda. Die Scheiben sind purpurrot und von Palisanderholz eingerahmt. Im Innern der Nische sind sie mit Vorhängen aus einem dichten Silbergewebe verhangen, die der Form des Fensters angepaßt sind und in kleinen Falten niederfallen. Außerhalb sind außerordentlich reiche Vorhänge aus karmoisinroter Seide angebracht, mit Gold eingefaßt und mit demselben Silbergewebe gefüttert, aus dem die Stores hergestellt sind. Die Falten, die eher fein als schwer sind und recht leger aussehen, kommen unter einem goldenen Sims von reicher Arbeit hervor, das die ganze Decke umrandet. Die Draperie öffnet und schließt sich durch eine dicke Goldkordel, von welcher sie nachlässig umschlungen ist und die in einer Schleife endet. Die Farben der Vorhänge und ihrer Borten, Karmoisin und Gold, wiederholen sich überall und geben den Charakter des Zimmers. Der weiche sächsische Teppich ist ebenfalls karmoisinrot, nur eine goldene Linie unterbricht seine Fläche und kriecht in wunderlichen, unregelmäßigen Verschlingungen über ihn hin. Die Wände sind mit seidenartigen Tapeten in Silberfarbe bekleidet, die kleine Arabesken in mattem Karmoisin aufweisen. Die Gemälde zeigen hauptsächlich phantastische Landschaften, wie die „Feengrotte" von Stanfield oder den „Düsteren Teich" von Chapman. Außerdem sind aber auch noch drei oder vier Frauenköpfe von ätherischer Schönheit zu finden, Porträts, wie Sully sie malt. Keins der Gemälde zeigt warme Farbentöne oder gar „brillante Effekte", aber auf allen liegt eine Ruhe, die sie auch ihrer Umgebung mitzuteilen scheinen. Die Rahmen sind breit und reichgeschnitzt und haben den direkten Glanz von altem, gebräuntem Golde. Nur einen mäßig großen, runden Spiegel bemerken wir, aber bei der Wahl seines Platzes ist Sorge getragen, daß man sich von keinem der Sitze aus darin sehen kann. Zwei breite, sehr niedrige Sofas aus Palisanderholz, mit karmoisinroter, golddurchwirkter Seide überzogen, bilden die einzigen Sitze, mit Ausnahme zweier Causeusen, ebenfalls aus Palisander. Das Piano ist geöffnet und ohne Decke. Neben einem der Sofas steht ein achteckiger Tisch, der ganz aus Marmor besteht und mit Gold eingelegt ist; auch er hat keine Decke; Draperien fehlen ganz – die Vorhänge genügen. Vier große herrliche Sévres-Vasen füllen die übrigen Ecken des Raumes aus. Ein hoher Kandelaber trägt eine antike Lampe, die mit stark parfümiertem Öl angefüllt ist. Einige leichte, zierliche Platten mit vergoldeten Kanten, die an roten Seidenkordeln mit goldenen Quasten hängen, tragen einige Hundert prächtig eingebundener Bücher. Sonst sind keine weiteren Möbel da; nur noch eine Astrallampe mit einfacher, purpurroter Glocke, die, nur durch eine einzige feine Goldkette gehalten, an der hohen, gewölbten Decke hängt und das Gemach mit ihrem ruhigen, magischen Licht erfüllt . . .

Das Gut zu Arnheim

Der Garten war geschmückt wie eine schöne Frau,
Die hingestreckt in wonn'gem Schlummer liegt,
Geschloßnen Aug's hinauf zum Himmel träumt.
Die Azurflur spannt oben rund sich aus,
Und an den Irisblicken unten lasten schwere Tropfen
Von Glittertau und schimmern manchmal auf,
Wie Stene zwinkern in des Abends tiefem Blau

Gills Fletcher

Von der Wiege bis zum Grabe segelte mein Freund Ellison mit einem wahren Sturme von Wohlergehen dahin. Ich meine hier das Wort Wohlergehen noch nicht einmal so sehr in seinem äußeren weltlichen Sinne, sondern verstehe darunter wirkliches inneres Glück. Die Person, von der ich rede, schien geboren zu sein, um den Doktrinen eines Turgot, Price, Priestley und Condorcet als Symbol zu dienen – ein leuchtender Beweis für die Möglichkeit dessen zu sein, was man die ‚Chimäre der Perfektionisten' genannt hat. Es kommt mir vor, als habe ich während der Lebensdauer Ellisons das Dogma widerlegt gesehen, welches sagt, daß im Wesen des Menschen ein geheimnisvolles Prinzip als Gegner jeglichen Glückes wirke. Eine genaue Untersuchung seiner Lebensweise hat in mir die Ansicht befestigt, daß im allgemeinen das Elend der Menschen seinen Ursprung in der Verletzung einiger einfacher Gesetze der Menschlichkeit hat – daß die Elemente der Zufriedenheit latent in uns liegen – und daß selbst heutzutage, in der Dunkelheit und Verworrenheit aller Gedanken über die große soziale Frage, der Mensch, das Individuum, unter gewissen ungewöhnlichen Umständen glücklich sein kann.

Mein junger Freund war von solchen und ähnlichen Ansichten vollkommen durchdrungen; indes ist nicht überflüssig, zu bemerken, daß das ungetrübte Glück, das sein Leben überstrahlte, das Resultat eines streng befolgten Systems war. Denn es liegt wohl auf der Hand, daß sich Ellison ohne jene instinktive Philosophie, die zuweilen die Erfahrung vollkommen ersetzt, in den Wirbel von Unglück gestürzt haben würde, der alle vom Schicksal *außerordentlich* begünstigten Menschen umkreist. Doch beabsichtige ich nicht, einen Essay über das Glück zu schreiben. Die Ideen meines Freundes lassen sich in wenige Worte zusammenfassen. Sie beschränken sich auf nur vier Prinzipien oder genauer, vier Elementarbedingungen zum Glücke. Für die hauptsächlichste hielt er – es klingt seltsam genug – körperliche Übungen im

Freien. Er pflegte zu sagen: „Die Gesundheit, die man auf andere Weise erwirbt, ist dieses Namens kaum wert." Er sprach mit Feuer von den Freuden der Fuchsjagd und nannte die Ackerbauer die einzigen Menschen, die man als Klasse füglich für glücklicher halten könne, als irgendeine andere. Die zweite Bedingung war die Liebe zum Weibe. Die dritte und am schwersten erfüllbare war die Verachtung jeglichen Ehrgeizes. Die vierte Bedingung endlich war das Objekt seines unaufhörlichen Strebens; und er behauptete, daß, wenn alle anderen Bedingungen gleich gut erfüllt würden, die Größe des erreichbaren Glückes im Verhältnis zu der Geistigkeit dieses Objektes stehe.

In ganz merkwürdiger Weise hatte das Schicksal meinen Freund Ellison mit seinen Gaben überhäuft. An Anmut und persönlicher Schönheit übertraf er alle Menschen, die ich je gekannt. Sein Verstand war von der Art, für die die Erwerbung von Kenntnissen weniger eine Arbeit als Intuition und Notwendigkeit ist. Seine Familie gehörte zu den vornehmsten des Landes. Seine Gattin war die lieblichste und zärtlichste Frau. Er hatte stets ein bedeutendes Vermögen besessen; als er majorenn wurde, stellte es sich heraus, daß das Schicksal zu seinen Gunsten wieder einmal eine jener Bizarrerien vollführt hatte, die das ganze soziale Milieu, in dem sie sich ereignen, in höchstes Erstaunen setzen und kaum jemals verfehlen, die moralische Konstitution der von ihnen Betroffenen gänzlich umzugestalten.

Ungefähr hundert Jahre vor der Großjährigkeit des Herrn Ellison war in einer entfernten Provinz ein gewisser Herr Seabright Ellison gestorben. Dieser Herr hatte ein fürstliches Vermögen erworben, und da er keine direkten Verwandten besaß, war er auf die Laune verfallen, dies Vermögen – und zwar für den Zeitraum von hundert Jahren von seinem Tode an – sich einfach aufhäufen zu lassen. Nachdem er selbst auf das genaueste und mit großer Klugheit bestimmt hatte, wie das Geld angelegt werden sollte, vermachte er seinen gesamten Besitz derjenigen Person, die, nach Ablauf des hundertsten Jahres nach seinem Tode, sein nächster Blutsverwandter sein werde. Mehrere Versuche waren gemacht worden, dies seltsame Vermächtnis für nichtig zu erklären, da jedoch alle Einwendungen ex post facto kamen, blieben sie wirkungslos. Sie hatten nur zur Folge, daß die Eifersucht der Regierung erregt wurde, und ein Gesetz ins Leben trat, das eine derartige Anhäufung von Kapital für die Zukunft untersagte. Es konnte jedoch nicht mehr verhindern, daß der junge Ellison an seinem einundzwanzigsten Geburtstage als Erbe seines Vorfahren Seabright in den Besitz eines Vermögens von vierhundertundfünfzig Millionen Dollar gelangte.

Als es bekannt wurde, welch ungeheuren Reichtum er geerbt, wurden, wie erklärlich, viel Vermutungen über die Art und Weise seiner Anwendung laut. Die ungeheure Höhe der Summe und ihre sofortige Erreichbarkeit verwirrten alle Köpfe, die sich mit der Lösung dieser Frage abgaben. Hätte es sich um den Besitzer irgendeiner berechenbaren Summe gehandelt, so hätte man sich wohl vorstellen können, auf welche von den tausend landläufigen Arten er sein Geld ausgeben würde. Hätten seine Reichtümer bloß die seiner

Mitbürger überschritten, so hätte man mit Sicherheit annehmen dürfen, daß er sich irgendeiner gerade modernen Extravaganz überlassen werde, daß er sich in den Strudel der politischen Intriguen stürzen – oder nach der Ministerwürde streben – daß er sich einen höheren Adelsrang erkaufen – oder Kunstsammlungen anlegen – daß er die Rolle eines freigebigen Mäzens der Künste und Wissenschaften spielen – oder große wohltätige Stiftungen fundieren werde. Für den unschätzbaren Reichtum jedoch, der ihm so plötzlich zugefallen, boten alle diese und ähnliche Arten, Geld anzuwenden, ein viel zu beschränktes Feld. Man berechnete, daß selbst zu dem niedrigsten Zinssatze von drei Prozent das jährliche Einkommen Ellisons nicht weniger als dreizehn Millionen fünfhunderttausend Dollar betrug, monatlich also eine Million einhundertfünfundzwanzigtausend Dollar, oder sechsunddreißigtausendneunhundertsechsunddreißig Dollar täglich; oder eintausendfünfhunderteinundvierzig Dollar in der Stunde, gleich sechsundzwanzig Dollar in der Minute. Der Weg für Vermutungen war also überallhin versperrt. Man konnte sich durchaus nicht denken, was nun geschehen sollte. Einige gingen so weit, zu vermuten, daß Herr Ellison sich selbst wenigstens der Hälfte seines Vermögens als einer lästigen Überfülle berauben und die ganze Schar seiner Verwandten mit diesem Überfluß bereichern werde. In der Tat trat Ellison seinen Angehörigen das außergewöhnlich große Vermögen ab, das er schon vor seiner ungeheuerlichen Erbschaft besessen.

Es überraschte mich nicht im geringsten, daß er selbst über die Frage, die seinen Freunden so viel

Kopfzerbrechen machte, längst im klaren war. Auch setzte mich seine Entscheidung durchaus nicht in Erstaunen. Den Forderungen der Nächstenliebe hatte sein Gewissen Genüge getan. Und an die Möglichkeit einer von Menschen selbst vollbrachten Vervollkommnung des allgemeinen Zustandes der Menschen überhaupt glaubte er, wie ich leider gestehen muß, in nur sehr beschränktem Maße. Kurz, zu seinem Glück oder Unglück, kehrte er stets wieder auf sich selbst zurück.

Er war im edelsten und weitesten Sinne ein Poet. Er verstand überdies den wahren Charakter, die erhabenen Ziele, glaubte an die höchste Würde und größte Notwendigkeit des poetischen Gefühles. Sein Instinkt sagte ihm, daß die vollkommenste, wenn nicht die einzigste Befriedigung dieses Gefühles in dem Schaffen neuer Formen der Schönheit bestehe. Einige Besonderheiten, in seiner Erziehung vielleicht oder in der Natur seiner Verstandesfähigkeiten, hatten seinen ethischen Spekulationen eine Neigung zum Materialismus gegeben; und wahrscheinlich führte ihn diese Neigung zu dem Glauben, daß das beste, wenn nicht allein berechtigte Gebiet der Ausübung poetischer Fähigkeiten das Schaffen neuer Formen rein *physischer* Schönheit sei. Dies war auch wohl die Ursache, daß er weder Musiker noch Dichter wurde – wenn wir hier dieses Wort einmal in seiner Alltagsbedeutung gebrauchen wollen. Vielleicht hatte er auch nur vernachlässigt, das eine oder andere zu werden, weil er seiner Lieblingsidee folgte, der Überzeugung nämlich, daß in der Verachtung jeglichen Ehrgeizes eine der wesentlichsten Bedingungen zum Erdenglücke liegt. Und ist es wirklich so schwer zu glauben, daß, wenn ein Genie höherer Ordnung notwendig ehrgeizig ist, ein solches höchster Ordnung selbst über dem steht, was man Ehrgeiz nennt? Und könnte es auf diese Weise nicht vorkommen, daß viel Größere als Milton zufrieden ,stumm und ruhmlos' blieben? Ich glaube, daß die Welt – wenn nicht durch eine Reihe anstachelnder Zufälle ein Genie jener höchsten Ordnung zu der ihm widerstrebenden Ausführung seiner Ideen gezwungen wird – niemals das vollkommene triumphierende Werk sieht und sehen wird, daß die menschliche Natur auf den reichsten Gebieten der Kunst zu schaffen durchaus fähig ist.

Ellison wurde weder Musiker noch Dichter, obwohl kein Mensch Musik und Dichtung heißer liebte wie er. Unter anderen Lebensumständen wäre er vielleicht Maler geworden. Die Skulptur ist, obgleich ihrem Wesen nach rein dichterisch, eine Kunst, deren Reich und Wirkung zu beschränkt ist, als daß sie seine Aufmerksamkeit lange und tiefer in Anspruch hätten nehmen können. Ich habe nun alle Gebiete aufgezählt, in welchen sich nach Behauptung der Kenner der poetische Geist äußern kann. Ellison jedoch behauptete, daß das reichste, wirklichste und natürlichste, wenn nicht sogar das allerausgedehnteste Gebiet in unerklärlicher Weise vernachlässigt worden sei. Noch nie hat irgendeine Definition von dem Landschaftsgärtner als von einem Dichter gesprochen; mein Freund jedoch glaubte, daß die Schöpfung eines Landschaftsgartens der Muse eine ganz besonders glückliche Gelegenheit zu Äußerungen geben werde. Hier breitete sich in der Tat der Phantasie das herrlichste Feld zur unaufhörlichen Verbindung von neuen Formen der Schönheit aus; denn die Elemente dieser Verbindungen sind die schönsten, die die Erde dem Künstler überhaupt darbietet. In der Vielgestalt und Vielfarbigkeit der Blumen und Bäume erkannte er den mittelbarsten und kräftigsten Willen der Natur zu physischer Schönheit. Und zu der Leitung und Konzentration dieses Willens – oder besser, zu seiner Anpassung an die Augen, die ihn auf Erden erkennen sollten, glaubte er sich verpflichtet, die besten Mittel anzuwenden und fruchtbringend zu arbeiten: um so nicht nur seinen Beruf als Dichter zu erfüllen, sondern auch den erhabenen Zwecken zu dienen, um deretwillen die Gottheit dem Menschen das poetische Gefühl gegeben.

„Seine Anpassung an die Augen, die ihn auf Erden erkennen sollen."

Durch die Erklärung, die Ellison diesem Satz gab, wurde mir etwas offenbar, das mir lange Zeit ein Rätsel geschienen – ich meine die Tatsache (die nur ein Ignorant bestreiten kann), daß in der Natur keine solche Verbindung von Szenerien besteht, wie ein genialer Maler sie schaffen kann. Man findet in der Wirklichkeit keine Paradiese, wie sie auf der Leinwand Claude Lorrains erstrahlen. In der entzückendsten natürlichen Landschaft wird man immer einen Fehler oder ein „Allzuviel", viele Fehler, viele „Allzuviel", entdecken. Während die einzelnen wesentlichen Bestandteile der Geschicklichkeit jedes Menschenkünstlers Hohn sprechen, wird die Zusammensetzung dieser Teile stets der Verbesserung bedürfen. Kurz, auf der ganzen Oberfläche der Erde wird man keinen Punkt finden können, vom dem aus gesehen die *Komposition* der Landschaft für ein künstlerisches Auge nicht irgendeinen Fehler enthält. Und doch, wie unverständlich ist dies! Man hat uns mit Recht gelehrt, in jeder anderen Beziehung die Natur als vollkommen zu verehren; und wir fürchten uns, bei der Nachbildung ihrer Einzelheiten mit ihr zu rivalisieren. Wer wagte, die Farben der Tulpen nachzuahmen, oder die Proportionen der Lilie zu verbessern? Die Kritik, die von der Skulptur oder Porträtkunst behauptet, daß hier die Natur mehr geadelt und idealisiert, als nachgeahmt wird, befindet sich im Irrtum. Keine gemalte oder plastische Nachbildung von Elementen menschlicher Schönheit kann mehr tun, als sich der lebenden, atmenden Schönheit *nähern.* Nur auf die Landschaft allein kann dieses Prinzip der Kritik mit Recht Anwendung finden, und da sie seine Wahrheit hier fühlte, trieb die unbesonnene Neigung zu Verallgemeinerungen sie dazu, dasselbe auch auf allen anderen Kunstgebieten für richtig zu halten. Da sie seine Wahrheit *fühlte,* sagte ich, denn das Gefühl führt uns niemals zu erkünstelter Überzeugung und Trugschlüssen. Die Mathematik hat keine absolutere Beweiskraft, als das Kunstgefühl für den Künstler hat. Er glaubt nicht nur, sondern *weiß* positiv, daß diese und jene, scheinbar willkürliche Zusammenstellung seiner Stoffe die wahre Schönheit zum Resultat haben werden. Seine Gründe jedoch sind noch nicht bis zur Formel gereift. Einer Analyse, die tiefer sieht als alle bis jetzt bekannten, bleibt es überlassen, diese Gründe vollständig zu erforschen und zu formulieren. Immerhin ist der Künstler schon heute durch die Stimme all seiner Brüder von der Richtigkeit seiner instinktiv gefaßten Meinungen vollständig überzeugt. Stellen wir uns einmal eine fehlerhafte Komposition vor, und nehmen wir an, daß man ihre Anordnung verbessert und daß man die Verbesserung allen Künstlern der Welt zur Beurteilung vorlegt. Ein jeder von ihnen wird ihre Notwendigkeit zugeben. Mehr noch! Um dem Fehler der betreffenden Komposition abzuhelfen, würde jeder der Künstler die *gleiche* Verbesserung vorgeschlagen haben.

Ich wiederhole, daß allein in der Komposition der Landschaft die physische Natur der Vervollkommnung fähig ist, und daß ich das Geheimnis, weshalb sie gerade in diesem einen Punkte der Verbesserung fähig erscheint, nicht lösen konnte. Meine eigenen Gedanken hierüber lagen in dem Glauben beschlossen, daß der Urwille der Natur die Oberfläche der Erde so geschaffen habe, daß sie in jedem Punkte dem Gefühl des Menschen für die Vollkommenheit in der Schönheit, dem Erhabenen oder dem Malerischen Genüge tue, daß jedoch diese ihre Urabsicht durch die bekannten geologischen Umwälzungen vereitelt worden sei – durch die Umwälzungen von Formen und Farbenzusammenstellungen, in deren Verbesserungen und Mischungen die Seele aller Kunst liegt. Die überzeugende Kraft dieser Annahme wurde jedoch durch die aus ihr resultierende Notwendigkeit sehr abgeschwächt, diese Umwälzungen als anormale und zwecklose anzusehen. Ellison jedoch behauptete, daß sie Anzeichen des *Todes* seien, und suchte sie so zu erklären: „Nehmen wir an, die irdische Unsterblichkeit des Menschen sei eigentlich ihre Urabsicht gewesen. Die erste Anordnung der Oberfläche der Erde war also diesem seligen Zustande angepaßt, einem Zustand, der nicht verwirklicht, doch beabsichtigt wurde. Diese Umwälzungen waren nur Vorbereitungen für seinen später beabsichtigten *und* auch verwirklichten sterblichen Zustand."

„Überdies" – behauptete mein Freund weiter – „was wir als eine Vervollkommnung der Landschaft ansehen, kann wirklich eine solche sein, doch nur vom moralischen oder menschlichen Standpunkte aus. Jede Änderung der natürlichen Szenerie kann möglicherweise für das Gesamtbild einen Makel bedeuten, wenn wir uns dasselbe, im großen, en masse gesehen, vorstellen, von irgendeinem, von der Oberfläche der Erde entfernt, doch nicht außerhalb ihrer Atmosphäre liegenden Punkte überschaut. Jeder wird leicht verstehen, daß die Vervollkommnung eines in der Nähe gesehenen Details den allgemeinen, erst auf eine gewisse Entfernung hin erreichbaren Eindruck stören kann. Es ist auch nicht unmöglich, daß es eine Klasse von Wesen gibt, welche einst menschlich, dennoch der Menschheit unwahrnehmbar bleiben, für die ordentlich erscheint, was uns *un*ordentlich, malerisch, was uns *nicht* malerisch ist; mit anderen Worten eine Art irdischer Engel, für deren durch den *Tod* verfeinertes Schönheitsgefühl noch mehr als für unseres die Gottheit vielleicht die ungeheuren Landschaftsgärten der Hemisphären entstehen ließ."

Im Laufe dieses Gespräches führte mein Freund eine Stelle aus dem Buche eines Schriftstellers, den man für eine Autorität auf dem Gebiete der Landschaftsgärtnerei hält, an:

,Eigentlich teilt sich die Landschaftsgärtnerei nur in

zwei Stile, den natürlichen und den künstlichen. Der eine sucht die ursprüngliche Schönheit der Landschaft wieder zu erwecken, indem er seine Mittel der Umgebung anpaßt; indem er Bäume pflanzt, die mit den Hügeln oder der Ebene ringsumher harmonieren, und jene schönen Beziehungen von Größen, Verhältnissen und Farben entdeckt oder unterstreicht, die, dem gewöhnlichen Beobachter verborgen, sich dem erfahrenen Schüler der Natur sofort enthüllen. Das Resultat des natürlichen Stils der Gärtnerei äußert sich mehr als Abwesenheit aller Fehler und Störungen und in der Herrschaft einer gesunden Harmonie und Ordnung, als in der Schöpfung irgendwelcher besonderen Wunder und Mirakel. Der künstliche Stil hat so viel Variationen wie es Geschmacksarten zu befriedigen gibt. Er hat eine gewisse allgemeine Beziehung zu den verschiedenen Baustilen. Erinnern wir uns an die majestätischen Alleen und stillen Verstecke Versailles'; an die italienischen Terrassen; an den zusammengesetzten alten englischen Stil, der mit der häuslichen Gotik oder dem alten elisabetheischen Stil Ähnlichkeit hat. Was man auch immer gegen den Mißbrauch der künstlichen Landschaftsgärtnerei sagen mag, die Einführung reiner Kunst in einen Landschaftsgarten teilt ihm eine neue, große Schönheit mit. Diese ist zum Teil eine moralische, zum Teil eine äußere, die dem Auge durch ihren Ausdruck von Ordnung und Absicht gefällt. Eine Terrasse mit einer alten, moosbewachsenen Balustrade ruft uns sofort die schönen Geschöpfe ins Gedächtnis zurück, die in früheren Zeiten auf ihr geweilt haben. Das geringste Zeichen von Kunst spricht uns von Sorgfalt und menschlichem Interesse.'

„Aus dem Ebengesagten", sprach Ellison weiter, „werden Sie schon entnommen haben, daß ich die Idee, die ursprüngliche Schönheit der Landschaft wiederherstellen zu wollen, zurückweise. Diese Schönheit ist niemals so groß, wie jene, die man neu hinzufügen könnte. Natürlich hängt alles von der Wahl eines geeigneten Ortes ab. Was von dem ‚Entdecken oder Unterstreichen jener schönen Beziehungen von Größen, Verhältnissen und Farben' gesagt war, ist von einer Unbestimmtheit, die nur die unzureichenden Gedanken verschleiern sollte. Der fragliche Satz bedeutet vielleicht etwas, vielleicht auch nichts und kann uns zu nichts nützen. Und daß ‚das Resultat des natürlichen Stils der Gärtnerei sich mehr als Abwesenheit aller Fehler und Störungen und in der Herrschaft einer gesunden Harmonie und Ordnung, als in der Schöpfung irgendwelcher besonderen Wunder und Mirakel äußert', ist eine Behauptung, die mit Rücksicht auf den schleichenden Verstand der Masse, nicht für den genialen Menschen gemacht wurde. Das eben erwähnte negative Verdienst konnte nur von jener hinkenden Kritik gefällt werden, die auf dem Gebiete der Literatur einen Addison in den Himmel heben wollte. In der Tat, jene Tugend, die darin besteht, das Laster zu meiden, appeliert unmittelbar an den Verstand und kann folglich auch in eine *Regel* beschränkt – jene erhabenere Tugend jedoch, die im Schaffen glüht, kann nur in ihren *Resultaten verstanden* werden. Eine Regel ist nur auf negative Verdienste anwendbar – über diese hinaus kann die Kunst der Kritik nichts weiter als suggerieren. Man kann uns lehren, einen ‚Cato' zu konstruieren, kann uns jedoch nicht sagen, *wie* man ein ‚Parthenon‘, ein ‚Inferno‘ schafft. Ist das Werk jedoch geschaffen, das Wunder vollbracht, so wird die Fähigkeit, es zu verstehen, allgemein. Die Sophisten der negativen Schule, die aus Unfähigkeit zu schaffen, das Schaffen beschimpften, rufen jetzt am lautesten Beifall. Was in dem embryonalen Zustandes des Prinzips ihren Pedantenverstand beleidigte, zwingt ihrem Instinkt für Schönheit im Zustande der Vollendung stets Bewunderung ab.

Die Ansichten des Autors über den künstlichen Stil sind weniger verwerflich. ‚Die Einführung reiner Kunst in einen Landschaftsgarten teilt ihm eine neue, große Schönheit mit.‘ Dies ist richtig. Und auch die auf das Gefühl von menschlichem Interesse bezügliche Bemerkung. Sein Prinzip ist, so wie er es ausdrückt, unbestreitbar. Doch vielleicht reicht es nicht zu, ist über dasselbe hinaus noch etwas zu finden – eine Wirkung, die den Bereich der Mittel, über die die Menschen gewöhnlich verfügen, überschreitet und die, wenn sie erreicht wird, in die Landschaftsgärtnerei einen Reiz einführen würde, der denjenigen, der ihr ‚das Gefühl‘ bloß ‚menschlichen Interesses‘ geben kann, weit überträfe. Ein Dichter, der über ungewöhnlich große pekuniäre Hilfsquellen verfügte, könnte, während er die notwendige Idee von Kunst oder Kultur, oder, wie unser Autor sich ausdrückt, von ‚Interesse‘ beibehält, seine Entwürfe so mit neuer Schönheit, mit Unendlichkeit in der Schönheit durchtränken, daß sie in dem Betrachter das Gefühl von dem Wirken *geistiger* Kräfte lösten. Und man wird begreifen, daß, wenn er ein solches Resultat erzielt, sein Werk all die Vorteile jenes ‚menschlichen Interesses‘

behält und noch dazu von der Sprödigkeit und der sichtbaren Technik der bloß weltlichen ‚Kunst' befreit ist.

In der rauhesten Wildnis – in der abschreckendsten Landschaft äußert sich die *Kunst* eines Schöpfers, doch ist diese Kunst nur durch Nachdenken zu erkennen. Sie hat niemals die unwiderstehliche Kraft eines Gefühles. Stellen wir uns also vor, daß dieser Ausdruck der Absicht Gottes *einen Grad weniger stark* hervortrete, mit dem Gefühl für menschliche Kunst harmoniere, demselben so angepaßt sei, daß er ein Mittelding zwischen beiden bilde: – stellen wir uns zum Beispiel eine Landschaft vor, deren Großartigkeit und geschickte Abgrenzung, deren Schönheit, Pracht und Seltsamkeit in uns die Vorstellungen von Sorgfalt, Pflege und Überwachung seitens höherer, jedoch der Menschheit verwandter Wesen auslösen – so wäre das Gefühl des Interesses gewahrt, und die neue Kunst, von der das Werk durchdrungen wäre, würde ihm den Hauch einer vermittelnden oder sekundären Natur geben – einer Natur, die nicht Gott, noch eine Emanation Gottes, sondern die Natur ist, wie sie sein würde, wenn sie aus den Händen jener Engel hervorginge, die zwischen Gott und dem Menschen schweben."

In dem Opfer seines ungeheueren Vermögens für die Verkörperung eines solchen Planes – in der persönlichen Überwachung der Ausführung seines Werkes, die ihn zu Übungen im Freien nötigte – in dem Gegenstand all seiner Pläne – in der hohen Geistigkeit dieses Gegenstandes – in der Verachtung jeglichen Ehrgeizes nach außen hin – in den unversiegbaren

Quellen, die sein Ziel seinem Durst nach Schönheit öffnete, dieser herrschenden Leidenschaft seiner Seele, die dennoch nie ganz gesättigt werden konnte – und vor allem in der Liebe seiner Frau, deren Schönheit und Güte sein Dasein wie die Purpurlüfte eines Paradieses umschmeichelten, suchte und fand Ellison Befreiung von den der Menschheit angeborenen Sorgen und ein größeres, positiveres Glück, als es Madame de Staël je in ihren hingerissenen Träumereien blühen sah.

Ich fürchte, es wird mir unmöglich sein, dem Leser eine deutliche Vorstellung von den Wundern zu geben, die mein Freund ausführte. Ich möchte sie gerne beschreiben und schrecke doch vor der Schwierigkeit zurück und zögere zwischen der Beschreibung von Einzelheiten und dem Gesamtbilde. Vielleicht ist es das beste, die beiden in ihren Extremen zu vereinigen.

Herr Ellison richtete seine Aufmerksamkeit natürlich zuerst auf die Wahl eines geeigneten Ortes. Anfangs dachte er an die üppige Natur der Inseln im Stillen Ozean. Schon hatte er sich zu einer Reise in die Südsee entschlossen, als eine in Nachdenken zugebrachte Nacht genügte, um ihn diesen Plan wieder fallenzulassen.

„Wenn ich ein Misanthrop wäre", sagte er, „so würde ich einen solchen Ort wählen. Die gänzliche Einsamkeit, die vollkommene Abgeschlossenheit, die Schwierigkeit, dort hin und wieder zurück zu gelangen, wäre in diesem Falle der größte Reiz. Doch bin ich kein Timon. Ich wünsche Ruhe, doch nicht den Druck der Einsamkeit. Ich muß es stets in meiner Gewalt haben, die Dauer meiner Zurückgezogenheit bestimmen zu können. Es werden sehr oft Stunden kommen, in denen ich der Sympathie poetischer Geister für mein vollendetes Werk bedarf. Ich muß einen Ort finden, der nicht allzuweit von einer volkreichen Stadt liegt, deren Nähe mir im übrigen auch die Ausführung meines Werkes wesentlich erleichtern wird."

Auf der Suche nach einem solchen Orte reiste Ellison mehrere Jahre umher, und ich hatte den Vorzug, ihn begleiten zu dürfen. Unzählige Orte, die mich mit Entzücken erfüllten, schienen ihm aus Gründen, die mich nach einigem Nachdenken stets überzeugten, ungeeignet. Endlich gelangten wir an ein hochgelegenes Tafelland von wunderbarer Fruchtbarkeit und Schönheit, das einen Rundblick gewährte, der an Weite dem, den man vom Gipfel des Ätna hat, nicht viel nachstand und sowohl meiner als Ellisons Meinung nach die weitgerühmte Aussicht von jenem Berge in allen Dingen des wahrhaft Malerischen übertraf.

„Ich weiß sehr wohl", sagte er einmal mit einem Seufzer des Entzückens, nachdem er das Bild wohl eine Stunde lang wie gebannt betrachtet hatte, „ich weiß sehr wohl, daß in meiner Lage neun Zehntel aller Menschen hier zufrieden bleiben würden. Dies Panorama ist wirklich wundervoll, und ich würde mich in Frieden an ihm erfreuen, wenn es nicht eben so übermäßig herrlich wäre. Alle Architekten, die ich kenne, hatten die Neigung, um der ‚Aussicht' willen, ihre Gebäude auf der Spitze eines Hügels oder Berges zu errichten. Es liegt auf der Hand, daß dies eine schlechte Spekulation ist. Größe jeder Art, doch besonders die des Raumes, macht unruhig, regt auf – ermüdet auf die Dauer und drückt nieder. Es kann nichts Besseres geben für eine gelegentlich gesehene Landschaft – für eine, die man immer vor Augen haben muß, gibt es nichts Schlimmeres. Die für den beständigen Anblick unangenehmste Größe ist die der Ausdehnung und die schlimmste Ausdehnung der Raum. Sie steht in Widerspruch mit dem Gefühl und dem Bedürfnis von Abgeschlossenheit, das wir zu befriedigen wünschen, wenn wir uns ,aufs Land zurückziehen'. Wenn wir von dem Gipfel eines Berges ausschauen, können wir der Empfindung nicht wehren, ,draußen' in der Welt zu sein. Der Seelenkranke meidet weite Aussichten wie die Pest."

Erst gegen Ende des vierten Jahres unserer Nachforschungen fanden wir eine Gegend, die Ellison zu befriedigen schien. Es ist ohne Zweifel überflüssig, zu sagen, *wo* sich diese Gegend befand. Der kürzlich erfolgte Tod meines Freundes öffnete sein Besitztum einer gewissen Klasse von Besuchern und gab dem Gute von Arnheim eine Art geheimer, fast feierlicher Berühmtheit, die, obwohl sie bedeutend größer war, derjenigen glich, die Fonthill so lange Zeit hindurch auszeichnete.

Gewöhnlich begab man sich auf dem Flusse nach Arnheim. Man verließ die Stadt am frühen Morgen. Während des Vormittags glitt man an Ufern von ruhiger und traulicher Schönheit vorüber, wo auf den glänzend grünen Wiesen Scharen weißwolliger Schafe weideten. Nach und nach schwand der Eindruck von Kultur zu dem eines bloß pastoralen Lebens hin. Dieser änderte sich allmählich in einen Eindruck von Abgeschlossenheit, der sich bald zu einem vollkommenen Bewußtsein von Einsamkeit steigerte. Als sich der Abend nahte, wurde der Fluß enger, die mit reicherem, üppigerem, dunklerem Laubwerk bewachsenen Ufer langsam steiler und das Wasser durchsichtiger. Der Fluß machte tausend Biegungen, so daß man seine Oberfläche niemals weiter als bis vielleicht auf eine achtel Meile überschauen konnte. Jeden Augenblick schien das Fahrzeug in einen Zauberkreis gekommen zu sein, den undurchdringliche Laubwände rings abschlossen, ein Dach aus ultramarinblauer Seide überspannte, und der ohne Boden war, denn der Kiel des Schiffes tanzte mit wundervoller Geschicklichkeit auf dem eines phantomhaften Fahrzeuges, das irgendein Zufall umgestürzt und das nun das wirkliche Schiff beständig zu stützen und zu begleiten schien. Die Wasserstraße wurde nun eine Schlucht – ich bediene mich dieses Wortes, obwohl es eigentlich hier nicht anwendbar ist, weil die Sprache kein anderes hat, das den auffallendsten und unterscheidendsten Zug der Landschaft besser wiedergibt. Der Eindruck der Schlucht wurde nur durch die hohen parallel laufenden Ufer hervorgebracht, sonst war nichts in der Landschaft dazu angetan, ihn zu erregen. Die Wände dieses Hohlweges, zwischen denen das Wasser klar und friedlich dahinströmte, erhoben sich bis zu einer Höhe von hundert, ja, wohl hundertfünfzig Fuß und waren so gegeneinander geneigt, daß sie beinahe kein Tageslicht hindurchließen; während das lange, federartige Moos, das dicht von dem überragenden Gesträuch herabhing, dem Abhang eine seltsame, feierliche Düsterkeit verlieh. Die Windungen des Flusses wurden immer häufiger und geschwungener und schienen im Kreislauf wieder auf sich zurückzukommen, so daß der Reisende längst jede Vorstellung von der Richtung, die er verfolgte, verloren hatte. Überdies fühlte er sich immer tiefer in eine erlesene Empfindung von Seltsamkeit versinken. Noch hatte er das Gefühl, sich in der Natur zu befinden, doch schien ihr Wesen eine Veränderung erfahren zu haben. Aus diesem ihrem Werke sprach eine geheimnisvolle, feierliche Symmetrie, eine ergreifende Übereinstimmung, eine zauberhafte Eigentümlichkeit. Kein abgestorbener Zweig, kein welkes Blatt, kein verlorener Kieselstein, kein Klümpchen brauner Erde war irgendwo zu sehen. Das kristallhelle Wasser schwoll an dem glatten Granit und dem fleckenlosen Moos in so scharfer Linie empor, daß es das Auge zugleich verwirrte und entzückte.

Wenn man nun einige Stunden den engen Wasserkanal entlang geglitten war, und die Düsterkeit der Landschaft mit jedem Augenblick zunahm, brachte eine unerwartete Biegung das Schiff plötzlich in ein kreisrundes, im Vergleich zu der Breite des Schlundes sehr großes Becken. Es hatte ungefähr zweihundert Ellen Durchmesser und war rings, ausgenommen an der Stelle, die dem Einfahrtspunkte gerade gegenüberlag, von Hügeln umgeben, die genau so groß wie die Mauern, die sich am Fluß entlang erhoben, doch von ganz anderem Charakter waren. Vom Rande des Wassers an erhoben sie sich in einem Winkel von einigen vierzig Grad und waren ohne die geringste Unterbrechung von oben bis unten in das Gewand prächtigster Blüten gehüllt. Kaum ein grünes Blatt war in dieser See duftender, flutender Farben zu entdecken.

Das Becken war sehr tief, das Wasser jedoch so durchsichtig, daß der Boden, der mit kleinen, runden, alabasterweißen Kieselsteinen über und über bedeckt lag, deutlich zu sehen war, das heißt, wenn man es übers Herz bringen konnte, einen Blick von dem Abbild der blühenden Hügel im Wasser zu verwenden. Auf denselben wuchsen weder Bäume noch Gesträuch irgendwelcher Art. Der Anblick löste in dem Beschauer ein Gefühl von Reichtum, Wärme, Farbe, Ruhe, Einheitlichkeit, Güte, Zartheit, Anmut, Lust und einer zauberhaften Überkultur, die ihm Träume von einem unbekannten Stamme von Feen erregten, die fleißig, mit vollkommenstem Geschmack begabt, mächtig und prachtliebend sein mußten; doch wenn das Auge von der feinen Abschlußlinie am Wasser unten den tausendfarbigen Abhang entlang hinauf bis zu den Falten der überhängenden Wolken oben glitt, drängte sich einem unwillkürlich die Vorstellung eines weiten Kataraktes von Rubinen, Saphiren, Opalen und goldenen Onyxen auf, der sich schweigend in unaussprechlicher Pracht vom Himmel stürzte.

Der Besucher, der plötzlich aus der Finsternis der Schlucht in diese Bucht gelangt, sieht mit Entzücken und Erstaunen die volle Sonnenscheibe, die er längst hinter den Horizont verschwunden glaubt, als einzige Grenze einer unermeßlichen Fernsicht durch eine andere wundersame Spalte in der Hügelkette.

Hier verläßt der Reisende das Schiff, das ihn bisher getragen, und besteigt ein leichtes elfenbeinernes Boot, das außen und innen mit Arabesken in lebhaftem Scharlach geziert ist. Der Schnabel und der Schwanz des Schiffes erheben sich hoch über das

Wasser und endigen in eine scharfe Spitze, so daß das Ganze die Form einer unregelmäßigen Sichel hat und mit der stolzen Anmut eines Schwanes auf dem hellen Spiegel ruht. Auf seinem mit Hermelin bedeckten Boden liegt ein Ruder aus Atlasholz, aber kein Diener, kein Ruderer ist zu sehen. Der Gast braucht jedoch nicht den Mut zu verlieren; die guten Geister nehmen sich seiner an. Das größere Schiff verschwindet, und er bleibt allein in dem Boot zurück, das regungslos in der Mitte des Sees liegt. Doch während er darüber nachdenkt, welche Richtung einzuschlagen sei, empfindet er eine sanfte Bewegung der zauberhaften Barke. Sie kreist langsam um sich selbst, bis ihr Schnabel gegen die Sonne gerichtet ist. Mit sanfter, doch stetig zunehmender Geschwindigkeit gleitet sie vorwärts, während das leichte Gekräusel, das sie hervorruft, sich als himmlische Melodie an den Elfenbeinwänden zu brechen scheint – und so die einzig mögliche Erklärung für die süße, melancholische Musik abgibt, nach deren geheimnisvollem Urspung sich der staunende Reisende vergeblich umsieht.

Das Boot gleitet unterdessen immer weiter und nähert sich dem Felsentore, das die Durchsicht begrenzt. Zur Rechten erhebt sich eine Kette hoher, üppig bewachsener Hügel. Doch bemerkt man noch immer, daß die charakteristische Eigenschaft – größte Sauberkeit – selbst an der Stelle, wo die Ufer ins Wasser sinken, auch hier vorherrscht. Nicht das geringste Anzeichen von Uferschlamm oder von sonstigen Unreinlichkeiten ist zu entdecken. Die Ansicht zur Linken ist sanfter und trägt mehr den Anschein der Künstlichkeit. Hier steigt das Ufer sehr weich auf und bildet einen breiten Rasenteppich, der sammetglatt und so strahlend grün ist, daß er den Vergleich mit dem reinsten Smaragd aushalten kann. Die Breite dieses Plateaus schwankt zwischen zehn und dreihundert Ellen und reicht vom Flußufer bis zu einer Mauer, die, fünfzig Fuß hoch, sich in zahllosen Windungen, die jedoch im allgemeinen dem Fluße parallel laufen, dahinzieht, bis sie sich in der Ferne nach Westen hin verliert. Sie besteht aus einem einzigen, fortlaufenden Felsen und ist dadurch entstanden, daß man den ursprünglich zerklüfteten Abhang am südlichen Flußufer in einiger Entfernung senkrecht abschnitt; doch nicht das geringste Zeichen dieser Arbeit ist zurückgeblieben. Die Schnittfläche des Steines hat die Farbe von Jahrhunderten und ist mit Efeu, Geisblatt, Heckenrosen und Clematis üppig bewachsen. Die Einförmigkeit der Boden- und Gipfellinie der Mauer wird durch hohe, prächtige Bäume angenehm unterbrochen, die einzeln oder in kleinen Gruppen auf dem Plateau der Mauer entlang und auf der Domäne hinter der Mauer, doch in ihrer nächsten Nähe, wachsen, so daß sie ihre langen Äste über dieselben hinwegstrecken und bis in das Wasser tauchen. Eine undurchdringliche grüne Laubwand läßt dem Auge jedoch keinen Blick über die Mauer hin frei.

Dies alles beobachtet man, während das Boot der Stelle zugleitet, die ich das Felsentor, das die Durchsicht begrenzt, genannt habe. Je mehr man sich ihm nähert, desto mehr verliert man den Eindruck eines Abgrundes; man erblickt zur Linken einen neuen Ausweg aus der Bucht, und auch die Mauer läuft in dieser Richtung, immer den Fluß entlang, weiter. Das

Auge kann jedoch nicht weit in diese neue Richtung hineindringen, denn Wasser und Mauer biegen sich immer mehr nach links, und bald ist die eine, bald das andere in Laubwerk verschwunden.

Der Kahn jedoch gleitet wie durch Zauber die Windungen hinab, und das der Mauer gegenüberliegende Ufer bietet hier denselben Anblick wie vor dem sogenannten Tore. Hohe Hügel, die sich zuweilen zu Bergen erheben und eine wilde, üppige Vegetation tragen, schließen noch immer jede Fernsicht seitlich aus.

Mit sanfter, doch stetig zunehmender Geschwindigkeit gleitet der Reisende vorwärts, bis er nach vielen kurzen Windungen seinen Weg plötzlich durch ein riesiges Tor aus gebräuntem Golde aufgehalten sieht, das, mit seltsam prächtigen Gravierungen und Ziselierungen geschmückt, die Strahlen der sinkenden Sonne zurückwirft, die mit ihren letzten Flammen den ganzen Wald ringsumher zu durchlohen scheint. Das Tor ist in die Mauer eingelassen, die hier den Fluß im rechten Winkel zu durchschneiden scheint. Ein paar Augenblicke später jedoch sieht man, daß der Hauptteil des Wassers in sanfter, weit geschweifter Biegung zur Linken, wie früher, die Mauer entlang weiter fließt, während sich ein immerhin wasserreicher Arm vom Hauptstrom abzweigt und mit leichtem Schäumen unter dem Tore verschwindet. Der Kahn gerät in diesen kleineren Strom und nähert sich dem Tore, dessen schwere Flügel sich langsam und majestätisch öffnen. Das Boot gleitet durch sie hindurch und eilt schnell in ein weites Amphitheater hinunter, das vollkommen von purpurnen Bergen eingeschlossen ist, deren Fuß ringsumher ein glänzender Fluß bespült. Und nun eröffnet sich unseren Blicken das ganze Paradies von Arnheim. Eine hinreißende Melodie klingt in unser Ohr; ein seltsam schwerer, süßer Duft umflutet uns: und wir sehen einen traumhaften Reichtum von hohen, schlanken morgenländischen Bäumen, üppige Büsche, Scharen goldener, strahlend gefiederter Vögel, lilienumrahmte Seen, Wiesen, die mit Veilchen, Tulpen, Mohn, Hyazinthen und Tuberosen übersäet sind, weich gewundene Bänder silberner Flüßchen und, wie in seliger Verwirrung hier und da aufspringend, Bauwerke halb gotischen, halb maurischen Stils, die wie durch einen Zauber in der Luft zu schweben scheinen, mit Hunderten von Erkern, Minaretts, Zinnen und Bogenfenstern in der roten Sonne schimmern – und das phantastische Werk aller Sylphen, Feen, Genien und mächtigen Zwerge der Welt zu sein scheinen.

Landors Landhaus

Als ich im vergangenen Sommer eine Fußtour durch einige Grafschaften in der Nähe New Yorks machte, wußte ich eines Tages gegen Abend nicht mehr genau, auf welchem Wege ich mich befand. Die Gegend war merkwürdig hügelig, und mein Pfad hatte sich während der letzten Stunde bei seinem Bestreben, in den Tälern zu bleiben, so verworren hin und her gewunden, daß ich nicht mehr wußte, in welcher Richtung ich das liebliche Dorf B–, in dem ich die Nacht zu bleiben beschlossen, zu suchen hatte. Während des Tages, der unangenehm schwül gewesen, hatte die Sonne eigentlich kaum einmal wirklich geschienen. Ein dampfiger Nebel hüllte alle Dinge ein und machte mich noch unsicherer. Doch war ich durchaus nicht beunruhigt. Wenn ich das Dorf auch vor Sonnenuntergang oder vor Einbruch der Dunkelheit nicht erreichte, so mußte ich doch höchstwahrscheinlich bald auf eine kleine holländische Farm oder ein ähnliches Gebäude stoßen, obgleich die Umgebung, vielleicht weil sie malerischer als fruchtbar war, nur spärlich bewohnt wurde. Und im schlimmsten Falle hätte mich die Notwendigkeit, mit meinem Tornister als Kissen und meinem Hund als Schildwache unter freiem Himmel biwakieren zu müssen, auch nur amüsiert. So vertraute ich denn Ponto meine Flinte an und streifte nach Herzenslust weiter; und als ich endlich anfing, genauer zuzusehen, ob die zahllosen kleinen Pfade, die hin und wider liefen, wirklich Wege sein sollten, führte mich bald der verlockendste von ihnen auf einen wirklichen Fahrweg. Man bemerkte deutlich die Spuren leichter Räder, und obgleich das hohe Gesträuch und das aufgeschossene Unterholz oben wieder zusammenschlugen, bot sich unten doch nicht das geringste Hindernis, nicht einmal für einen virginischen Bergkarren, der doch das anspruchsvollste Vehikel ist, das ich kenne. Der Weg selbst hatte, abgesehen davon, daß er frei durch das Gehölz lief – wenn Gehölz für dies schmächtige Gesträuch nicht ein viel zu grober Name ist – und Räderspuren aufwies, nicht die geringste Ähnlichkeit mit allen den Wegen, die ich bis jetzt gesehen hatte. Die Spuren waren nur sehr schwach sichtbar, da seine angenehm feuchte Oberfläche fest war: sie erinnerte an grünen genuesischen Sammet. Er war mit einem Rasen bedeckt, so kurz, dicht, gleichmäßig, von so glänzender Farbe, wie wir ihn sonst nur in England sehen.

In den Räderfurchen lag nicht das kleinste Hindernis, kein Stückchen Holz, kein welker Zweig. Die Steine, die ehemals die Bahn versperrten, hatte man sorgfältig an den Rand des Weges *gelegt*, nicht geworfen, so daß sie eine seitliche Grenze mit einer Art zufälliger Genauigkeit angaben, die äußerst malerisch wirkte. Aus den Zwischenräumen wuchsen üppige Büsche wilder Blumen hervor.

Ich wußte nicht recht, was für Schlüsse ich aus all dem ziehen sollte. Daß ich hier zweifellos eine Kunstäußerung vor mir hatte, überraschte mich nicht, denn im eigentlichen Sinne sind ja alle Straßen Werke der Kunst. Auch kann ich nicht sagen, daß mich das *Maß* der angewendeten Kunst so sehr verwunderte. Alles, was man getan hatte, konnte man vielleicht *hier* bei den günstigen natürlichen Vorbedingungen (so heißt es, glaub' ich, in den Büchern über Landschaftsgärtnerei) mit wenig Mühe und Kosten getan haben. Es war also nicht der Aufwand, sondern der *Charakter* der Kunst, der mich veranlaßte, mich auf einen der blumenüberwucherten Steine niederzulassen und den elfenhaft schönen Pfad wohl eine halbe Stunde oder länger in wundersamem Erstaunen anzuschauen. Und je länger ich schaute, desto offenbarer wurde mir eins: nur ein Künstler, und zwar einer mit dem empfindlichsten Auge für Formenschönheit, konnte diese Anlage geschaffen haben. Er hatte die größte Sorgfalt darauf verwandt, zwischen dem Sauberen und Anmutigen einerseits und dem Pittoresken im wahren Sinne des italienischen Wortes anderseits die richtige Mitte zu halten. Man sah wenig gerade und keine langen ununterbrochenen Linien. Die gleiche, durch eine

Biegung oder eine Farbe hervorgerufene Wirkung erschien gewöhnlich von einem bestimmten Gesichtspunkte aus zweimal, doch nicht öfter. Überall herrschte Abwechselung in der Einheitlichkeit. Das ganze war eine Komposition, an der auch der anspruchsvollste kritische Geschmack nichts mehr zu verbessern gefunden haben würde.

Ich hatte mich, als ich den Weg betrat, nach rechts gewandt und verfolgte aufsteigend dieselbe Richtung. Der Pfad zog sich in kurzen Serpentinen dahin, so daß ich ihn keinen Augenblick lang weiter als zwei oder drei Schritte überschauen konnte. Sein Äußeres wies nicht die geringste Veränderung auf.

Plötzlich klang mir Wassergemurmel lieblich ins Ohr, und ein paar Augenblicke später, als ich mit dem Wege eine etwas schärfere Wendung machte als es bisher geschehen, erblickte ich am Fuße eines sanften Abhanges gerade vor mir ein Gebäude. Ich konnte es jedoch wegen des Nebels, der das kleine Tal vor mir füllte, nicht genau erkennen. Die Sonne ging gerade unter – ein sanfter Wind sprang plötzlich auf. Und während ich auf dem First des Abhanges stehen blieb, zerstreute sich der Nebel und flatterte in Flocken über dem Bilde vor mir.

Wie dieses nun sichtbar wurde, ganz allmählich, nach und nach – hier ein Baum, dort ein aufschimmernder Wasserstreifen, dann wieder ein Stückchen Dachfirst – konnte ich mich der Vorstellung nicht erwehren, das Ganze sei nur ein Spiegelbild.

Während der letzte Nebel vollständig hinwegtrieb, war die Sonne hinter die anmutigen Hügel gesunken und schien mir plötzlich, als habe sie einen kleinen

Schritt gegen Süden gemacht, durch einen Hohlweg, der im Westen aus dem Tal hinausführte, in vollem purpurnem Glanze entgegen. Wie durch Zauberkraft wurde das ganze Tal und alles in ihm von glänzendstem Lichte erleuchtet.

Der erste Blick auf die Landschaft, nachdem die Sonne in die eben beschriebene Lage gesunken war, machte mir den Eindruck, den ich als Kind oft von der Schluß-Szene eines Melodramas oder sonst eines geschickt gemachten theatralischen Schauspiels empfing. Alles erinnerte mich daran, selbst die Übertriebenheit der Farben war die gleiche; denn das Sonnenlicht schoß in flammendstem Orange und Purpur durch den Hohlweg, und das strahlende Grün des Rasens wurde von der leichten Dunstdecke, die mir noch immer zu Häupten hing, als zögere sie, sich von diesem so bezaubernd schönen Anblick zu trennen, auf alle Dinge zurückgeworfen.

Das kleine Tal, in das ich, so unter meinem Nebeldache stehend, hinabblickte, mochte nicht mehr als vierhundert Ellen lang sein; seine Breite schwankte zwischen fünfzig, hundertfünfzig, ja, vielleicht zweihundert Ellen. Am nördlichen Ende war es am engsten und erweiterte sich, doch nicht regelmäßig, nach Süden zu. Vielleicht achtzig Ellen vom Südende entfernt, war es am weitesten. Die Abhänge, die das Tal umrahmten, konnten mit Ausnahme derer am Nordende kaum Hügel genannt werden. Dort jedoch erhob sich ein steiler Granitblock zu einer Höhe von etwa neunzig Fuß; und das Tal war, wie ich schon bemerkte, an dieser Stelle nicht mehr als fünfzig Fuß breit. Ging man jedoch nach Süden zu, so fanden sich zur Rechten und zur Linken Abhänge, die weniger hoch, weniger steil und felsig waren. Kurz, nach Süden hin wurde alles niedriger und sanfter; und doch war das ganze Tal so von mehr oder minder hohen Anhöhen umgeben, daß nur zwei Stellen frei blieben. Eine von diesen habe ich schon erwähnt; sie lag nach Nordwesten und ließ durch einen regelmäßigen, natürlichen Spalt in der Granitmauer das Licht der untergehenden Sonne hinein. Dieser Spalt mochte, so weit das Auge in ihn hineindringen konnte, an seiner weitesten Stelle zehn Ellen breit sein und schien wie eine natürliche Chaussee in das Innere noch unerforschter Berge und Wälder zu führen. Die andere Öffnung befand sich genau am südlichen Ende des Tales. Hier waren die Hügel im allgemeinen nur sanfte Abhänge, die sich vielleicht hundertundfünfzig Ellen weit von Osten nach Westen hin ausdehnten. Ungefähr in ihrer Mitte war eine Senkung, deren Boden mit dem des Tales gleiche Höhe hatte. Auch die Vegetation wurde, wie alles andere nach Süden hin niedriger und sanfter. Im Norden erhoben sich, wenig Schritte von dem steilen Abgrund entfernt, die prächtigen Stämme weißer und schwarzer Nuß-, Eichen- und Kastanienbäume, deren starke Seitenäste sich weit über den Rand des Abgrundes erstreckten. Weiter nach Süden hin erblickte der Beschauer dieselben Bäume, doch waren sie da weniger hoch, weniger zahlreich, überhaupt weniger großartig in ihrer Erscheinung; hier wuchs die zartere Ulme, inmitten von Sassafras- und Heuschreckenbäumen, weiter grünte die lieblichere Linde, der sanfte Ahorn, und auf diese folgten noch anmutigere, biegsamere Arten. Der ganze südliche Abhang war mit Buschwerk bestanden, nur hin und wieder erhob sich eine Silberweide oder Silberpappel darüber hinaus. Auf dem Boden des Tales selbst (alles bis jetzt Erwähnte wuchs, wie man sich erinnern wird, an den Abhängen und auf den Felsen) sah man drei einzeln stehende Bäume. Einer von ihnen war eine Ulme, von schlanker Größe und ausgesucht schöner Form. Sie stand wie eine Wache am südlichen Eingang des Tales. Der zweite war ein weißer Walnußbaum, ausladender wie die Ulme, überhaupt viel prächtiger, obwohl sie beide in ihrer Art herrlich waren; er schien den nordwestlichen Eingang behüten zu wollen, entsprang mitten in dem Schlunde der Schlucht zwischen Felsbrocken und streckte seinen schönen Körper in einem Winkel von fünfundvierzig Grad weit in den Sonnenschein des Amphitheaters hinein. Ungefähr dreißig Ellen nach Osten von diesem Baume stand jedoch der Stolz des Tales – ohne Zweifel der schönste Baum, den ich je gesehen. Es war ein dreistämmiger Tulpenbaum – ein Liriodendron tulipiferum – aus der Ordnung der Magnolien. Die drei Stämme trennten sich etwa drei Fuß über dem Boden voneinander, wandten sich leicht und regelmäßig voneinander ab und waren an der Stelle, an welcher der stärkste Stamm in Laubwerk schoß, vielleicht vier Fuß voneinander entfernt (es geschah in einer Höhe von vielleicht acht Fuß). Die Gesamthöhe der Hauptabteilung mochte hundertundzwanzig Fuß betragen. Nichts kann die Schönheit der Form und das glänzende Grün der Blätter des Tulpenbaumes übeteffen. Augenblicklich mochten sie wohl acht Zoll breit sein, aber ihre Herrlichkeit wurde durch die strahlende Pracht üppigsten Blütenreichtums noch verdunkelt. Stellen Sie sich einmal nahezuammengedrängt eine Million der größten, glänzendsten Tulpen vor! Nur auf diese Weise kann ich ein Bild von dem Anblick geben. Und dann die kraftvolle Anmut der sauberen, zart gekörnten, säulenschönen Stämme ; der größte von ihnen maß zwanzig Fuß über dem Boden vier Fuß im Durchmesser. Seine zahllosen Blüten, deren Hauch sich mit denen anderer, kaum weniger schöner, doch bei weitem nicht so großartiger Bäume mischte, erfüllten das Tal mit den süßesten Wohlgerüchen.

Der Boden des Amphitheaters war mit dem gleichen Gras bewachsen, das ich schon auf der Landstraße bewundert hatte; vielleicht war es noch zarter, dicker, sammetähnlicher, noch tiefer grün. Es war schwer zu begreifen, wie man eine solche Schönheit hatte erzielen können.

Ich sprach eben von den zwei Eingängen, die in das Tal führten. Aus dem nordwestlichen schoß ein Flüßchen hervor, das mit sanftem Murmeln und weißem Schäumen die Schlucht hinuntersprudelte, bis es sich an den Felsbrocken, aus denen der weiße Walnußbaum sproßte, stieß. Es schlang sich um den Baum herum, wandte sich dann ein wenig nach Nordosten, wobei es den Tulpenbaum vielleicht zwanzig Fuß südlich liegen ließ, floß ohne Änderung in seinem Laufe weiter, bis es in die Mitte zwischen der östlichen und der westlichen Talgrenze kam. An diesem Punkte wandte es sich im rechten Winkel nach Süden und schlängelte seinen Weg dahin, bis es sich in einen kleinen See von unregelmäßiger, im allgemeinen ovaler Form verlor, der schimmernd am unteren Ende des Tales lag. Er mochte an seiner breitesten Stelle vielleicht hundert Ellen breit sein. Sein Wasser war klar wie der reinste Kristall und sein Boden, den man deutlich sehen konnte, über und über mit glänzend weißen Kieselsteinen bestreut. Seine smaragdgrünen Ufer rundeten sich mehr, als daß sie abfielen, in den klaren Widerschein des Himmels unten; und so klar war dieser Wasserhimmel, so vollständig spiegelte er alle Dinge wider, daß es schwer war, zu unterscheiden, wo die grüne, wirkliche Uferbank aufhörte und ihr Spiegelbild begann. Die Forellen und einige andere Fischarten, die ich in diesem See erblickte, erschienen wirklich und wahrhaftig zu fliegen. Es war ganz unmöglich zu glauben, daß sie nicht wirklich in der Luft dahinschossen. Ein leichtes birkenes Boot, das ruhig auf dem Wasser lag, wurde getreuer wie von dem besten Spiegel mit seinen kleinsten Maserungen widergestrahlt. Ein Inselchen, das im Schmucke seiner blühenden Blumen heiter wie ein Lächeln schimmerte und gerade groß genug war, um ein reizendes kleines Vogelhaus zu tragen, erhob sich nicht weit von der nördlichen Küste des Sees und war mit derselben durch eine unglaublich zart aussehende, doch ganz einfache Brücke verbunden, die aus einem einzigen breiten und dicken Brett aus Tulpenbaumholz bestand. Sie war 40 Fuß lang und bog sich in leichtem, doch deutlichem Bogen, der jedes Schwanken ausschloß, von Küste zu Küste. Am südlichen Ende des Sees trat das Flüßchen wieder aus demselben heraus, schlängelte sich vielleicht noch dreißig Ellen weiter, trat durch die schon beschriebene Senkung in der

Mitte der südlichen Abhänge aus dem Tal, sprang dann einen steilen Abgrund von vielleicht hundert Fuß herab und machte sich auf den vielfach gewundenen Weg zum Hudson.

Der kleine See war tief, an manchen Stellen wohl dreißig Fuß, während das Flüßchen selten mehr als drei Fuß tief und acht Fuß breit war. Sein Boden und seine Ufer waren genau so, wie die des Sees – wenn man ihnen vom Standpunkte des malerischen aus hätte einen Vorwurf machen wollen, so wäre es der absoluter Sauberkeit gewesen.

Die große, grüne Rasenfläche wurde hie und da durch glänzendes Buschwerk, wie Hydrangea oder Schneeball oder duftendes Syringengesträuch unterbrochen; häufiger noch durch einen Tuff Geranien, die in allen Farben prächtig in Blüte standen. Sie wuchsen in Töpfen, die sorgfältig in dem Boden vergraben waren, so daß es den Eindruck machte, als seien sie eingepflanzt. Außerdem war der Rasensammet wie besprenkelt mit Schafen, die mit drei zahmen Rehen und einer großen Zahl glänzend befiederter Enten im Tal umherstreiften. Ein sehr großer Bullenbeißer schien alle diese Tiere zu bewachen.

An den östlichen und westlichen Felswänden, die ziemlich steil abfielen, wuchs üppigster Efeu, so daß nur hier und da der nackte Fels zum Vorschein kam. Der nördliche Abhang war fast vollständig von selten schönen Weinranken bedeckt, die zum Teil dem Boden am Fuße des Felsens, zum Teil den Spalten in seinem Angesicht entsprossen.

Die leichte Erhebung, die die untere Grenze dieses Besitztums bildete, wurde von einer kleinen Stein-

mauer gekrönt, die hoch genug war, das Entkommen
der Rehe zu hindern. Nirgendwo sonst war eine Ein-
friedigung zu sehen, da die natürlichen Grenzen jeden Zaun unnötig machten. Wenn sich zum Beispiel
ein Schaf verirrte und durch die Schlucht aus dem
Tale entweichen wollte, so fand es seinen Weg ein
paar Ellen weiter an dem abstürzenden Felsrande aufgehalten, über den das Wässerchen sprang, das zuerst
meine Aufmerksamkeit erregte, als ich mich dem Besitztum näherte. Als einziger Aus- und Eingang diente
ein Tor, das die zwischen Felsen dahinführende
Straße abschloß, wenig Schritte unter dem Punkte,
auf dem ich stand und das Bild vor mir überschaute.

Ich sagte schon, daß sich das Flüßchen oder der
Bach während seines ganzen Laufes sehr unregelmäßig hin und her schlängelte. Seine Hauptrichtung ging
erst von Westen nach Osten und dann von Norden
nach Süden. Bei der Biegung schwenkte er zurück,
machte eine fast kreisförmige Schlinge, so daß er eine
Halbinsel umschloß, die fast eine vollständige Insel
war und wohl ein sechzehntel Morgen groß sein
mochte. Auf dieser Halbinsel stand ein Wohnhaus –
und wenn ich von diesem Hause sage, daß es, wie die
von Vathek gesehene unterweltliche Terrasse, ‚était
d'une architecture inconnue dans les annales de la
terre', so meine ich damit, daß sein ganzer Anblick das
stärkste Gefühl von Eigenart und Zweckdienlichkeit
in mir auslöste – kurz von Poesie (denn ich könnte nur
mit diesen beiden Worten eine scharfe Definition des
abstrakten Begriffes Poesie geben) – meine ferner,
daß der Eindruck des bloß Außergewöhnlichen in keiner Hinsicht überwog.

Man konnte sich in der Tat nichts Einfacheres, nichts Anspruchsloseres denken, als diese Hütte. Sie verdankte ihre wunderbare Wirkung vollständig ihrem künstlerischen Aufbau als Gemälde. Wenn man sie so ruhig betrachtete, konnte einem wohl der Gedanke kommen, daß irgendein hervorragender Landschaftsmaler sie mit seinem Pinsel aufgeführt habe.

Der Punkt, von dem aus ich das Tal überschaute, war nicht *durchaus*, wenn auch *fast* der beste, von dem aus man ein Haus in Augenschein nehmen konnte. Ich möchte das Landhaus deshalb so beschreiben, wie ich es später sah – von der Steinmauer am südlichen Ende des amphitheatralischen Bildes aus.

Das Hauptgebäude war ungefähr vierundzwanzig Fuß lang und sechzehn breit – auf keinen Fall länger oder breiter. Seine ganze Höhe vom Boden zur Dachspitze konnten nicht mehr als achtzehn Fuß betragen. An das westliche Ende dieses Bauwerkes schloß sich ein weiterer an, das in allen seinen Verhältnissen ein Drittel kleiner war. Seine Fassade lag vielleicht zwei Ellen weiter zurück als die des Hauptgebäudes, und auch sein Dach war naturgemäß niedriger. Im rechten Winkel zu diesen Gebäuden und vom Hinterteil des größeren, jedoch nicht vollständig in der Mitte, erhob sich ein dritter, sehr kleiner Flügel, in allem wohl ein Drittel schmaler als der westliche, kleinere Teil des Ganzen. Die Dächer der zwei größeren Partien waren sehr steil, beschrieben vom First aus eine lange, konkave Kurve und ragten wohl wenigstens vier Fuß über die Frontmauern heraus, so daß sie zu gleicher Zeit die Dächer für zwei Laubengänge bildeten. Sie hatten natürlich keinerlei Stütze nötig, da es jedoch so *aussah*, als wäre dies der Fall, hatte man ihnen an den Ecken leichte, vollständig glatte, einfache Säulen als Ruhepunkte gegeben. Das Dach des nördlichen Flügels bestand vollständig aus einem solch herüberragenden Teile des Hauptdaches. Zwischen dem Hauptgebäude und dem westlichen Flügel erhob sich ein ziemlich hoher, schlanker, viereckiger Kamin von harten holländischen, teils schwarz, teils rot gefärbten Ziegeln, den ein kleiner Fries von hervorragenden Ziegeln krönte. Auch über den Dachstuhl ragten die Dächer ziemlich weit hinaus, bei dem Hauptgebäude vielleicht vier Fuß nach Osten und zwei nach Westen. Der Haupteingang befand sich nicht genau am Hauptgebäude, sondern lag ein wenig nach Osten, während zwei Fenster die Front des westlichen Teiles unterbrachen. Sie reichten nicht ganz bis zum Boden, waren jedoch viel länger und enger, als man es im allgemeinen gewohnt ist; jedes war durch einen türähnlichen Fensterladen verschlossen; die Scheiben waren aus großen rautenförmigen Flächen zusammengesetzt. Die obere Hälfte der Tür bestand ebenfalls aus Glas, aus einer rautenförmig eingeteilten Scheibe. Ein großer Laden verschloß sie zur Nacht. Die Tür des westlichen Flügels befand sich unter dem Dachstuhl und war ganz einfach. Ein einziges Fenster ging nach Süden hinaus. Der nördliche Flügel hatte keine Tür und ebenfalls nur ein nach Osten gehendes Fenster. An der glatten Mauer, die den östlichen Dachstuhl trug, lief eine Treppe schräg hinauf, die von Süden her aufstieg. Beschützt von dem weit vorragenden Dache, führten diese Stufen zu einer Tür, die sich in die Mansarden oder vielmehr auf den Speicher öffnete, denn dieser ganze Teil wurde nur durch ein nach Norden gehendes Fenster erhellt und schien als Vorratskammer zu dienen.

Die Säulengänge des Hauptgebäudes und des westlichen Flügels hatten einen durchaus originellen Fußboden; vor den Türen und vor jedem Fenster lagen große, flache, unregelmäßig geformte Granitplatten, zwischen denen der wundervolle Rasen hervorquoll, und machten die Wege bei jedem Wetter gangbar. Auf gleiche Weise hergestellte hübsche Pfade leiteten zu einer vielleicht fünf Schritt seitlich gelegenen kristallhellen Quelle, auf die Landstraße hinaus und zu ein paar Gartenhäuschen, die nördlich, jenseits des Flüßchens, zwischen Johannisbrotbäumen und Catalpas versteckt, lagen.

Ungefähr sechs Schritt vor dem Haupteingang erhob sich der abgestorbene Rumpf eines phantastisch geformten Birnbaumes, der von der Wurzel bis zum Gipfel über und über mit den farbenprächtigsten Begonien bedeckt war, so daß man nur mit Mühe erkennen konnte, was dies reizende Ganze im Grunde eigentlich war. An verschiedenen Ästen des Baumes hingen Vogelkäfige. In einem von ihnen, einem großen, zylinderförmigen aus Weidengeflecht, in dem ein Ring baumelte, hüpfte eine Spottdrossel hin und her, in einem anderen eine Goldamsel, in einem dritten die freche Reisammer – während drei oder vier zarter gebaute Gefängnisse von holdzwitschernden Kanarienvögeln erfüllt waren.

Die Säulen, die die Säulengänge stützten, waren von Jasmin und Geisblatt umrankt, und in dem Winkel, den das Hauptgebäude mit dem westlichen Flügel bildete, kletterte ein Weinstock von beispielloser Üppigkeit empor. Jeden Versuch die Abgrenzung verachtend, war er zuerst auf das niedrigere Dach geklettert, dann auf das höhere, und kletterte und schlängelte sich nun am Dachfirst entlang, warf verschwenderische Ranken rechts und links herab, bis er sich vom östlichen Dache hinunterstürzte und über die Treppe schleppend dahinzog.

Das Haus und die Nebenflügel waren nach alter holländischer Art mit breiten, an den Ecken ungerundeten Schindeln erbaut. Dies Material hat die Eigentümlichkeit, den Häusern, die aus ihm erbaut sind, den Anschein zu geben, als wären sie unten am Grunde breiter als oben am Dache, etwa nach dem Muster alter ägyptischer Architektur; in unserem Falle wurde dieser außerordentlich malerische Eindruck durch zahlreiche große Blumentöpfe mit reichen Blüten, die am Boden fast das ganze Haus umgaben, noch verstärkt. Die Schindeln waren mit bedecktem Grau bemalt, und wie glücklich ihr neutraler Ton in das lebhafte Grün der Tulpenbäume, die das Haus zum Teil überschatteten, überging, kann sich jeder Künstler leicht vorstellen.

Von der erwähnten Steinmauer aus konnte man die Gebäude am besten übersehen, denn der vorspringende südöstliche Winkel ließ das Auge die beiden Fassaden übersehen, dazu den malerischen westlichen Dachstuhl, einen ziemlichen Teil des Nordflügels, ein Stück des reizenden Treibhausdaches und fast die Hälfte einer zierlichen Brücke, die den Bach in der Nähe des Hauptgebäudes überspannte.

Ich blieb nicht lange auf dem Gipfel des Hügels stehen, doch lange genug, um das Bild zu meinen Füßen gründlich in Augenschein zu nehmen. Da sich jeder sagen mußte, daß ich mich auf meinem Wege zum nächsten Dorfe verirrt hatte, machte ich von dem guten Rechte aller Wanderer Gebrauch, öffnete ohne weitere Zeremonien das Tor und trat in die kleine Besitzung ein, um nach meinem Wege zu fragen.

Der Weg vom Tore senkte sich sacht den nordöstlichen Abhang hinab. Er führte mich an den Fuß des nördlichen Abhanges und von da aus über die Brücke, an dem östlichen Flügel vorbei zum Haupteingang. Ich bemerkte beim Gehen, daß die Gartenhäuschen im Tale durchaus nicht zu sehen waren.

Als ich um die Ecke des Hauses bog, sprang der Schäferhund auf mich zu, schweigend, aber in Blick und Haltung drohend wie ein Tiger. Ich hielt ihm jedoch zum Zeichen der Freundschaft meine Hand hin, denn ich habe nie einen Hund gekannt, der einem solchen Appell an seine Höflichkeit widerstanden hätte. Er wedelte daraufhin denn auch nicht nur mit dem Schweife, sondern bot mir sogar seine Pfote dar, und dehnte seine Liebenswürdigkeit auch auf Ponto aus.

Da ich keine Klingel bemerkte, klopfte ich mit meinem Stocke gegen die halb offen stehende Tür. Im selben Augenblicke erschien auf der Schwelle die Gestalt einer jungen Frau von vielleicht achtundzwanzig Jahren – schlank, fast zart und etwas über mittlere Größe. Als sie sich mir mit einer unbeschreiblich anmutigen, bescheidenen Bestimmtheit des Schrittes näherte, mußte ich mir sagen, daß ich hier die Vollkommenheit natürlicher Grazie im Gegensatz zu aller künstlichen gefunden. Die zweite und bei weitem stärkere Empfindung bei ihrem Anblick war lebhaftes Entzücken. Nie noch war mir ein solcher Ausdruck von Romantik, von – ich möchte sagen – Außerweltlichkeit, wie er aus dem Blick ihrer tiefen Augen sprach, mit gleicher Gewalt ins innerste Herz gedrungen. Ich weiß nicht, wie es kommt, doch dieser besondere Ausdruck der Augen, der sich oft in dem Schwung der Lippen widerzuspiegeln scheint, ist der mächtigste, wenn nicht der einzigste Reiz, der meine Aufmerksamkeit auf eine Frau lenkt. Romantik – ich nehme an, daß meine Leser vollständig verstehen, was ich alles mit diesem Worte sagen will – Romantik und Weiblichkeit scheinen mir zwei gleichbedeutende Ausdrücke zu sein, und schließlich liebt kein Mann in einer Frau etwas anderes als ihre Weiblichkeit. Annies Augen – ich hörte, wie jemand aus dem Innern des Hauses ihr „liebe Annie" zurief – waren von durchseeltem Grau, ihr Haar ein helles Kastanienbraun; dies war alles, was ich in der kurzen Zeit von ihr wahrnehmen konnte.

Auf ihre höfliche Einladung hin trat ich ein und durchschritt zuerst ein ziemlich geräumiges Vestibül. Da ich gekommen war, um zu beobachten, blickte ich mich ein wenig um und bemerkte zu meiner Rechten ein Fenster, das genauso gestaltet war, wie die an der Vorderseite; zu meiner Linken eine Tür, die in das Hauptgemach führte, während ich dem Eingang gegenüber durch eine offene Tür in ein kleines Zimmer blickte, das, genauso groß wie das Vestibül, als Studierzimmer eingerichtet war und ein nach Norden gehendes Bogenfester hatte.

Ich trat ins Wohnzimmer und befand mich Herrn

Landor gegenüber – dies war, wie ich später erfuhr, der Name des Hausherrn. Er kam mir höflich, ja, herzlich entgegen, doch lag mir in dem Augenblick mehr daran, die Einrichtung des Hauses, das mich so sehr interessierte, zu studieren, als die persönliche Erscheinung seines Bewohners.

Den nördlichen Flügel füllte, wie ich jetzt sah, das Schlafzimmer aus, dessen Tür in das Wohnzimmmer offen stand. Westlich von der Tür ging ein Fenster auf den Bach hinaus. Am äußersten Ende des Wohnzimmers befanden sich ein Kamin und eine Tür, die in den westlichen Flügel, der allem Anschein nach die Küche enthielt, führte.

Man konnte sich nichts Schlichteres und Einfacheres denken, als die Ausstattung des Wohnzimmers. Den Boden bedeckte ein Teppich von gefärbter Wolle und von ausgezeichnetem Gewebe. Der Grund war weiß und mit kleinen, kreisrunden grünen Zeichnungen dicht besät. Die Fenster waren mit schneeweißen Jaconet-Vorhängen verhüllt, die ziemlich schwer in starr regelmäßigen, parallel laufenden Falten bis auf den Boden, gerade bis *auf* den Boden, hingen. Die Wände waren mit sehr zarter französischer Tapete bekleidet, auf deren silbernem Grunde eine blaßgrüne Zickzacklinie lag. Die Wandfläche wurde von drei ausgezeichneten Lithographien von Julien unterbrochen, die, ohne Rahmen, als einziger Wandschmuck dienten. Eine dieser Zeichnungen gab ein Bild von orientalischem Luxus, morgenländischer Üppigkeit; eine andere eine unvergleichlich lebenssprühende Karnevals-Szene; die dritte stellte einen griechischen Frauenkopf dar: niemals habe ich ein himmlischeres

Antlitz mit einem reizvolleren, unbestimmteren Ausdruck gesehen.

Der gröbere Teil der Ausstattung bestand aus einem runden Tische, einigen Stühlen, einem Schaukelstuhl, einem Sofa oder vielmehr einem Kanapee, dessen Holzwerk aus weißgemaltem, leicht mit grünen Fäden durchwobenem Ahorn und dessen Sitz aus Rohr bestand. Die Stühle und der Tisch gehörten zueinander, doch all ihre Formen hatte offenbar dasselbe Hirn ausgedacht, das die Anlagen draußen angelegt hatte – man konnte sich unmöglich etwas Anmutigeres vorstellen.

Auf dem Tische lagen ein paar Bücher, ein großes viereckiges Kristall-Flacon mit irgendeinem neuen Parfüm, stand eine einfache Astrallampe aus poliertem Glas mit einem italienischen Lampenschirm und eine große Vase mit prachtvoll blühenden Blumen. Ihre strahlenden Farben und ihr zarter Duft waren das einzige, das *nur* als Dekoration diente. Den Herd des Kamines füllte ein Topf leuchtender Geranien fast vollständig aus. Auf dem Eckbrett in jedem Winkel des Zimmers stand eine ähnliche Vase; sie unterschieden sich voneinander nur durch ihren verschiedenfarbigen Inhalt. Ein oder zwei kleinere Bouquets schmückten den Mantel des Kamins, und Büschel frisch gepflückter Veilchen standen auf den Fensterbrettern umher.

Ich schließe – denn diese Arbeit sollte nur ein genaues Bild von dem Landhause des Herrn Landor geben, wie ich es eines Tages auf meinen Streifereien fand.

Zwei Aufsätze Poes

Philosophie der Komposition

In einer vor mir liegenden Notiz, die ich gelegentlich einer Analyse der Struktur[4]) des Dickensschen

---

4) Baudelaire leitet seine Übertragung des Poeschen Versuches einer Strukturlehre, seiner „Philosophy of Composition", mit Ausführungen ein, aus denen folgender Passus von ästhetischer Wesentlichkeit ist:

„Man hat uns gelehrt, die Poetik sei nach den poetischen Werken gemacht. Nun wohl, hier ist ein Poet, der behauptet, daß er sein Poem nach seiner Poetik gemacht habe. Er hatte gewiß mehr Inspiration, als irgend sonst jemand, wenn man unter Inspiration schöpferische Energie verstehen will, intellektuellen Enthusiasmus und die Gabe, seine dichterischen Fähigkeiten lebendig zu halten. Doch liebte er auch die Arbeit mehr wie jeder andere; er, als Erscheinung vollendet original, wiederholte gern, daß Originalität eine Sache der Übung sei, womit jedoch nicht gesagt sein sollte, daß sie sich etwa lernen lasse. Der Zufall und das Unbereifliche waren immer seine beiden großen Feinde. Gab er sich, einer sonderbaren Eitelkeit folgend, für weniger inspiriert, als er in Wirklichkeit war? Verkleinerte er die dichterische Kraft, die in ihm lag, um seine Denkkraft in ein besseres Licht zu setzen? Ich möchte es beinahe glauben; doch darf man dabei nicht vergessen, daß sein Genie, so glühend und leicht beweglich es auch war, Analyse, Kombination und Berechnung leidenschaftlich liebte. Eins seiner Lieblingsaxiome war das folgende: ‚In einem Gedicht wie in einem Roman, in einem Sonett wie in einer Novelle muß alles auf die Lösung hinweisen. Ein guter Autor hat bei der ersten Zeile, die er schreibt, schon die letzte im Auge. Der Dichter kann mithin sein Werk am Ende anfangen und wann es ihm gefällt an irgendeinem beliebigen Teile arbeiten.' Alle, die an ein Schaffen im Rauschzustande glauben, entsetzen sich vielleicht vor dieser für sie zynischen Anschauung; doch kann jeder für sich soviel daraus entnehmen, wie ihm zusagt. Es kann nichts schaden, den Laien zu zeigen, wieviel Nutzen die Kunst aus dem Nachdenken zieht, wieviel Arbeit jener Luxusgegenstand, den wir Poesie nennen, erfordert... Und zum

‚Barnaby Rudge' erhielt, sagt der Autor: „Nebenbei gesagt, wissen Sie, daß Godwin seinen ‚Caleb Williams' rückwärts geschrieben hat? Er hat damit angefangen, seinen Helden in ein ganzes Netz von Schwierigkeiten, die den Stoff des zweiten Bandes bilden, zu verstricken, und dann erst begonnen, im ersten Bande die Möglichkeiten zu ersinnen, die diese geschaffen hatten und alles, was geschehen, rechtfertigen."

Ich kann nun nicht glauben, daß dies *genau* die Methode ist, nach der Godwin gearbeitet hat, auch stimmen seine eigenen Äußerungen über sein Schaffen nicht völlig mit der Ansicht Charles Dickens' überein; wenn auch anderseits der Autor von ‚Caleb Williams' ein viel zu feiner Künstler war, um den Nutzen zu verkennen, den ein solches Vorgehen bringen kann. Denn nichts ist klarer, als daß jeder Konflikt, der dieses Namens würdig sein will, bis zu seiner Lösung auf das feinste ausgearbeitet sein muß, ehe man die Feder in die Hand nimmt. Nur, wenn man den Gedanken an diese Lösung nicht *einen* Moment aus den Augen läßt, wird der ganze Plan des Werkes logisch, werden seine Einzelheiten mit Notwendigkeit auseinander resultierend erscheinen, da dann alle, auch die kleinsten Umstände, und besonders der allgemeine *Ton* auf die Entwicklung der Absicht des Künstlers hinweisen.

Ich bin auf jeden Fall der Meinung: die heute allgemein gebräuchliche Methode, eine Erzählung aufzubauen, ist eine radikale Verirrung. Zuweilen muß die Weltgeschichte einen Stoff bieten; zuweilen fühlt sich der Autor durch irgendein Ereignis des Tages angeregt – oder bestenfalls stellt er selbsterfundene über-

Schluß – ein wenig Scharlatanerie muß man dem Genie nun einmal verzeihen; sie steht ihm nicht einmal schlecht. Sie ist wie die Schminke auf den Wangen einer von Natur schönen Frau – eine neue Würze für den Geist." Anm. des Herausgebers.

raschende Begebenheiten zusammen, die nun die Basis seiner Erzählung bilden sollen, deren Risse und Spalten, wie sie sich ihm gelegentlich bieten, er mit Beschreibungen, Dialogen und persönlichen Meinungen über alle möglichen und unmöglichen Dinge füllen will.

Ich dagegen, ich beginne immer mit der Wahl einer *Wirkung* und richte mein ganzes Augenmerk auf die *Originalität* derselben. Ich frage mich zuerst: welche von den zahlreichen Wirkungen oder Eindrücken, gegen die das Herz, der Verstand, oder allgemeiner, die Seele empfänglich ist, soll ich dieses Mal nehmen?

Habe ich mich dann für eine bestimmte *Wirkung* entschieden, so frage ich mich weiter, wie diese am besten durch die Ereignisse und den Ton der Erzählung hervorgebracht werden kann – ob durch gewöhnliche Ereignisse und besonderen Ton oder umgekehrt, oder durch besondere Ereignisse *und* besonderen Ton – und dann spähe ich um mich oder vielmehr in mich und suche die Verbindung der Ereignisse und des Tons, die mir am geeignetsten zur Hervorbringung der beabsichtigten Wirkung erscheint.

Oft habe ich mir vorgestellt, wie interessant ein Aufsatz sein müßte, in dem ein Autor uns Schritt für Schritt mit der Art und Weise bekanntmacht, auf die eins seiner Werke entstanden und bis zur Vollendung ausgearbeitet worden ist. Ich kann mir gar nicht erklären, wie es gekommen, daß man nie dergleichen geschrieben – vielleicht ist die Eitelkeit der Autoren hieran mehr schuld als irgendein anderer Grund.

Den meisten Autoren, und ganz besonders den Dichtern, ist es angenehmer, wenn man von ihnen glaubt, sie arbeiteten in einer Art schönen Wahnsinns – in ekstatischer Intuition – und sie schaudern bei dem Gedanken, das Publikum einen Blick auf die Szene ihres Schaffens tun zu lassen, auf das arbeitsvolle Ausfeilen des Gedankens, auf die Ideen, die sich oft tausendmal als Blitz vorüberhuschend zeigen und nicht als volles Licht verweilen wollen, auf die vielen wohlausgereiften Gedanken, die voll Verzweiflung als unverwendbar beiseite geworfen werden müssen, auf dies ewige, unendlich vorsichtige Wählen und Aussondern – kurz, auf die Räder und Riemen, die Leitern und Falltreppen, die Vorrichtungen zum Kulissenschieben und all die tausend Dinge, die der Autor bei der Arbeit nötig hat.

Ich weiß anderseits auch, daß es durchaus nicht oft vorkommt, daß ein Autor in der Lage ist, den Weg, auf dem er zur Auflösung seines Werkes gekommen, überhaupt wieder nachzeichnen zu *können*. Die Ideen, die pêle-mêle entstanden sind, werden meistens auch wieder so vergessen.

Ich persönlich teile die Abneigung der Autoren, von der ich eben sprach, nicht, auch macht es mir nicht die geringste Schwierigkeit, mich an den Entstehungsgang all meiner Sachen zu erinnern. Und da das Interessante an solch einer Analyse oder Rekonstruktion, die ich, wie angedeutet, geradezu für ein Desideratum in der Literatur halte, ganz unabhängig von etwa vorhandenem oder nicht vorhandenem Interesse für den analysierten Gegenstand ist, wird man mir nicht Mangel an Geschmack vorwerfen können, wenn ich den modus operandi zeige, mittels dessen ich eins meiner *eigenen* Werke verfaßt habe. Ich wähle den ‚Raben'.

Und es ist nun meine Absicht, darzutun, daß nichts in diesem Gedichte dem Zufall oder der Intuition zuzuschreiben ist, und daß das Werk mit der Genauigkeit und starren Logik eines mathematischen Problems Schritt für Schritt entstand.

Den Umstand oder, wenn Sie wollen, die Notwendigkeit, die mich auf den Gedanken brachte, ein Gedicht zu schreiben, das sowohl dem allgemeinen wie dem kritischen Geschmack Genüge tat, brauche ich, da sie keine direkte Beziehung zu dem Gedicht an sich hat, nicht näher zu erwähnen.[5])

Die Analyse kann also bei meiner *Absicht* selbst beginnen.

Die eigentlich erste Frage war dann die nach der *Größe*. Wenn ein literarisches Werk zu lang ist, um auf *einmal* ganz gelesen zu werden, müssen wir von vornherein auf die außerordentlich große Wirkung eines einheitlichen, unzerteilten Eindruckes verzichten. Wenn man ein Werk nicht auf *einmal* auslesen kann, lenken uns die Geschäfte des Tages von ihm ab, und wir können es in seiner Ganzheit als Ganzes *überhaupt* nicht genießen. Da jedoch, ceteris partibus, kein Dichter sich einen Umstand, den er seinen Absichten dienstbar machen könnte, entgehen lassen darf, bleibt uns nur übrig, zu fragen, ob ihm die größere Länge eines Gedichtes überhaupt irgendeinen Vorteil zu bieten vermag, der den aus ihr resultierenden Verlust des oben erwähnten einheitlichen, ganzen Eindrucks wieder wettmachen könnte. Ich behaupte: nein. Was wir ein langes Gedicht nennen, ist in Wahr-

---

5) Poe vermeidet es also mit Bewußtsein, auf die primäre psychische Potenz im Schaffensprozeß einzugehen.   Anm. des Herausgebers

heit nur eine Folge kurzer Gedichte, das heißt: kurzer poetischer Wirkungen. Es ist unnütz zu sagen, daß ein gutes Gedicht nur dann ein solches ist, wenn es unsere Seele intensiv erregt, das heißt: erhebt. Notwendigerweise sind jedoch alle tiefen psychischen Erregungen kurz. Aus diesem Grunde ist wenigstens die Hälfte des ‚Verlorenen Paradieses‘ Prosa – eine Folge poetischer Erregungen nämlich, denen *unausbleiblicherweise* eindrucklose Strecken folgen, da das Werk seiner außerordentlichen Länge halber die so wichtige Forderung: Ganzheit oder Einheit der Wirkung, nicht erfüllen kann.

Es ist also klar, daß es in bezug auf die Länge eines literarischen Werkes eine deutlich bestimmbare Grenze gibt –, es darf nur so lang sein, daß man es, ohne aufzustehen, zu Ende lesen kann, und obgleich eine gewisse Klasse von Prosawerken wie ‚Robinson Crusoe‘ (die keine Einheit des Eindrucks verlangen) gerade aus ihrer Länge einen Vorteil ziehen, so ist bei einem Gedicht die oben erwähnte Grenze nie, ohne daß es Schaden nimmt, zu überschreiten. Innerhalb dieser Grenze nun muß die Länge des Gedichtes in genauem mathematischem Verhältnis zu seiner Güte stehen – das heißt: zu dem Grade der Erregung oder Erhebung, die es hervorbringt – oder in anderen Worten zu dem Grade wahrer poetischer Wirkung, die es hervorzubringen imstande ist; denn es ist klar, daß die Kürze in direkter Beziehung zu der Intensität des beabsichtigten Effektes steht: ein gewisser Grad von Dauer ist selbstverständlich nötig, um einen gleich hohen Grad von Wirkung hervorbringen zu können.

Nachdem ich mir dies alles klargemacht hatte und

auch über die Art der Erregung, die nicht über dem allgemeinen und nicht unter dem kritischen Geschmack sein sollte, mit mir übereingekommen war, nahm ich etwa hundert Verse als die richtige Länge für mein Gedicht an – es sind in der Tat hundert und acht geworden.

Mein zweiter Gedanke war sodann die Wahl eines *Eindruckes;* ich ließ während der ganzen Arbeit keinen Moment meine Absicht aus den Augen, das Werk allgemeinverständlich zu machen.

Es würde mich natürlich zu weit von meinem Thema entfernen, wollte ich eine Ansicht, die ich schon verschiedentlich behauptet, hier beweisen, nämlich die, daß das *Schöne* das einzig rechtmäßige Gebiet der Poesie sei. Ich will diese meine richtige Ansicht, die einige meiner Freunde zu mißkreditieren sich bemüßigt gefühlt haben, hier nur mit ein paar Worten erläutern. Ich glaube, der intensivste, erhabenste und reinste Genuß ist der, den uns die Betrachtung der Schönheit gewährt. Wenn die Menschen von Schönheit reden, so meinen sie, genau genommen, auch nicht eine Eigenschaft, sondern eine *Wirkung:* die intensive und reine Erhebung der Seele nämlich – *nicht* des Verstandes oder des Herzens –, die ich eben beschrieben habe und die die Folge der Betrachtung des Schönen ist. Ich bezeichne also die Schönheit als *das* Gebiet der Poesie, weil es eine offenbare Regel der Kunst ist, daß die Wirkungen aus den direkten Ursachen entstehen, daß man ein Ding durch die Mittel, die dazu am besten geeignet sind, erreichen soll – und noch niemand ist bis jetzt dumm genug gewesen, zu leugnen, daß die fragliche besondere Erregung am leichtesten durch die Poesie bewirkt wird. Das Ding Wahrheit oder die Befriedigung des Verstandes, und das Ding Leidenschaft oder die Erregung des Herzens, sind, obgleich sie bis zu einem gewissen Grade auch durch die Poesie bewirkt werden können, durch Prosa jedoch weit leichter zu ermöglichen. Die Wahrheit verlangt eine Präzision und die Leidenschaft eine Vertraulichkeit (die wahrhaft leidenschaftlichen Menschen werden verstehen, wie ich dies Wort hier meine), die jener Schönheit durchaus entgegengesetzt sind, deren Wesen, wie ich behaupte, die Erregung und köstliche Erhebung der Seele ist. Aus dem hier Gesagten soll jedoch nicht folgen, daß die Leidenschaft oder selbst die Wahrheit nicht auch Inhalt eines Gedichtes sein könne – sie dienen oft mit Glück zur Erläuterung oder steigern die allgemeine Wirkung, wie es die Dissonanzen in der Musik, durch den Kontrast, tun – doch wird der wahre Künstler sich immer bemühen, sie seiner beabsichtigten Wirkung dienstbar zu machen und sie so dicht wie möglich in jene Schönheit zu verschleiern, die das Sein und Wesen eines Gedichtes ist.

Da ich also die *Schönheit* als mein *Gebiet* erkannt hatte, fragte ich mich weiter, in welchem *Tone* sie sich am vollkommensten äußern könne. Nun hat uns alle Erfahrung gelehrt, daß sie in der Trauer zum gesteigertsten Ausdruck kommt. Schönheit, in welcher Art sie auch immer erscheinen möge, erregt in ihrem erhabensten Stadium die sensitive Seele zu Tränen. Und die Melancholie ist der geeignetste Ton für ein Gedicht.

Nachdem ich mir so über die *Länge*, das *Gebiet* und

den *Ton* klar geworden war, suchte ich nach irgendeinem artistischen Reiz, der mir bei dem Aufbau des Gedichtes als Grundton dienen könne, oder sozusagen als Angel, um die sich das ganze Ding drehe. Als ich nun sorgfältig alle Kunsteffekte oder vielmehr Mittel zum Effekt erwog, kam mir zum Bewußtsein, daß keines so oft und allgemein angewandt worden, als der *Refrain*. Diese Erkenntnis allein genügte, um mich von seinem außerordentlichen Nutzen zu überzeugen; und das erspare mir die Notwendigkeit, dieselbe zu analysieren. Ich forschte jedoch einmal nach, ob man seine Wirkung nicht steigern oder verbessern könnte, und erkannte bald, daß er sich in einem recht primitiven Stadium befand. Bis jetzt wurde er nur bei lyrischen Gedichten angewendet, und die Kraft seines Eindruckes hing von der Kraft der Monotonie seines Tones und seines Gedankens ab. Der Genuß entsteht allein durch die Wiederholung einer gleichen Sensation. Ich beschloß nun, durch Variierung der Wirkung eine Steigerung zu erzielen, der Monotonie des Tones wollte ich treu bleiben, während ich den Gedanken jedesmal änderte; das heißt: Ich versprach mir eine Reihe neuer Wirkungen durch eine Reihe von Verschiedenheiten in der Anwendung des Refrains, der selbst immer der gleiche bleiben sollte.

Nun begann ich darüber nachzudenken, welcher Natur dieser Refrain sein müsse. Da seine Anwendung häufig variiert werden sollte, war es klar, daß der Refrain selbst kurz sein mußte, denn es wäre wahrscheinlich mit unüberwindlichen Schwierigkeiten verknüpft gewesen, einen längeren Satz des öfteren zu variieren. Je kürzer der Kehrreim, desto leichter war natürlich auch seine Anwendung in mehrfach verschiedenem Sinne. Diese Erkenntnis führte mich dazu, ein einziges Wort als Refrain zu wählen.

Jetzt fragte sich, welchen Charakter dies Wort haben müsse. Als ich mich für den Refrain entschlossen, hatte ich mich naturgemäß zugleich für eine Einteilung des Gedichtes in Strophen entschieden. Den Schluß jeder Strophe mußte eben der Refrain bilden, und dieser Schluß mußte, um Wirkung zu haben, natürlicherweise schwer und sonor sein, und breit, pathetisch gesprochen werden können; am besten, er enthielt den klangvollsten Vokal, den wir haben, das O, in Verbindung mit dem R, dem kräftigsten Konsonanten.

Nachdem ich so auch den *Klang des Refrains* festgestellt hatte, wurde es nötig, ein Wort zu wählen, das diesen Klang enthielt und zu gleicher Zeit mit der Melancholie, die ich als *Ton* des ganzen Gedichtes gewählt hatte, in Übereinstimmung stand. Da wäre es denn ganz unmöglich gewesen, *das Wort „nevermore"* – nimmermehr – zu übersehen. In der Tat war es das erste, das mir einfiel.

Nun galt es, eine Ursache zu der wiederholten Anwendung des Wortes „nimmermehr" zu finden. Ich bemerkte bald, daß die Schwierigkeit, einen hinreichenden Grund zu seiner öfteren Wiederholung zu entdecken, hauptsächlich in der Vorstellung begründet lag, daß das Wort von einem *menschlichen* Wesen ausgesprochen wurde, das heißt: daß es große Hindernisse bot, seine Einförmigkeit mit der Vernunft und den Gedanken der das Wort ausrufenden Person zu vereinigen. Da kam mir plötzlich die Vorstellung eines *unvernünftigen* und doch des Sprechens fähigen Wesens; natürlicherweise dachte ich zuerst an einen Papageien, doch wählte ich bald einen *Raben*, der ja auch Worte sprechen kann, und im übrigen besser mit dem allgemeinen Tone des Gedichtes harmonisierte.

So kam ich also dazu, einen Raben einzuführen – den Vogel der bösen Vorbedeutungen, der am Ende jeder Strophe in einem etwa hundert Verse großen Gedichte trauervollen Tones das Wort „nimmermehr" monoton zu wiederholen hatte. Nun fragte ich mich weiter – mein Bestreben nach möglichster Vollkommenheit ließ ich nie aus den Augen: „Welche Vorstellung wird von der *Menschheit im allgemeinen* als die *trauervollste* empfunden?" „Die des Todes", war die sichere Antwort. „Und wann", forschte ich weiter, „ist diese trauervollste Vorstellung zugleich am poetischsten?" Nach all dem, was ich hier oben schon des längeren erörtert habe, fällt die Antwort nicht schwer: „Dann, wenn sie sich am innigsten mit der Schönheit verbindet. Der *Tod* einer *schönen Frau* ist also der poetischste Vorwurf, der überhaupt zu denken ist, und ebenso unzweifelhaft ist der seines köstlichsten Schatzes beraubte *Liebende* der beste Mittler, uns über diesen zu reden".

Nun hatte ich also zwei Ideen zu verbinden: einen Liebenden, der die verstorbene Geliebte beweint, und einen Raben, der unaufhörlich das Wort „nimmermehr" wiederholt. Dabei durfte ich nicht vergessen, das Wort jedesmal anders anzuwenden; die einzige Möglichkeit hierzu bot jedoch bloß der Umstand, daß der Vogel auf Fragen des Liebenden antworten konnte. Hier sah ich denn auch bald, welch gute Gelegenheit sich mir bot, die Wirkung, auf die ich soviel Gewicht legte, auszuüben, nämlich den Refrain zu variieren. Ich sah ein, daß die erste Frage des Liebenden, die erste, auf die der Rabe „nimmermehr" antworten sollte, irgendein Gemeinplatz sein mußte –, die zweite mußte etwas weniger allgemein gehalten sein – die dritte noch weniger und so weiter, bis der Liebende durch den trüben Sinn des so hartnäckig wiederholten Wortes aus seiner ursprünglichen Gleichgültigkeit gerissen wird; die unheilvolle Bedeutung des schwarzen Vogels kommt ihm in den Sinn, eine Erregung des Aberglaubens erfaßt ihn, und immer seltsamere Fragen stellt er – Fragen, deren Beantwortung sein Herz mit wilder Leidenschaft ersehnt – Fragen, die ihm teils der Aberglaube und teils jene Verzweiflung eingibt, die sich wollüstig selbst zerfleischt. Fragen, die er nicht stellt, weil er an das prophetische oder dämonische Wesen des Vogels glaubt – seine Vernunft sagt ihm, daß das Tier nur ein eingelerntes Stückchen wiederholt – sondern, weil es ihm ein grausamer, qualvoller Genuß ist, sie so zu stellen, daß die Antwort des *erwarteten* „Nimmermehr" ihm immer wieder einen neuen Schmerz schlägt, der ihm um so köstlicher erscheint, je unerträglicher er wird.

Nachdem ich also, wie erwähnt, eine gute Gelegenheit, den Refrain zu variieren, gefunden, oder vielmehr: nachdem mich der ganze Aufbau meines Gedichtes von selbst zu ihr geführt, forschte ich nach, auf welche Fragen des Liebenden das „Nimmermehr" die letzte und stärkste, die schmerz- und entsetzenvollste Antwort sein sollte.

Hier also hat mein Werk seinen Anfang genommen, am Ende – wo alle Kunstwerke begonnen werden sollten; denn nachdem ich mit meinen Betrachtungen bis zu diesem Punkte gediehen, setzte ich die Feder aufs Papier, um folgende Strophe zu schreiben:[6])

„Prophet!" sagte ich, „Unglückswesen! Prophet, ob Du nun Vogel oder Dämon bist! Bei dem Himmel, der sich über uns wölbt, bei dem Gott, den wir beide anbeten, sage dieser schmerzbeladenen Seele, ob sie in dem fernen Eden ein heiliges Weib umarmen wird, das die Engel Leonore nennen, ob sie ein seltsames, strahlendes Weib umarmen wird, das die Engel Leonore nennen!"
Sprach der Rabe: „Nimmermehr." – –

Ich schrieb damals diese Strophe, erstens, um den Höhepunkt des Gedichtes vor mir zu haben und um die vorhergehenden Fragen des Liebenden besser variieren und abschätzen zu können, und zweitens, um mir endgültig über Rhythmus, Metrum, Länge und allgemeinen Bau der Strophen klarzuwerden und die vorhergehenden so abwägen zu können, daß diese hier von keiner der voraufgehenden in ihrer rhythmischen Wirkung übertroffen werde. Hätte ich während der nun folgenden Arbeit kraftvollere Strophen geschrieben, so würde ich sie ohne Skrupel absichtlich abgeschwächt haben, damit sie der Wirkung des Höhepunktes keinen Eintrag täten.

Nun könnte ich einige Worte über die Versifikation sagen. Mein erstes Streben ging hier wie überall nach Originalität. Daß man von dieser bei der Versifikation immer durchaus abgesehen hat, gehört für mich zu den unerklärlichsten Dingen der Welt. Die geringe Möglichkeit, den Rhythmus zu variieren, will ich gern zugeben, doch ist es offenbar, daß die möglichen Va-

---

6)   Die Zitate aus dem „Raben" werden hier in einer wörtlichen Prosaübersetzung geboten, um eine möglichst enge Verfolgung der Poeschen Gedankengänge zu ermöglichen.   Anm. des Herausgebers

riationen des Metrums und der Strophe durchaus zahllose sind – und doch hat seit Jahrtausenden kein Mensch daran gedacht oder scheint daran gedacht zu haben, bei der Versifikation irgend etwas Originales zu schaffen. Nun ist aber Originalität (außer vielleicht bei einem Geiste von ganz ungewöhnlicher Kraft) durchaus kein Kind des Instinktes oder der Intuition. Sie muß im allgemeinen durch emsiges Suchen gefunden werden, und obwohl sie einem Menschen als höchstes Verdienst anzurechnen ist, verlangt sie eigentlich weniger Erfindungskraft, als das Vermögen, zu negieren.

Ich erhebe selbstverständlich keinerlei Anspruch auf Originalität in bezug auf den Rhythmus oder das Metrum des ‚Raben'. Der erstere ist trochäisch – das letztere besteht aus einem akatelektischen Oktameter, der mit katalektischem Heptameter abwechselt, welcher als Refrain im fünften Verse wiederholt wird, und endet mit einem katalektischen Tetrameter. Weniger pedantisch: die Versfüße, durchgehends Trochäen, bestehen aus einer langen und einer kurzen Silbe: der erste Vers der Strophe besteht aus acht solchen Füßen, der zweite aus sieben und einem halben; der dritte aus acht; der vierte aus sieben und einem halben; der fünfte ebenfalls aus sieben und einem halben; der sechste aus drei und einem halben. Nun ist jeder dieser Verse für sich allein schon angewandt worden, und ihre ganze Originalität im Raben besteht darin, daß ich sie in einer Strophe vereinigt habe, denn nichts, was dieser Zusammenstellung auch nur ähnlich sieht, ist bis jetzt versucht worden. Die Wirkung dieser originalen Verbindung wird noch durch einige andere ungebräuchliche und ganz neue Effekte erhöht, die ich aus einer ausgedehnteren Verwendung des Reimes und der Alliteration herleite.

Nun galt es, den Liebhaber und den Raben miteinander in Verbindung zu bringen, und die erste Frage war nach dem: wo? Anscheinend wäre der natürlichste Ort ein Wald oder eine Ebene draußen gewesen, doch war ich von je der Ansicht, daß nur in einem *engen* und *begrenzten* Raume eine einzelne Begebenheit zur Wirkung kommen kann; er hat die Kraft, die der Rahmen einem Bilde gibt, und den unberechenbaren moralischen Nutzen, die Aufmerksamkeit zu konzentrieren, den man nicht mit dem Vorteil, den die einfache Einheit des Ortes gewährt, verwechseln darf.

Ich beschloß also, den Liebenden in sein Zimmer zu versetzen, in sein Zimmer, das durch die Erinnerungen an die, die dort gelebt hat, für ihn geheiligt ist. Dieser Raum ist als sehr reich ausgestattet gedacht, in Übereinstimmung mit meiner These, daß die Schönheit das einzig wirkliche Gebiet der Poesie ist.

Nachdem ich so den Ort festgestellt hatte, mußte ich den Vogel einführen, und der Gedanke, ihn durchs Fenster eintreten zu lassen, lag auf der Hand. Daß ich den Liebenden anfangs glauben ließ, das Flügelschlagen des Tieres gegen den Fensterladen sei ein Klopfen an der Tür, geschah aus dem Wunsche, die Neugierde des Lesers durch das Warten zu steigern und die Nebenwirkung anzubringen, daß der Liebende, wie durch die offene Tür nichts als Finsternis hereinsieht, unbestimmt die phantastische Vorstellung hat, der Geist seiner Geliebten habe an die Tür gepocht.

Ich habe eine stürmische Nacht angenommen, erstens, um zu erklären, daß der verirrte Rabe Einlaß sucht, und zweitens, um den Kontrast mit der äußerlichen Ruhe und Stille des Zimmers zu schaffen.

Ebenfalls um des Kontrastes willen ließ ich den Raben sich auf die Marmorbüste der Pallas setzen – die Büste selbst *suggerierte* mir der Vogel, und ich wählte gerade die Büste der *Pallas*, weil ihr Vorhandensein die leichteste Beziehung zum Gelehrtentum des Liebenden hat und um des Vollklangs des Wortes „Pallas" willen.

Auch in der Mitte habe ich mich des Kontrastes bedient, um den Eindruck des Gedichtes zu verschärfen. So gab ich dem Eintritt des Raben etwas Phantastisches, ja, soweit es anging, etwas Groteskes. Er kommt mit viel Selbstbewußtsein und Gravität herein:

Er machte nicht die kleinste Verbeugung; er hielt nicht an, er zögerte nicht eine Sekunde, sondern mit der Miene eines Lords oder einer Lady ließ er sich auf der Büste über meiner Zimmertür nieder.

In den beiden folgenden Strophen wird meine Absicht, ihn drollig wirken zu lassen, noch mehr ausgedrückt:

Da verführte der Ebenholzvogel durch sein steifes, salbungsvolles Benehmen meine traurige Phantasie zum Lächeln. „Obwohl dein Kopf geschoren und geschabt ist", sagte ich, „bist du gewiß kein Kanzelredner, du unheimlicher alter Rabe, der du von den Ufern der Nacht gewandert kommst. Sag mir deinen stolzen Namen an den plutonischen Ufern der Nacht."
Sprach der Rabe: „Nimmermehr!"
Ich wunderte mich sehr, daß dies so wenig anmutige Federvieh so gut mit dem Wort umzugehen wußte, obwohl seine Antwort wenig Sinn und Klarheit brachte, denn wir müssen gestehen, daß es noch keinem Sterblichen passiert ist, einen Vogel über seiner Zimmertür zu sehen, einen Vogel oder ein anderes Tier auf der gemeißelten Büste über seiner Zimmertür zu sehen, mit einem Namen wie „Nimmermehr"!

Nachdem ich auf diese Weise der Wirkung des Schlusses vorgearbeitet habe, lasse ich den phantasti-

schen Ton fallen und nehme statt dessen den tiefsten
Ernstes. Diese Veränderung beginnt gleich mit der ersten Zeile der Strophe, die auf die eben zitierten folgt:

Doch der Rabe, einsam auf der friedlichen Büste sitzend, sprach
nur: . . .

Von jetzt ab scherzt der Liebende nicht mehr, noch erscheint ihm das Betragen des Raben länger phantastisch.
Er spricht von ihm als dem ‚traurigen, anmutlosen, unheimlichen, mageren, unheilprophetischen Vogel des Al-
tertums‘ und fühlt ‚seine feurigen Augen sein innerstes
Herz versengen‘. Dieser Umschwung in den Gedanken
und der Phantasie des Liebenden soll den Zweck haben,
einen gleichen bei dem Leser hervorzurufen und ihn in
eine der Wirkung des Schlusses oder vielmehr der Auflösung günstige Stimmung zu versetzen, die nun so *schnell*
und *direkt* wie möglich herbeigeführt wird.

Mit dieser Auflösung, mit der Antwort des Raben
auf die letzte Frage des Liebenden, ob er die Geliebte
in der anderen Welt wiedersehen wird, ist das Gedicht
im eigentlichen Sinne, als einfache Erzählung, zu
Ende. Bis jetzt ist alles in den Grenzen des Erklär-
lichen, des Wirklichen geblieben. Ein Rabe, der das
einzige Wort „Nimmermehr" sprechen gelernt hat, ist
der Wachsamkeit seines Eigentümers entschlüpft und
verlangt um Mitternacht, vom heftigen Unwetter hart
bedrängt, Einlaß an dem erleuchteten Fenster eines
Gelehrten, dessen Gedanken sich halb mit dem Inhalt
fast verschollener Bücher mühen, halb in Erinnerung
an die tote Geliebte verloren sind. Als er auf das Flügelschlagen des Raben das Fenster öffnet, läßt sich der
Rabe auf dem bequemsten Platz außerhalb des Berei-
ches seines Wirtes nieder, den das Erlebnis und das

steife Gebaren des Vogels so amüsiert, daß er ihn im Scherz und ohne eine Antwort zu erwarten nach seinem Namen fragt. Der Rabe antwortet mit dem einzigen Wort, das er gelernt: „Nimmermehr!" – und dieses Wort findet in dem trauervollen Herzen des Liebenden sofort ein Echo, der nun gewisse Gedanken, die die Umstände in ihm entstehen ließen, laut denkt und nun mit Verwunderung die gleiche Antwort „Nimmermehr" von dem Raben erhält. Er errät sofort den Zusammenhang, doch treibt ihn, wie ich schon erwähnte, die echt menschliche Sucht, sich selbst zu quälen und auch ein wenig Aberglaube, dem Vogel weiter solche Fragen zu stellen, deren Beantwortung durch das *erwartete* „Nimmermehr" ihm wollüstigen Schmerz bringen muß. Als er nun mit der letzten Antwort den größten Schmerz erfahren, hat die Erzählung ihr natürliches Ende erreicht, und nichts in ihr hat bisher die Grenzen des Wirklichen überschritten.

Doch tragen die Werke, die so gearbeitet wurden, so geschickt und reich an Begebenheiten sie auch hingestellt sein mögen, immer eine gewisse Nacktheit und Härte zur Schau, die das künstlerische Auge abstößt. Zwei Dinge werden immer nötig sein: erstens eine gewisse Komplexität oder vielmehr Verbindungsfülle, dann eine gewisse Menge suggestiven Geistes, etwas wie ein gedanklicher, doch unbestimmter Unterstrom. Dieser letztere ganz besonders gibt einem Kunstwerke erst jenen *Reichtum* – um ein alltägliches Wort zu gebrauchen –, den wir so gerne mit dem *Idealen* verwechseln. Das *Unterstreichen* dieser geheimen Bedeutung – der Unterstrom, der verborgen bleiben soll, wird oft zum sichtbaren Oberstrom des Werkes gewählt – macht die vorgenannte Poesie der sogenannten Transzendentalisten stets zu Prosa, und zwar zu Prosa flachster Art.

Diese Betrachtungen ließen mich die beiden Schlußstrophen des Gedichtes schreiben – ihre Suggestionskraft mußte die ganze vorhergehende Erzählung durchdringen. Der bedeutsame Unterstrom kommt zuerst in den Zeilen zur Erscheinung:

Nimm deine Krallen *aus meinem Herzen* und hebe dich von meiner Türe.

Sprach der Rabe: „Nimmermehr!"

Wie man bemerkt haben wird, sind die Worte ‚*aus meinem Herzen*' der erste metaphorische Ausdruck des Gedichtes. Sie und die Antwort „Nimmermehr" bringen den Leser auf den Gedanken, in dem Vorhergehenden eine Moral zu suchen; man fängt an, den Raben für ein Symbol anzusehen, doch erst in der letzten Zeile der allerletzten Strophe ist die Absicht, ihn zu dem Symbol trauervoller und nie endigender Erinnerungen zu machen, deutlich ausgedrückt.

Und der Rabe, unbeweglich, sitzt noch immer, sitzt noch immer auf der bleichen Pallasbüste über meiner Zimmertüre, und seine Augen schauen mich an, wie die eines Dämons, der träumt, und das Licht der Lampe, das über ihm rieselt, wirft seinen Schatten auf den Boden, und aus dem Schattenkreis am Boden wird meine Seele sich erheben – Nimmermehr.

Es war allezeit Poes Meinung, daß geradeso wie in der sichtbaren Welt des Wirklichen auch in der unsichtbaren Welt des Unwirklichen – und eine Teilwelt von ihr ist des dichterischen Schaffens – logische Gesetze mit bestimmender Kraft am Werke seien: und daß infolgedessen artlich *kein Unterschied* bestehe. Dabei hatte er aber stets eine heimlich unheimliche Scheu vor der Macht des Unwirklichen; d. h. etwas in ihm erkannte sie als solche an; und er suchte wohl dieser Scheu dadurch Herr zu werden, daß er offiziell jene Macht des Unwirklichen als gar nicht vorhanden oder doch als nicht wesentlicher hinstellte, als die Macht des Wirklichen, wie sich diese in jeder nebensächlichsten und alleräußerlichsten Realität bekundet. In seiner ,Philosophy of Composition', in der er den logischen Gesetzen im Schaffensprozeß auf eine Spur zu kommen suchte, dürfte er nun Wahrheit und Blague gemischt haben. Die Anmerkung auf S. 264 deutete bereits an, daß er das eigentlich Primäre seines Schaffens mit Absicht ignorieren wollte. D. h. die Macht des Unwirklichen, unter der der ,Rabe' erstand: Hätte er dieses Primäre berücksichtigt, dann würde seine Untersuchung unmöglich so ausgefallen sein, wie sie vorliegt: innere psychische Faktoren würden, da sie die ausschlaggebenden sind, den Wert der *un*wichtigeren äußeren, der sozusagen physischen Faktoren bei der ,Herstellung' des Gedichtes, verschoben haben. Hier liegt der Verstoß gegen die Wahrheit. Mit ihm ist die Blague schon halb gegeben. Bedenkt man noch, daß Poe ein Mensch war, der die Düpierung der Menschheit über alles liebte, so hat man sie ganz. Obendrein wird sie von manchem in dem Aufsatze bestätigt: Nehmen wir bloß die Absicht, die oben geäußert ist, nämlich statt des Raben einen – Papageien einzuführen. Es muß als ganz ausgeschlossen erscheinen, daß ein Dichter in einer Schmerzstimmung [und die ist hier jenes Primäre, aus dem heraus der ,Rabe' gekommen] ernstlich an einen Papageien als Medium des Schmerzes denken kann; es sei denn natürlich aus verzweifelter Selbstironie. Nun leugnet zwar Poe die Stimmung, das ,Trans', höhnt alle, die in ,einer Art schönen Wahnsinns' zu schaffen vorgeben. Aber das ist auch nur wieder eine Blague, seine größte. Richtig ist an ihr, daß Poe allerdings nicht unter der Herrschaft einer ekstatischen Vision stand; aber dafür war er um so stärker einer melancholischen Vision unterworfen, die die nebentätigen Gehirnfunktionen nicht aufhob, sondern noch grübelnd-quälerisch steigerte. Wenn die menschlichen Voraussetzungen einer neuen Dichtung mystisch in ihm standen, zu einer gewissen Ruhe gekommen waren, setzte er sie in Kunst um und hatte *nebenher* noch die Fähigkeit, zu konstatieren, nach welchen Gesetzen diese Umsetzung *äußerlich* geschah. Und das Allzumenschliche dabei festhalten zu können, war ihm wohl eine Art wollüstiger Selbstpeinigung

Anm. des Herausgebers

Maelzels Schachspieler

Vielleicht hat nie eine Ausstellung auf dem gleichen Gebiete so allgemeine Aufmerksamkeit erregt wie Maelzels Schachspieler. Wo er gezeigt wurde, hat er das lebhafteste Interesse aller, die zu denken gewohnt sind, hervorgerufen. Doch wurde die Frage seines modus operandi noch nicht beantwortet. Es ist noch nichts Entscheidendes über diesen Gegenstand veröffentlicht worden, und allerorten finden sich noch wirkliche Genies in der Mechanik, sowie Leute von großem, allgemeinem Scharfsinn und durchdringendem Verstand, die anstandslos den Automaten für eine *reine Maschine* erklären, dessen Bewegungen sich ohne menschliche Hilfe vollziehen, und der folglich die erstaunlichste Erfindung der Menschheit ist. Und dies würde er gewiß sein, wenn ihre Annahme begründet wäre. Nähmen wir ihre Hypothese als Wahrheit, so wäre es außerordentlich absurd, mit dem Schachspieler irgendeine ähnliche Erfindung alter oder neuer Zeit zu vergleichen. Und doch haben die Menschen viele und wunderbare Automaten gesehen. In Brewsters Buch „Letters on natural Magie" finden wir einen Bericht der merkwürdigsten. Erwähnt ist dort die Kutsche, die M. Camus zur Erheiterung Ludwigs XIV., der damals noch Kind war, erfunden hat. Ein Tisch von ungefähr vier Quadratfuß wurde in das Zimmer gebracht, in dem das Spiel vor sich gehen sollte. Auf diesen Tisch wurde eine Kutsche gestellt, die sechs Zoll lang, aus Holz gemacht, und von zwei Pferden aus gleichem Material gezogen wurde. Ein Fenster war herabgelassen und ließ eine auf dem Rücksitz sitzende Dame sehen. Ein Kutscher auf dem Bocke hielt die Zügel, ein Diener und ein Page befanden sich auf der Rückseite des Wagens auf ihren Plätzen. M. Camus drückte nun auf eine Feder, worauf der Kutscher mit der Peitsche knallte, die Pferde mit verblüffender Natürlichkeit sich in Bewegung setzten und den Wagen am Rand des Tisches vorbei hinter sich herzogen. Nachdem sie, soweit es möglich war, geradeaus gefahren, machten sie eine plötzliche Wendung nach links, das Fuhrwerk eilte im rechten Winkel zu seinem früheren Laufe weiter, immer eng am Rande des Tisches vorbei, bis es dem Stuhle des jungen Prinzen gegenüber angekommen war. Dort hielt der Wagen, der Page stieg ab, öffnete die Tür, die Dame stieg aus und überreichte ihrem Fürsten eine Bittschrift. Dann ging sie zum Wagen zurück, der Page schlug den Tritt wieder in die Höhe, schloß die Tür und begab sich auf seinen Platz zurück. Der Kutscher knallte wieder mit der Peitsche, und der Wagen fuhr zu seiner Ausgangsstelle zurück.

Auch der Zauberer des Maillardet ist sehr merkwürdig. Wir entnehmen den folgenden Bericht den „Letter," des eben erwähnten Sir Brewster:

„Eins der sonderbarsten mechanischen Kunstwerke, das wir je gesehen haben, ist der Zauberer, den M. Maillardet konstruiert hat. Eine wie ein Zauberer gekleidete Figur sitzt auf dem Boden an einer Mauer und hält in einer Hand einen Stab, in der andern ein Buch. Eine Anzahl von Fragen werden, auf ovale Medaillons geschrieben, bereit gehalten. Der Zuschauer nimmt eine von diesen, auf welche er Antwort wünscht, und legt sie in eine Schublade, die sich mit einer Feder schließt, bis die Antwort erfolgt ist. Der Zauberer steht nun von seinem Sitze auf, senkt das Haupt, beschreibt Kreise mit dem Zauberstab, befragt das Buch und erhebt es wie in tiefen Gedanken bis zu seinem Antlitz empor. Nachdem er so über die gegebene Frage nachgegrübelt zu haben scheint, erhebt er den Zauberstab und schlägt mit ihm an die Mauer über seinem Kopfe, worauf zwei Türflügel aufspringen und die Antwort auf die Frage enthüllen. Dann schließt sich die Tür wieder, der Zauberer nimmt seinen ursprünglichen Platz wieder ein, die Schublade öffnet sich und gibt das Medaillon zurück. Es sind im ganzen zwanzig Medaillons, die alle verschiedene Fragen enthalten, die der Zauberer passend und oft überraschend beantwortet. Die Medaillons bestehen aus dünnen Messingblättchen von elliptischer Form und sind einander genau gleich. Einige derselben enthalten auf jeder Seite eine Frage, die der Zauberer nacheinander beantwortet. Wird die Schublade geschlossen, ohne daß ein Medaillon hineingelegt worden ist, so steht der Zauberer auf, fragt sein Buch, schüttelt den Kopf und nimmt seinen Sitz wieder ein. Die Flügeltüren bleiben geschlossen, und die Schublade kommt leer zurück. Werden zwei Medaillons zugleich in die Schublade gelegt, so wird nur das untere beantwortet. Ist die Maschinerie aufgezogen, so arbeitet sie fast eine Stunde hintereinander und beantwortet in der Zeit ungefähr fünfzig Fragen. Der Erfinder behauptet, daß die Mittel, durch die die verschiedenen Medaillons auf die Maschinerie wirkten, so daß die passenden Antworten zum Vorschein kämen, außerordentlich einfache seien."

Die Ente des Vaucanson war noch merkwürdiger. Sie hatte Lebensgröße und war eine so gelungene Nachahmung des lebenden Tieres, daß alle Zuschauer getäuscht wurden. Brewster sagt, sie führte all die natürlichen schnellen Bewegungen des Kopfes und des Halses, die der Ente so eigentümlich sind, mit verblüffender Naturtreue aus, pickte und trank gierig und rührte das Wasser, ehe sie es trank, mit dem Schnabel auf. Auch schnatterte sie mit vollendeter Lebenswahrheit. Ihre anatomische Struktur war ein glänzendes Zeugnis für die Geschicklichkeit ihres Schöpfers. Jeder Knochen der wirklichen Ente war bei der automatischen vorhanden. Auch die Flügel waren anatomisch exakt ausgeführt. Jede Höhlung, jedes Gelenk, jede Krümmung war wiederholt, und jeder Knochen führte seine eigene Bewegung aus. Wenn ihr Körner vorgestreut wurden, streckte sie den Hals aus, pickte sie auf und schluckte und verdaute sie.

Wenn diese Maschinen schon scharfsinnig konstruiert waren, was soll man dann erst zu der Rechenmaschine des Mr. Babbage sagen? Was müssen wir von einer aus Holz und Metall gefertigten Maschinerie denken, die nicht nur astronomische und Schiffahrts-Tabellen bis zu jeder gegebenen Ausdehung berechnen kann, sondern auch die Richtigkeit ihrer Rechnungen mathematisch gewiß macht, da sie obendrein die Kraft besitzt, ihre möglichen Irrtümer zu berichtigen. Was müssen wir von einer Maschine denken, die nicht allein dies alles leisten kann, sondern das Ergebnis ihrer Berechnungen ohne die mindeste Mithilfe des menschlichen Verstandes druckt! Man wird mir vielleicht antworten, daß eine solche Maschine, wie wir sie eben beschrieben haben, den Schachspieler Maelzels überragt. Und doch ist sie viel unbedeutender als dieser – das heißt, wenn wir annehmen, was wir auch nicht einen Augenblick tun sollten, daß der Schachspieler eine reine Maschine ist, und seine Operationen ohne unmittelbare menschliche Hilfe verbringt. Arithmetische oder algebraische Berechnungen sind ihrem Wesen nach bestimmt. Wenn gewisse Daten gegeben werden, müssen gewisse Resultate notwendig und unausbleiblich folgen. Diese Resultate hängen von nichts ab und werden von nichts beeinflußt als von den ursprünglich gegebenen Daten, und die zu lösende Frage geht ihrer endlichen Entscheidung durch eine Aufeinanderfolge von Schritten zu, die keiner Modifikation unterliegen. Da dies der Fall ist, können wir uns ohne Schwierigkeit die Möglichkeit vorstellen, eine Mechanik zu verfertigen, die von den Daten der Fragen ausgehend richtig und unabweichlich zu der Lösung vorschreitet, da dies Vorschreiten, wie verwickelt es auch immer sein mag, doch nach ganz genau bestimmtem Plane vor sich geht. Bei dem Schachspieler liegt die Sache durchaus anders. Bei ihm ist der Fortschritt in keiner Weise bestimmt. Kein einziger Zug im Schachspiel folgt notwendig aus einem anderen. Wir können aus keiner Stellung der Figuren zu einer Periode des Spiels ihre Stellung zu einer anderen voraussagen. Sehen wir uns einmal den ersten Zug eines Schachspiels im Vergleich mit den Daten einer algebraischen Frage an, und ihr großer Unterschied wird sofort zutage treten. Aus den letzteren folgt der zweite Schritt der Frage unausbleiblich. Er ist von den Daten bestimmt, er kann nur so und nicht anders erfolgen. Aber aus dem ersten Zuge eines Schachspielers folgt nicht mit Notwendigkeit ein bestimmter zweiter. In der Algebra ist die Gewißheit der einzelnen Schritte eine unerschütterliche, der zweite

Schritt war die Folge der Daten, der dritte Schritt die notwendige Folge aus dem zweiten, der vierte aus dem dritten, der fünfte aus dem vierten und so weiter und unmöglich anders bis zu Ende. In genauem Verhältnis zu dem Fortschreiten des Schachspiels steht die *Ungewißheit* jedes folgenden Zuges. Wenn ein paar Züge gemacht worden sind, so ist *kein* weiterer Schritt mehr sicher. Verschiedene Zuschauer des Spieles würden verschiedene Züge anraten. Es hängt also alles vom veränderlichen Urteil der Spieler ab. Wenn wir nun auch annehmen (was *nicht* anzunehmen ist), daß die Züge des automatischen Schachspielers in sich selbst bestimmt wären, so würden sie doch durch den nicht zu bestimmenden Willen des Gegenspielers unterbrochen und in Unordnung gebracht werden. Es besteht also gar keine Analogie zwischen den Operationen des Schachspielers und denen der Rechenmaschine des Herrn Babbage. Und wenn wir den Schachspieler wirklich für eine reine Maschine ansehen wollen, müssen wir zugeben, daß er, über jeden Vergleich mit anderen Automaten erhaben, die wunderbarste Erfindung der Menschheit ist. Und doch erklärte sie ihr Erfinder, Baron Kempelen, für einen ganz gewöhnlichen Mechanismus, für eine Bagatelle, deren wunderbare Wirkung nur in der Kühnheit ihrer Anwendung bestände und in der glücklichen Art und Weise, die Illusion zu fördern. Es wäre jedoch ganz unnütz, auf diesem Punkte länger zu verweilen, denn es ist gewiß, daß die Operationen des Automaten von einem *Verstande* und von nichts anderem reguliert werden. Dies läßt sich mit mathematischer Genauigkeit nachweisen. Die einzige Frage ist nun, in welcher Art und Weise die menschliche Einwirkung auf den Automaten stattfindet. Ehe wir hierauf näher eingehen, müssen wir für die Leser, die die Schaustellung des Mr. Maelzel nicht gesehen haben, eine genaue Beschreibung und Geschichte des Schachspielers geben.

Der automatische Schachspieler wurde im Jahre 1769 von dem Baron Kempelen, einem Edelmanne aus Preßburg, erfunden und später seinem jetzigen Besitzer übertragen. Er wurde in Preßburg, Paris, Wien und anderen Städten des Kontinents gezeigt. Im Jahre 1783 und 1784 wurde er von Mr. Maelzel in London ausgestellt.

Später wurde er auch in den Hauptstädten der Vereinigten Staaten herumgezeigt. Er erregte überall das größte Interesse, und Männer aus allen Berufsarten bemühten sich, das Geheimnis zu ergründen. Die Abbildung auf dieser Seite gibt eine ziemlich genaue Darstellung des Apparates, wie er vor einigen Wochen in Richmond gezeigt worden ist.

Wenn die Schaustellung beginnen soll, wird ein Vorhang zurückgezogen und die Maschine in höchstens zwölf Fuß Nähe zum Zuschauer gerückt, der durch ein vorgespanntes Seil von ihr getrennt wird. Man erblickt eine wie ein Türke gekleidete Figur, die mit gekreuzten Beinen auf einem großen Ahornkasten sitzt. Der Schausteller rollt auf Wunsch die Maschinen in jeden Teil des Raumes, läßt sie auf jedem beliebig gewünschten Platze stehen und wechselt sogar ihren Standort während des Spieles, so oft die Zuschauer es wünschen. Der Boden des Apparates erhebt sich, da er auf metallenen Rollen läuft, ein gutes Stück über dem Erdboden, so daß derselbe von dem Zuschauer völlig übersehen werden kann. Der Kasten, auf dem die Figur sitzt, ist beständig an dem Schachtisch befestigt. Der rechte Arm des Schachspielers ist im rechten Winkel mit seinem Körper in voller Länge ausgestreckt und liegt ungezwungen auf der Tischplatte mißt achtzehn Quadratzoll. Der linke Arm ist im Ellbogen eingebogen, die linke Hand hält eine Pfeife. Eine grüne Draperie verhüllt die Rückseite des Türken und fällt zum Teil noch über beide Schultern. Nach der äußeren Erscheinung der ganzen Schachkiste zu schließen, ist sie in fünf Teile geteilt. In drei schrankartige Abteilungen von gleicher Größe und zwei Schubladen, die den unter diesen Abteilungen liegenden Teil einnehmen. So also sieht der Apparat aus, wenn er vor den Zuschauer gerollt wird. Maelzel teilt nun der Gesellschaft mit, daß er ihr den Mechanismus der Maschine zeigen wolle. Er zieht ein

Schlüsselbund aus der Tasche und schließt die auf unserer Abbildung mit Nummer 1 bezeichnete Tür auf und läßt die Anwesenden das Innere dieser Abteilung in Augenschein nehmen. Es ist anscheinend ganz mit Rädern, Federn, Schwengeln und Hebeln angefüllt, so daß das Auge nicht allzutief in ihr Gewirre hineindringen kann. Er läßt die Tür weit aufstehen, geht dann um die Kiste herum, hebt die Draperie von der Figur, öffnet eine Tür, die der zuerst erwähnten genau gegenüberliegt, leuchtet mit einer Kerze in diese Tür hinein und ändert die Stellung der ganzen Maschine verschiedentlich, wobei ein helles Licht durch das Gefach fällt, das, wie man nun genau sehen kann, ganz von allerlei Maschinenteilen eingenommen wird. Der Zuschauer erklärt sich befriedigt, Maelzel schließt die rückwärts gelegene Tür ab, zieht den Schlüssel heraus, läßt die Draperie über die Figur fallen und kommt wieder nach vorn. Die mit 1 bezeichnete Tür steht nach wie vor offen. Nun öffnet Maelzel die sich unter den mit 1, 2, 3 bezeichneten Abteilungen befindliche Schublade. Obgleich es nämlich anscheinend zwei sind, besteht sie nur aus einem Teil. Das zweite Schloß und der zweite Handgriff sind nur zur Zierde da. Wenn er die Schublade weit aufgezogen hat, kommt ein kleines Kissen zum Vorschein und ein Spiel Schachfiguren, die in einem Fächerwerk, das ihr Umfallen verhindern soll, aufgestellt sind. Nun steht sowohl diese Schublade wie die Schranktür Nummer 1 offen. Maelzel schließt nun auch Nummer 2 und Nummer 3 auf, die sich als Flügeltüren herausstellen, die in ein und denselben Raum führen. An der rechten Seite dieses Raumes, das heißt rechts vom Zuschauer aus, ist noch ein kleiner, ganz mit Maschinenwerk gefüllter Raum abgetrennt. Die Hauptabteilung (den Teil der ganzen Kiste, der durch die Türen 2 und 3 sichtbar wird, werden wir stets die Hauptabteilung nennen) ist mit schwarzem Tuch ausgeschlagen und enthält weiter nichts als zwei Stahlstücke von quadratischer Form, von denen je eins in den beiden Ecken im Hintergrunde des Raumes liegt. Nahe an der Ecke im Hintergunde, zur Linken des Zuschauers, befindet sich am Boden eine ebenfalls mit schwarzem Tuch überzogene kleine Erhöhung von vielleicht acht Quadratzoll Inhalt. Der Schausteller läßt nun Tür 2 und 3 sowohl wie die Schublade und die Tür 1 offen, begibt sich wieder hinter die Maschine und öffnet eine Tür, die den Türen 2 und 3 genau gegenüberliegt und durchleuchtet die Hauptabteilung wiederum mit einer Kerze. Nun liegt anscheinend die ganze Kiste den Blicken der Zuschauer frei. Maelzel läßt die Türen und die Schublade weiter offen stehen, dreht den Automaten völlig herum und zeigt die Rückseite des Türken, indem er die Draperie, die von seinen Schultern herabfällt, aufhebt. Eine ungefähr zehn Quadratzoll große Tür in den Lenden der Figur und eine kleinere im linken Schenkel kommt zum Vorschein. Das durch die Öffnungen zu erblickende Innere der Figur scheint ebenfalls ganz mit Räderwerk usw. angefüllt zu sein. Gewöhnlich ist nun jeder Zuschauer überzeugt und glaubt, daß er zu *ein* und *derselben* Zeit *jeden* Teil des Automaten gründlich in Augenschein genommen hat, und der Gedanke, den er vielleicht vorher gehabt, es könne jemand im Innern des Automaten verborgen sein, wird als total widersinnig verworfen.

Mr. Maelzel rollt nun den Apparat in seine ursprüngliche Stellung zurück und teilt der Gesellschaft mit, daß der Automat mit jedem der Anwesenden, der Lust verspüre, eine Partie Schach spielen wolle. Erklärt sich jemand dazu bereit, so wird ein kleiner Spieltisch zurechtgemacht und nahe an dem Seil, jedoch auf der Seite des Zuschauers, aufgestellt und zwar so, daß er der Gesellschaft gestattet, den Automaten völlig zu überblicken. Der Schublade in diesem Tische entnimmt Maelzel ein Spiel Schachfiguren und stellt sie gewöhnlich, aber nicht immer, selbst auf dem Schachbrette auf. Wenn der Gegenspieler Platz genommen hat, entnimmt der Schausteller der Schublade im Apparat das Kissen und legt es als Stütze unter den linken Arm der Figur, der er die Pfeife aus der Hand nimmt. Dann holt er ebenfalls aus der Schublade das Spiel Schachfiguren und stellt sie auf dem Schachbrette vor dem Automaten auf. Nun schließt er die Türen ab und läßt das Schlüsselbund in der Tür 1 stecken. Dann stößt er auch die Schublade wieder zu und zieht die Maschine auf, indem er einen Schlüssel in einer Öffnung an der linken Seite (vom Zuschauer aus) dreht. Nun beginnt das Spiel – der Automat macht den ersten Zug. Die Dauer des Spieles wird gewöhnlich auf eine halbe Stunde festgesetzt, ist es nach dieser

Zeit noch nicht beendet, und besteht der Gegenspieler auf Fortsetzung der Partie, so erklärt sich Mr. Maelzel in den meisten Fällen einverstanden. Die Zuschauer nicht zu langweilen ist ohne Zweifel der Grund für die Beschränkung der Spieldauer auf eine halbe Stunde. Jeden Zug, den der Gegenspieler auf seinem eigenen Tische macht, wiederholt Maelzel auf dem Schachbrette des Automaten, dem gegenüber er den Partner vertritt. Umgekehrt macht er jeden Zug des Türken auf dem Spieltische des Gegners nach und vertritt also da den Automaten. Aus diesem Grunde muß der Schausteller sehr oft von einem Tische zum anderen gehen. Auch tritt er oft ganz nahe an den Türken heran, um die Figuren, die er genommen und zu seiner Linken (seiner eigenen Linken) am Rande niederlegt, zu sammeln. Wenn der Automat mit einem Zuge zögert, so stellt sich der Schausteller wohl gewöhnlich ganz nahe an seine rechte Seite und legt dann und wann seine Hand leicht und wie beiläufig auf den Kasten. Auch scharrt er auf ganz besondere Art und stößt mit dem Fuße an den Apparat, als wolle er in Geistern, die mehr listig als klug sind, die Vorstellung erwecken, es habe sich dort etwas verhäckelt. Diese Sonderbarkeiten sind entweder nur Manieriertheit oder dienen eben wie gesagt dazu, dem Zuschauer den falschen Glauben an einen reinen Mechanismus zu erhalten.

Der Türke spielt mit seiner linken Hand, alle Bewegungen des Armes geschehen im rechten Winkel. Die behandschuhte und natürlich gekrümmte

Hand wird über die zu bewegende Figur gebracht und senkt sich dann auf sie hinab, wobei die Finger sie meistens ohne Schwierigkeit ergreifen. Gewöhnlich jedoch, wenn die Figur sich nicht ganz auf ihrem richtigen Platze befindet, gelingt es dem Automaten nicht, sie sogleich zu erfassen. Wenn dies zutrifft, so wird keine zweite Anstrengung gemacht, der Arm setzt seine ursprünglich gemachte Bewegung fort, als habe er die Figur in den Händen. Wenn er nun so die Stelle bezeichnet hat, auf die der Zug hingehen sollte, sinkt der Arm wieder auf die alte Stelle zurück, und Maelzel macht den Zug wirklich, den der Automat angegeben hat. Bei jeder Bewegung des Automaten hört man in seinem Innern die Maschinerie gehen. Im Laufe des Spieles rollt die Figur hin und wieder die Augen, als überblicke sie das Schachbrett, bewegt den Kopf und spricht, wenn nötig, das Wort „Schach"! (échec) aus. Wenn sein Gegenspieler einen falschen Zug macht, klopft er lebhaft mit den Fingern der rechten Hand auf den Kasten, schüttelt rauh den Kopf, stellt die falsch versetzte Figur wieder auf die frühere Stelle und macht den nächsten Zug selbst. Wenn er das Spiel gewonnen hat, bewegt er triumphierend den Kopf hin und her, blickt gelassen auf die Zuschauer, zieht den linken Arm weiter als gewöhnlich zurück und läßt die Finger allein auf dem Kissen ruhen. Gewöhnlich gewinnt der Türke; zwei- oder dreimal ist er geschlagen worden. Wenn das Spiel zu Ende ist, zeigt Maelzel auf Wunsch nochmals den ganzen Mechanismus wie zu Anfang. Die Maschine wird dann zurückgerollt und eine Gardine verbirgt sie von neuem den Blicken der Versammelten.

Man hat viele Versuche gemacht, dies Geheimnis des Automaten zu lösen. Die allgemeine Meinung, die sogar von Leuten ausgesprochen wurde, die es hätten besser wissen können, ging dahin, daß die Maschine ohne jede menschliche Hilfe arbeite, daß sie also eine reine Maschine und nichts weiter sei. Manche behaupteten auch, daß der Schausteller die Bewegungen der Figur durch mechanische Mittel, durch die Füße der Kiste selbst reguliere. Andere sprachen von einem Magnet. Von der ersten Äußerung wollen wir überhaupt nicht mehr reden; auf die zweite hin wiederholen wir nur noch einmal, daß die Maschine auf Rollen läuft und auf Wunsch der Zuschauer selbst während des Spieles in irgendeinen beliebigen Teil des Raumes gerollt wird. Der Gedanke an einen Magnet ist total unhaltbar, denn wenn ein Magnet im Spiele wäre, würde jeder Magnet in der Tasche eines der Zuschauer den Mechanismus in Unordnung bringen. Der Schausteller gestattet jedoch, daß der kräftigste Magneteisenstein während der ganzen Vorstellung auf dem Tische liegen bleibt.

Der erste schriftliche Versuch, das Geheimnis zu lösen, das heißt der erste, von dem wir Kenntnis haben, wurde in einem umfangreichen im Jahre 1785 in Paris erscheinenden Pamphlet gemacht. Der Autor stellte die Behauptung auf, ein Zwerg setze die Maschine in Bewegung. Dieser Zwerg verberge sich, während die Kiste geöffnet sei, in zwei hohlen Zylindern, die sich (was nicht der Fall ist) in der mit Nummer 1 bezeichneten Abteilung befänden. Während sich sein Körper ganz außerhalb des Kastens unter der Draperie des Türken verborgen nach oben strecke. Wenn die Tür geschlossen wäre, bringe er sich ganz in den Kasten hinein. Das Geräusch, das während dieser Zeit irgendein anderer Teil der Maschinerie vollführe, gestatte ihm, dies ungestört zu tun und auch die Tür, durch die er eingetreten, wieder leise zu schließen. Wenn nun das Innere des Automaten gezeigt wird, sagt der Verfasser des Pamphlets, und niemand darin zu erblicken ist, so sind die Zuschauer davon überzeugt, daß sich in keinem Teil der Maschine ein lebendes Wesen befinde. Die ganze Hypothese ist jedoch zu absurd, um einer Erläuterung oder Widerlegung zu bedürfen. Sie erregte denn auch sehr wenig Aufmerksamkeit.

Im Jahre 1789 erschien in Dresden das Buch des Herrn M. I. F. Freyhere, in welchem eine andere Erklärung versucht wird. Dies Buch ist sehr dick und reichlich mit farbigen Illustrationen versehen. Seine Annahme war die, daß ein gut geschulter sehr dünner Knabe in einer Schublade, die sich unmittelbar unter dem Schachbrett befände, das Spiel spiele und die Bewegungen des Automaten verursache. Diese Idee wurde, obgleich sie noch törichter war als die des Pariser Erklärers, doch besser aufgenommen und lange Zeit für die Lösung des Rätsels angesehen, bis der Erfinder des Apparates durch eine genaue Enthüllung des oberen Teiles der Kiste diese Behauptung schnell widerlegte. Auf diese absonderlichen Bemühungen folgten bald noch viel absonderlichere. Noch kürzlich hat ein anonymer Schriftsteller, trotzdem sein Prinzip richtig ist, sich gröblich bei dem Suchen nach einer Erklärung geirrt. Sein Essay wurde in einer Baltimorer Wochenschrift veröffentlicht und trug den Titel: „Ein Versuch, den automatischen Schachspieler des M. Maelzel zu erklären". Die Lösung besteht hier in einer Reihe eingehender, von Holzschnitten begleiteten, viele Seiten langen Erklärungen, deren Gegenstand ist, die *Möglichkeit zu zeigen, die einzelnen Teile der Kiste so zu verschieben,* daß es einem im Innern verborgenen menschlichen Wesen möglich ist, während der Enthüllung des Mechanismus Teile seines Körpers von einem Teil des Kastens in einen anderen zu verschieben und so dem Forscherauge des Zuschauers zu entgehen. Wie wir schon bemerkt haben und uns jetzt zu beweisen bemühen werden, ist dies Prinzip oder vielmehr diese Lösung die richtige. Es *befindet* sich jemand im Innern der Kiste, *während* das Innere derselben gezeigt wird. Und doch verwerfen wir die ganze wortreiche Beschreibung der *Art und Weise,* in der diese Partien verschoben werden, denn es ist klar, daß der Schriftsteller sich erst seine Theorie ausgedacht und sich nachher die näheren Umstände nach ihr geformt hat. Sie ist ihm gewiß nicht durch induktive Schlüsse gekommen. Wie auch dies Verschieben gemacht werden mag, es entzieht sich ganz der Beobachtung. Zu zeigen, daß gewisse Bewegungen in gewisser Art und Weise möglich gemacht werden können, heißt nicht beweisen, daß sie wirklich geschehen. Durch unendlich viele andere Methoden könnte man zu denselben Resultaten kommen. Die Wahrscheinlichkeit, daß die angenommene auch wirklich die wahre ist, verhält sich also wie eins zur Unendlichkeit. In Wirklichkeit hat dieser spezielle Punkt, das Verschieben der einzelnen Abteilungen überhaupt, keine Wichtigkeit. Es war ganz unnötig, sieben oder acht Seiten zu beschreiben, um darzutun, was kein vernünftiger Mensch ableugnen wird – daß das wunderbare mechanische Genie des Barons Kempelen die nötigen Mittel finden würde, mit menschlicher Hilfe eine Tür zu schließen oder eine Wand zu verschieben, ohne, wie der Schreiber des Essays uns zu zeigen bemüht und wie ich versuchen werde, es noch besser zu zeigen, daß der Zuschauer das Geringste davon gewahr wird.

Bei unserem Versuch, den Automaten zu erklären, wollen wir zuerst zu zeigen uns bemühen, wie seine Operationen vor sich gehen, und dann so kurz wie möglich die Natur der *Beobachtungen* erwähnen, aus denen sich unser Resultat ergeben hat.

Des besseren Verständnisses halber ist es nötig, hier in wenigen Worten die Art und Weise noch einmal auseinanderzusetzen, in der der Schausteller das Innere der Kiste zeigt und von der er nie in irgendeinem wesentlichen Punkte abweicht. Zuerst öffnet er die Tür Nummer 1, läßt sie offen und begibt sich auf die andere Seite der Kiste, wo er eine der Tür Nummer 1 genau gegenüberliegende Tür öffnet und mit einer brennenden Kerze in diese hineinleuchtet. Dann schließt er die rückwärtige Tür mit dem Schlüssel wieder ab, kommt wieder an die Vorderseite und zieht die Schublade, so weit es überhaupt geht, heraus. Dann öffnet er die Türen Nummer 2 und 3, die Flügeltüren, und zeigt das Innere der Hauptabteilung. Diese, die Schublade, und die vordere Tür der ersten Abteilung, alles dies steht offen, er begibt sich an die Hinterseite des Kastens und öffnet dort die der Flügeltür gegenüberliegende Tür. Beim Schließen des Kastens wird keine weitere Ordnung beobachtet, nur werden die Flügeltüren stehts *vor* der Schublade geschlossen.

Nehmen wir nun einmal an, ein Mann sei in der Maschine verborgen, wenn dieselbe vor den Zuschauer gerollt wird. Sein Körper befindet sich hinter der dichten Masse von Maschinenteilen in der Abteilung 1 (der hintere Teil dieses Maschinenwerkes ist so geartet, daß er als *Ganzes* aus der Hauptabteilung in die Abteilung Nummer 1 geschoben werden kann, wenn die Gelegenheit es erfordern sollte) und seine Beine liegen ausgestreckt in der Hauptabteilung. Wenn Maelzel die Tür Nummer 1 öffnet, ist der Mann durchaus nicht in Gefahr, entdeckt zu werden, denn auch das schärfste Auge kann nicht tiefer als höchstens zwei Zoll in die Finsternis hineindringen. Der Fall liegt jedoch anders, wenn die hintere Tür zur Abteilung 1 offen steht. Von der Kerze strahlt ein helles Licht durch die Maschinerie, der Körper des Mannes würde unfehlbar gesehen werden, wenn er sich hier befände. Er tut es aber nicht. Das Knarren des Schlüssels im Schlüsselloch der hinteren Tür war das Signal, auf das hin die versteckte Person ihren Körper in einen möglichst spitzen Winkel nach vorn beugt, wodurch er sich fast ganz in die Hauptabteilung hinein verschiebt. In dieser schmerzenden Stellung kann er aber nicht lange bleiben. Maelzel schließt denn auch *die hintere Tür* bald wieder ab. Daraufhin kann der Körper des Mannes seine frühere Lage wieder einnehmen, denn die Abteilung ist wieder so dunkel, daß die Blicke sie nicht durchdringen können. Nun wird die Schublade geöffnet, und die Beine des Versteckten nehmen deren Platz ein. Es befindet sich also nun kein Körperteil desselben mehr in der Hauptabteilung, sein Körper steckt hinter der Maschinerie in der Abteilung 1 und seine Beine im Raume, den die Schublade früher einnahm. Nun kann der Schausteller getrost die Hauptabteilung öffnen, und wenn auch beide Türen offen stehen, es ist kein Mensch zu sehen. Die Zuschauer sind der Meinung, daß sie das ganze Innere der Kiste und zwar *alle Teile auf einmal* haben sehen können. Dies ist aber nicht der Fall. Sie sehen weder den Raum hinter der Schublade noch das innere der Abteilung 1. Maelzel rollt nun die Maschine herum, hebt die Draperie, die den Rücken des Türken verhüllt, auf, öffnet die Türen in seinen Lenden und seinem Schenkel, zeigt, daß der Rumpf ganz mit Maschinenwerk angefüllt ist, bringt dann den ganzen Apparat in seine ursprüngliche Lage zurück und schließt die Türen. Nun kann der Mann drinnen sich in den Körper des Türken hinaufschlängeln und zwar so hoch, daß sich seine Augen oberhalb des Schachbrettes befinden. Wahrscheinlich sitzt er auf dem kleinen viereckigen Block, den man in einer Ecke der Hauptabteilung wahrgenommen hat. In dieser Stellung überblickt er die Spielfläche durch die Brust des Türken, die aus Gaze besteht. Wenn er den rechten Arm quer vor seine Brust bringt, kann er die kleine Maschine in Bewegung setzen, die den linken Arm und die Finger des Türken lenken. Die Maschinerie befindet sich gerade unter der linken Schulter des Türken und ist von der rechten Hand des Versteckten, wenn er sie, wie erwähnt, quer über seine Brust ausstreckt, leicht zu erreichen. Die Bewegungen des Kopfes und der Augen und des rechten Armes der Figur werden von anderen Mechanismen im Innern besorgt, die der versteckte Mann nach Belieben in Tätigkeit versetzt. Der gesamte Mechanismus, das heißt der *wesentlich* zur Maschinerie nötige, ist höchst wahrscheinlich in dem kleinen (ungefähr sechs Zoll breiten) Gefach enthalten, das an der rechten Seite (vom Zuschauer aus) der Hauptabteilung abgetrennt ist.

In dieser Analyse der Operationen des Automaten haben wir absichtlich jede Anspielung auf die Art und Weise, in der die einzelnen Teile verschoben werden, verzichtet, und man wird jetzt verstehen, daß diese Sache ohne jede Bedeutung ist, denn jeder einigermaßen geschickte Zimmermann könnte dies auf hundert verschiedene Arten ermöglichen. Auch haben wir ja gezeigt, daß diese Verschiebung, wie sie sich auch vollziehen mag, sich den Blicken des Zuschauers *jedenfalls* entzieht. Unser Resultat gründet sich auf die folgenden *Beobachtungen*, die wir bei unseren häufigen Besuchen der Schaustellung Maelzels gemacht haben. Einige derselben sollen nur beweisen, daß die Maschine von einem Verstande reguliert wird, und man könnte es vielleicht für überflüssig halten, weitere Beweise für etwas, das ich schon als gewiß entschieden habe, beibringen zu wollen. Es liegt jedoch in unserer Absicht, auch die zu überzeugen, auf die eine Folge suggestiver Schlüsse mehr wirkt, als die positivste Demonstration à priori:

1) Die Züge des Türken geschehen nicht in bestimmten Zwischenräumen, sondern richten sich nach den Zügen des Gegners, obgleich auf diesen Punkt (auf die Regelmäßigkeit, die bei jeder Erfindung auf dem Gebiete der Mechanik eine so große Rolle spielt) sehr wohl hätte Rücksicht genommen werden können, indem man die Zeit, in der die Züge des Gegenspielers erfolgen müssen, bestimmt hätte. Man hätte zum Beispiel drei Minuten feststellen können, so daß der Automat stets nach Ablauf dieser Zeit seinen Zug gemacht hätte. Die Tatsache, daß hier Unregelmäßigkeit herrscht, wo Regelmäßigkeit so leicht zu erreichen gewesen wäre, beweist, daß diese Regelmäßigkeit für die Bewegungen des Automaten unwichtig, mit anderen Worten, daß der Apparat keine bloße Maschine ist.

2) Wenn der Türke einen Zug machen will, ist unter seiner linken Schulter deutlich eine Bewegung wahrnehmbar, die die Draperie auf ihr in

leichte Schwankung versetzt. Diese Bewegung geht *stets* der Bewegung des Armes selbst um etwa zwei Sekunden voraus – der Arm bewegt sich *niemals*, ohne daß die vorbereitende Bewegung der Schulter es ankündigt. Nun soll der Gegenspieler einen Zug machen, Maelzel wiederholt diesen, wie immer, auf dem Schachbrette des Automaten, diesen betrachtet der Gegenspieler nun aufmerksam, bis er die vorbereitende Bewegung an der Schulter wahrnimmt. Nun schnell, ehe der Arm selbst sich zu bewegen beginnt, zieht er seine Figur zurück, als wolle er seinen letzten Zug berichtigen. Man wird sehen, daß die Bewegung des Armes, die sonst in allen Fällen unmittelbar auf die Bewegung der Schulter folgt, diesmal zurückgehalten wird, obgleich Maelzel auf dem Brett des Automaten, den dem Zurückziehen des Partners entsprechenden Zug noch nicht gemacht hat. Daß der Automat einen Zug machen wollte, ist offenbar, die Ursache, daß er es nicht getan hat, war ohne jede Vermittelung Maelzels der widerrufene Zug des Gegners.

Diese Tatsache beweist 1., daß die Vermittelung Maelzels, der die Züge des Partners auf dem Schachbrette des Automaten wiederholt, für die Bewegungen des Automaten gar nicht nötig ist; 2., daß diese Bewegungen durch den Verstand eines Menschen bewerkstelligt werden, der das Schachbrett seines Gegners überschaut; 3., daß die Bewegungen nicht durch den Verstand Maelzels reguliert werden, der bei dem zurückgezogenen Zuge seinem Gegner den Rücken drehte.

3) Der Automat gewinnt das Spiel nicht immer. Wäre die Maschine eine reine Maschine, so könnte dies nicht der Fall sein, sie würde immer gewinnen. Wenn man das Prinzip entdeckt hätte, nach dem eine Maschine eine Partie Schach spielen könnte, würde eine weitere Ausdehnung dieses Prinzips sie befähigen, *alle* Spiele, das heißt jedes mögliche Spiel des Gegenspielers, zu gewinnen. Ein wenig Nachdenken wird jeden davon überzeugen, daß die Schwierigkeit, eine Maschine zu verfertigen, die *alle* Spiele gewinnt, nicht im geringsten größer ist, was das Prinzip der notwendigen Operationen angeht, als die, sie nur *ein* Spiel gewinnen zu machen. Wenn wir also den Schachspieler als Maschine betrachten wollen, müssen wir annehmen, was sehr unwahrscheinlich ist, daß ihr Erfinder sie aus irgendeinem Grunde nicht fertig machte – eine Annahme, die dadurch noch unhaltbarer wird, daß dieser Umstand einen Beweis gegen die Möglichkeit, der Apparat sei eine reine Maschine, ausspräche – wie wir es hiermit tun.

4) In Augenblicken, da das Spiel schwierig und verwickelt ist, schüttelt der Türke nie den Kopf und rollt nie die Augen. Nur, wenn der nächste Zug auf der Hand liegt, geschieht dies, oder wenn das Spiel so steht, daß für einen im Automaten verborgenen Spieler kein Grund zum Nachdenken vorliegt. Nun sind die besonderen Bewegungen des Kopfes und der Augen derartige, wie sie den Menschen bei tiefem Nachdenken eigen sind, und der geistvolle Baron Kempelen hätte sie gewiß (wäre die Maschine eine reine Maschine) bei *pas-*

sender Gelegenheit angebracht, das heißt, wenn das Spiel verwickelt stände. Aber das Umgekehrte ist der Fall und unterstützt geradezu unsere Annahme, daß sich ein Mann im Automaten befindet. Wenn das Spiel selbst seine Aufmerksamkeit in Anspruch nimmt, hat er keine Zeit, den Mechanismus, der Kopf und Augen des Apparates in Bewegung setzt, in Tätigkeit zu bringen. Wenn ein Zug jedoch gar kein Nachdenken erfordert, hat er Zeit, um sich herumzusehen, und läßt den Automaten dann den Kopf schütteln und die Augen rollen.

5) Wenn die Maschine herumgerollt worden ist, damit die Zuschauer den Rücken des Türken in Augenschein nehmen können, wenn die Draperie in die Höhe gehoben und die Türen in der Lende und im Schenkel geöffnet worden sind, sieht man, daß das Innere des Rumpfes mit Maschinenwerk gefüllt ist. Als wir diese Maschinerie aufmerksam betrachteten, während der Automat in Bewegung war, das heißt, während die Maschine auf ihren Rollen lief, schien es uns, als veränderten gewisse Teile des Mechanismus ihre Gestalt und ihre Lage in zu auffälliger Weise, als daß man diesen Umstand einfach den Gesetzen der Perspektive hätte zuschreiben können; weitere Nachforschungen überzeugten uns, daß diese ungehörigen Veränderungen auf Spiegel im Innern des Rumpfes zurückzuführen seien. Ihre Einführung zwischen die Maschinerie konnte nicht den Zweck haben, diese selbst zu beeinflussen. Ihre Wirkung, welcher Art sie auch immer sein mochte, mußte notwendigerweise auf das Auge des Zuschauers berechnet sein.

Wir schlossen, daß die Spiegel so angebracht waren, daß sie das Bild von ein paar Maschinenteilen so oft wiederholten, bis es aussah, als sei der ganze Raum von ihnen angefüllt. Die direkte Folgerung aus dieser Tatsache ist nun, daß der Apparat keine bloße Maschine ist. Wäre er es, so müßte der Erfinder, weit entfernt davon, den Mechanismus als besonders schwierig hinzustellen und sich sogar einer Täuschung zu bedienen, um ihn besonders verwickelt erscheinen zu lassen, sich im Gegenteil bemühen, alle, die seine Schaustellung ansähen, davon zu überzugen, daß der Apparat, der eine solch wunderbare Fertigkeit habe, ein ganz einfacher sei.

6) Die äußere Erscheinung und besonders die Haltung des Türken sind, wenn wir sie als Nachahmung des Lebens betrachten, sehr schlecht. Das Gesicht hat nicht den mindesten Ausdruck, die gewöhnlichste Wachsfigur übertrifft es an Lebensähnlichkeit. Die Augen rollen ganz unnatürlich, ohne eine entsprechende Bewegung der Brauen oder der Lider, im Kopfe herum. Der Arm vollführt seine Bewegungen in außerordentlich steifer, linkischer, ruckweiser, rechtwinkliger Manier. Dies ist entweder das Ergebnis der Unfähigkeit Maelzels, diese Sachen besser zu machen, oder das Ergebnis *bewußter* Vernachlässigung – von *zufälliger* Vernachlässigung kann nicht die Rede sein, wenn wir uns daran erinnern, daß der scharfsinnige Eigentümer des Apparates seine ganze Zeit daran wendet, seine Maschinen zu verbessern. Das lebensunähnliche Aussehen des Türken können wir

aber auch nicht seiner Ungeschicklichkeit zuschreiben, denn alle übrigen Automaten Maelzels legen von seiner Fähigkeit Zeugnis ab, die Bewegungen und Eigentümlichkeiten des Lebens mit größter Genauigkeit wiederzugeben. Seine Seiltänzer zum Beispiel sind ganz unnachahmlich schön. Wenn sein Clown lacht, so haben seine Lippen, seine Augen, Brauen und Lider alle den entsprechenden Ausdruck. Bei ihm und seinen Gefährten ist jede Bewegung leicht und ganz frei von dem Anschein der Künstlichkeit, so daß es, wären sie nicht so klein und vor ihren Seiltänzen von Hand zu Hand gegangen, sehr schwer halten möchte, die Zuschauer zu überzeugen, daß er hier hölzerne Automaten vor sich habe. Wir können also an Mr. Maelzels Geschicklichkeit nicht zweifeln und müssen notwendigerweise annehmen, daß er seinem Schachspieler absichtlich das künstliche, unnatürliche Aussehen ließ, das Baron Kempelen ihm, zweifelsohne auch mit Absicht, gegeben hatte. Der Zweck dieser Absicht ist unschwer zu erraten. Wären die Bewegungen des Automaten lebensecht, so würde der Zuschauer doppelt leicht zu der Ansicht neigen, daß eine menschliche Kraft im Innern sie leite, während die linkischen, rechtwinkligen Züge ihm den Gedanken an einen reinen Mechanismus näher legen.

7) Wenn kurze Zeit vor Beginn des Spieles der Automat von dem Schauspieler wie gewöhnlich aufgezogen wird, wird jedes Ohr, das nur im geringsten an die von Maschinen hervorgebrachten Töne gewöhnt ist, sofort bemerken, daß die Achse,

die der Schlüssel in dem Kasten des Schachspielers aufwindet, unmöglich mit einem Gewicht, einer Feder oder irgendeinem Maschinenteile in Verbindung stehen kann. Aus dieser Bemerkung ergibt sich dieselbe Folgerung, wie aus der vorigen. Das Aufziehen ist nicht wesentlich erforderlich zu den Bewegungen des Automaten und wird nur in der Absicht vollführt, den Zuschauern die unrichtige Vorstellung einer reinen Maschine aufzudrängen.

8) Wenn Maelzel ausdrücklich gefragt wird: Ist der Apparat eine reine Maschine oder nicht? gibt er immer dieselbe Antwort: Ich will nichts darüber sagen. Die Berühmtheit des Automaten und das große Interesse, das er überall erregt hat, entstanden aber hauptsächlich aus der vorherrschenden Meinung, daß er ein reiner Mechanismus sei. Es läge also im Interesse des Eigentümers, ihn auch als solchen darzustellen. Und wie könnte man dies wirksamer tun, als wenn man dem Zuschauer dies ausdrücklich und mit klaren Worten erklärte. Andererseits gibt es keine klarere und wirksamere Art und Weise, die Zweifel an dem Atuomaten als bloße Maschine zu unterstützen, als wenn man einer solchen Erklärung ausweicht. Man wird folgendermaßen schließen: Es liegt in Maelzels Interesse, das Ding als reine Maschine darzustellen. Er weigert sich aber, dies ausdrücklich mit Worten zu tun, obgleich er nicht ansteht und offenbar bemüht ist, diese Annahme indirekt durch Handlungen zu unterstützen. – Wäre wirklich der Fall, was seine Handlungen bezeugen wollen, so wäre er

froh, sich des direkten Zeugnisses seiner Worte bedienen zu können. Die Folgerung hieraus ist, daß das Bewußtsein, daß der Automat keine bloße Maschine ist, den Grund seines Schweigens ausmacht. Seine Handlungen sind kein Betrug, seine Worte wären es.

9) Wenn Maelzel, um das Innere des Kastens zu zeigen, die Vorder- und Hintertür zu Abteilung 1 geöffnet hat, hält er eine angezündete Kerze in die Öffnung der Hintertür und bewegt die ganze Maschine hin und her, mit der Absicht, die Zuschauer zu überzeugen, daß die Abteilung 1 ganz mit Maschinenwerk gefüllt ist. Wenn die Maschine so bewegt wird, bemerkt jeder sorgfältige Beobachter, daß, während der Teil der Maschinerie, der sich nahe an der Vordertür Nummer 1 befindet, vollständig ruhig und fest ist, der Teil hinter ihr sich während der Bewegung der Maschine selbst ein wenig bewegt. Dieser Umstand erregt zuerst den Verdacht in uns, daß der entferntere Teil der Maschinerie so beschaffen wäre, daß er leicht en masse aus seiner Lage geschoben werden könne, wenn die Gelegenheit es erfordern sollte. Diese Gelegenheit haben wir schon erwähnt: Es ist der Augenblick, in welchem der im Innern verborgene Mann seinen Körper nach dem Schließen der Hintertür in eine aufrechte Stellung bringt.

10) Sir David Brewster behauptet, die Figur des Türken habe Lebensgröße. In Wirklichkeit jedoch ist sie viel größer. Nirgendwo irren wir leichter, als in Abschätzungen von Größenverhältnissen. Der Körper des Automaten steht gewöhnlich ganz all-

ein; wir können ihn nie direkt mit einer menschlichen Gestalt vergleichen und glauben deshalb, er habe die gewöhnliche Größe. Dieser Irrtum stellt sich jedoch heraus, wenn der Schausteller einmal nahe an den Automaten herantritt, und wir beide vergleichen können. Mr. Maelzel ist gewiß nicht sehr groß, wenn er jedoch neben der Maschine steht, so befindet sich sein Kopf wenigstens 18 Zoll tiefer, als der Kopf des Türken, obgleich dieser, wie man sich erinnern wird, sitzt.

11) Der Kasten, hinter dem die automatische Figur sich befindet, ist genau 3 Fuß 6 Zoll lang, 2 Fuß 4 Zoll tief und 2 Fuß 6 Zoll hoch. Diese Dimensionen genügen vollständig, um einen Menschen von über Mittelgröße bequem aufnehmen zu können, und die Hauptabteilung allein kann jeden Mann in der Stellung, die wir der verborgenen Person zugeschrieben haben, beherbergen. Da dies Tatsachen sind, die jeder, der zweifelt, sich leicht bestätigen kann, halten wir es für unnötig, länger bei ihnen zu verweilen. Wir wollen nur noch erwähnen, daß der Deckel der Kiste, der anscheinend eine Platte von 3 Zoll Dicke darstellt, in Wirklichkeit sehr dünn ist. Auch die Höhe der Schublade wird von flüchtigen Beobachtern falsch abgeschätzt werden. Von außen besehen, befindet sich ein 3 Zoll großer Raum zwischen dem oberen Ende der Schublade und dem Boden der Abteilung. Diesen Raum müssen wir zu der Höhe der Schublade hinzurechnen. Das Bemühen, den Raum innerhalb des Kastens kleiner erscheinen zu lassen, als er wirklich ist, entspringt der Absicht des Erfinders,

der Gesellschaft wieder die falsche Vorstellung zu unterschieben, daß kein menschliches Wesen im Kasten Aufnahme finden könne.

12) Das Innere der Hauptabteilung ist ganz mit Tuch überzogen. Dieses Tuch hat, wie wir annehmen, einen zweifachen Zweck. Eine Partie desselben bildet, straff angezogen, die einzigen Teile, die verschoben werden müssen, damit der Mann im Innern seinen Aufenthalt verändern kann, nämlich die Wand zwischen dem Hinterteil der Hauptabteilung und dem Hinterteil der Abteilung 1 und die zwischen der Hauptabteilung und dem Raume hinter der Schublade, wenn diese offen steht. Wenn wir uns vorstellen, daß dies der Fall ist, so schwindet die Schwierigkeit, die Abteilungen zu verschieben, sofort, wenn eine solche überhaupt unter den obwaltenden Umständen bestanden hat. Der zweite Zweck des Tuches ist der, alle Geräusche, die die Bewegungen der Person im Innern hervorrufen, dumpf und unbestimmt zu machen.

13) Wie wir schon bemerkt haben, wird nicht geduldet, daß der Gegenspieler auf dem Schachbrett des Automaten spielt. Er muß in einiger Entfernung von dem Apparate Platz nehmen. Als Grund hierfür könnte vielleicht angegeben werden, daß der Gegenspieler, säße er *vor* seinem Partner, dem Publikum dessen Anblick erschwere. Doch ließe sich dies leicht abändern, indem man die Kiste seitlich stellte und die Sitze der spielenden etwas erhöhte. Der wahre Grund ist der: säße der Partner nahe an der Kiste, könnte das Geheimnis leicht entdeckt werden, denn jedes einigermaßen feine Ohr würde die Atemzüge des Versteckten hören.

14) Obgleich Mr. Maelzel, wenn er das Innere der Kiste zeigt, dabei manchmal in unbedeutende Einzelheiten von der eben beschriebenen Art und Weise abweicht, so doch *nie derartig*, daß sich daraus ein Widerspruch mit unserer Lösung ergäbe. Er hat zum Beispiel schon einmal ganz zuerst die Schublade geöffnet – doch öffnet er *nie* die Hauptabteilung, ohne zuerst die Hintertür der Abteilung 1 zu schließen, nie, ohne vorher die Schublade aufzuziehen, nie schiebt er diese wieder zurück, ohne zuerst die Hauptabteilung zu schließen, nie öffnet er die Hintertür der Abteilung 1, während die Hauptabteilung noch offen steht, und nie beginnt das Spiel, ehe die ganze Maschine wieder geschlossen ist. Wenn nun beobachtet worden wäre, daß Mr. Maelzel *nie, in keinem Falle*, beim Vorzeigen des Apparates von der Art und Weise, die wir zur Aufrechterhaltung unserer Behauptung nötig haben, abwiche, so wäre dies schon einer der kräftigsten Beweise für sie, doch wird dieses Argument noch unendlich verstärkt, wenn wir die Tatsache recht betrachten, daß er *gelegentlich* von dieser Art und Weise abweicht, doch niemals so, daß er unsere Schlüsse dadurch der Unrichtigkeit überführte.

15) Während der Vorstellung brennen auf dem Spieltische des Automaten sechs Kerzen. Nun muß man sich fragen: Weshalb so viele, wenn das Licht einer einzigen oder höchstens das von zweien reichlich genügen würde, um dem Zuschauer einen Überblick über das Schachbrett zu gewähren, da der Raum im übrigen, wie jeder Ausstellungs-

raum, hell erleuchtet ist, und wir doch annehmen müssen, daß die Maschine als reine Maschine nicht so viel oder überhaupt gar kein Licht nötig hat, um *ihre* Züge zu machen, und obendrein auf dem Spieltische des Gegenspielers eine einzige Kerze genügt? Die erste und direkteste Folgerung aus diesem Umstande ist, daß ein so starkes Licht erforderlich ist, um dem versteckten Manne zu ermöglichen, durch das durchsichtige Material, aus dem die Brust des Türken verfertigt ist (feine Gaze etwa), auf das Schachbrett zu sehen. Wenn wir uns aber die Stellung der Kerzen ansehen, drängt sich uns gleich ein anderer Grund auf. Es sind ihrer, wie gesagt, im ganzen sechs. Zu jeder Seite der Figur stehen je drei. Die vom Zuschauer aus entferntesten sind die längsten, die in der Mitte stehenden sind ungefähr zwei Zoll kürzer, und die der Gesellschaft am nächsten stehenden noch einmal zwei Zoll kleiner. Dabei sind die Kerzen an der einen Seite von den ihnen entsprechenden an der anderen wieder in der Größe verschieden, das heißt, die längste Kerze an der einen Seite ist noch ungefähr zwei Zoll kürzer als die längste an der anderen und dementsprechend jede folgende auch zwei Zoll kleiner als ihre entsprechende. Es haben also nicht zwei Kerzen die gleiche Höhe, und die Schwierigkeit, das Material, aus dem die Brust des Türken hergestellt ist, zu erkennen, wird durch die unruhige, blendende Wirkung der gekreuzten Lichtstrahlen – sie kreuzen sich, weil sich alle Strahlenzentren in verschiedener Höhe befinden – sehr erschwert.

313

16) Während der Schachspieler im Besitze des Baron Kempelen war, wurde bemerkt, daß ein Italiener, den man stets in seinem Gefolge bemerkte, während der Vorstellungen nie zu sehen war, und daß diese während einer Zeit, in der derselbe krank darniederlag, unterbrochen wurden. Dieser Italiener behauptete, des Schachspiels gänzlich unkundig zu sein, obgleich alle anderen Personen des Gefolges gut spielten. Ähnliche Bemerkungen sind gemacht worden, seit sich der Automat im Besitze des Mr. Maelzel befindet. Er ist stets von einem Manne namens Schlumberger begleitet, der keine andere Beschäftigung zu haben scheint, als ihm beim Ein- und Auspacken des Automaten zu helfen. Der Mann ist von mittlerer Größe und hält die Schultern sonderbar gebückt. Wir wissen nicht, ob er vorgibt, Schach spielen zu können oder nicht. Sicher ist, daß er niemals während der Vorstellung, aber häufig unmittelbar vor oder nach ihr gesehen wird. Vor einigen Jahren zeigte Maelzel seine Automaten in Richmond, Schlumberger wurde dort plötzlich krank, während der Dauer der Krankheit wurde der Schachspieler nicht gezeigt. Als Grund wurde das Unwohlsein Schlumbergers *nicht* angegeben. Die Schlüsse aus diesen Tatsachen überlassen wir dem Leser.

17) Der Türke spielt mit dem linken Arm. Dieser sonderbare Umstand kann seine Ursache nicht in einem Zufalle haben. Die meisten Verfasser der früheren Abhandlungen über den Automaten scheinen diesen Umstand gar nicht bemerkt zu haben, nur Brewster erwähnt ihn einmal beiläufig,

und der Autor des Pamphlets, auf das Brewster sich bezieht, gesteht seine Unfähigkeit, eine Erklärung für diesen Umstand zu finden. Und doch liegt auf der Hand, daß man aus einem solchen Umstand Schlüsse ziehen kann, die zur Entdeckung der Wahrheit führen.

Die Tatsache, daß der Automat mit der linken Hand spielt, kann nicht in Verbindung mit den Bewegungen der Maschine stehen, wenn wir sie nur als solche betrachten. Jede Mechanik, die verursacht, daß die Figur in der gegebenen Weise den linken Arm bewegt, könnte in derselben Art und Weise auch den rechten Arm in Bewegung setzen. Dieser Grundsatz ist jedoch nicht auf die menschliche Organisation anzuwenden, bei der im Bau, und vor allen Dingen in den Kräften des rechten und linken Armes ein großer Unterschied besteht. Wenn wir über diese Tatsache nachdenken, müssen wir dazu gelangen, diese Eigentümlichkeit bei dem Schachspieler auf die Eigentümlichkeit der menschlichen Organisation zurückzuführen. Wir müssen uns irgendeine *Umkehrung* vorstellen, denn der Schachspieler spielt gerade so, wie ein Mensch es *nicht tun* würde.

Diese Ideen genügen, um die Vorstellung von einem im Innern verborgenen Manne zu unterstützen; wenige, fast unmerklich kleine Schritte führen uns nun weiter zum Resultate.

Der Automat spielt mit seinem linken Arm, weil der Mann im Innern unter keinen Umständen mit dem rechten spielen kann, was doch gewiß zu wünschen wäre. Stellen wir uns einmal vor, der

Automat spiele mit seinem rechten Arm. Um die Maschinerie, die diesen bewegt, und die, wie wir erklärt haben, unter der Schulter liegt, erreichen zu können, müßte der Mann im Innern seinen Arm in äußerst peinlicher, beengter Weise gebrauchen, er müßte ihn ganz nahe an seinem Körper, zwischen diesen und der Brust des Automaten eingezwängt, in die Höhe bringen, oder den linken, quer über seine Brust gestreckten Arm brauchen. In keinem Falle könnte er mit der erforderlichen Leichtigkeit und Genauigkeit spielen. Wenn aber der Automat, wie es wirklich geschieht, die Züge mit der Linken macht, sind alle die Schwierigkeiten sofort behoben. Der rechte Arm des Mannes wird über die Brust gestreckt, und die Finger desselben arbeiten zwanglos auf der Maschinerie unter der Schulter der Figur.

Wir glauben nicht, daß sich gegen diese Erklärung des automatischen Schachspielers vernünftige Einwände machen lassen.